Aprenda Internet y la World Wide Web

VISUALMENTE

Aprenda Internet y la World Wide Web VISUALMENTE

CORPORATIVO READER'S DIGEST MÉXICO, S. DE R.L. DE C.V.

División de Libros en Lengua Castellana

Director: Gonzalo Ang

Editores: Beatriz E. Ávalos Chávez, Cecilia Chávez Torroella, Berenice Flores, Alma Delia González Valle, Irene Paiz, Arturo Ramos Pluma, Myriam Rudoy

Supervisión de Arte: Rafael Arenzana.

Título original: *Teach Yourself the Internet and the World Wide Web Visually. 2nd. edition*

Edición especialmente preparada para Reader's Digest Latinoamérica, S.A.

Av. Lomas de Sotelo 1102
Col. Loma Hermosa, Delegación Miguel Hidalgo
C.P. 11200

Visite nuestra página en Internet: www.selecciones.com
Envíenos sus dudas y comentarios a: editorial.libros@readersdigest.com

Los créditos de las páginas 335 y 336 forman parte de esta página.

Impreso en Mateu Cromo, S.A. Artes Gráficas. Pinto (Madrid)

ISBN 968-28-0348-9

Editado en México por Reader's Digest México, S.A. de C.V.

Impreso en Madrid, España
Printed in Madrid, Spain

US3559/G

Aprenda Internet y la World Wide Web VISUALMENTE

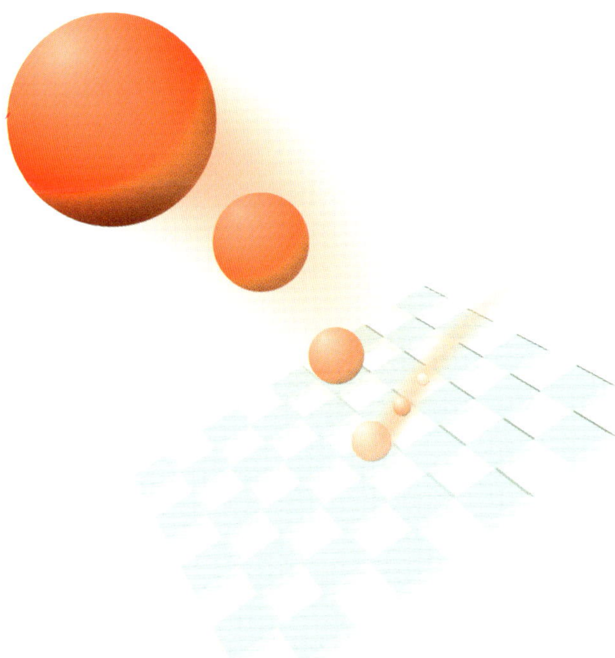

Hungry Minds · Visual · ST Editorial · Reader's Digest

BUENOS AIRES • MADRID • MÉXICO • NUEVA YORK

¡Bienvenidos al mundo de los libros de Hungry Minds!

Hungry Minds (antes IDG Books Worldwide, Inc.) es una compañía subsidiaria de International Data Group, la casa editorial más grande del mundo en el campo relacionado con la computación, y un proveedor líder a nivel mundial de servicios relacionados con la tecnología informática. IDG se fundó hace más de 25 años y actualmente da empleo a más de 8.500 personas en el mundo entero. Produce más de 270 publicaciones sobre computación en 75 países y más de 90 millones de personas leen una o más publicaciones de Hungry Minds cada mes.

Hungry Minds, que inició sus actividades en 1990, es en la actualidad la editorial especializada en libros sobre computación en Estados Unidos. La compañía se siente orgullosa de haber recibido ocho premios de la Computer Press Association como reconocimiento a su excelencia editorial y tres de Computer Currents' Firts Annual Reader's choice. For Dummies, que cuenta en este momento con más de 25 millones de ejemplares en prensa y que ha sido traducida a más de 30 idiomas. Hungry Minds, por medio de un acuerdo mutuo con Hi-Tech Beijing de IDG, se convirtió en la primera casa editorial de Estados Unidos en publicar un libro de computación en la República Popular de China. En un plazo sin precedentes, Hungry Minds ha logrado convertirse en la editorial preferida de millones de lectores de todo el mundo que desean aprender cómo manejar sus empresas de una manera más eficaz.

Nuestra misión es sencilla: cada libro de Hungry Minds está diseñado para proporcionar al lector un valor agregado y herramientas que le ayuden a mejorar sus destrezas. Estos libros están redactados por expertos que entienden y se preocupan por sus lectores. El acervo de conocimientos que posee el personal de la editorial se ha construido a través de años de experiencia en el mundo de las publicaciones, la educación y el periodismo. Esta es una experiencia que la compañía ha capitalizado y utilizado para producir los libros de la década de los 90. En pocas palabras, Hungry Minds ha reunido al personal más competente porque su mayor preocupación es la calidad de los libros. Se ha dedicado una atención especial a la presentación del producto en todos sus detalles poniendo particular énfasis en aspectos como la audiencia, diseño interior, uso de iconos e ilustraciones para realizar la estética del libro. Igualmente, al hacer un uso más eficiente de los procesos electrónicos como lo proponen los autores, los diagramadores y los editores, se puede dedicar más tiempo a trabajar en la elaboración de un contenido mejorado y menos en las técnicas de la producción editorial.

Usted puede contar con que Hungry Minds se compromete a proveerles libros de alta calidad con temas de interés y a precios competitivos. Hungry Minds pone especial énfasis en la calidad y lo ha demostrado durante más de 25 años. Usted no encontrará nada mejor que un libro publicado por Hungry Minds, porque son los mejores.

John Kilcullen

Presidente y Ejecutivo Principal

Hungry Minds

ÍNDICE GENERAL

ÍNDICE GENERAL

Capítulo 1

La Internet

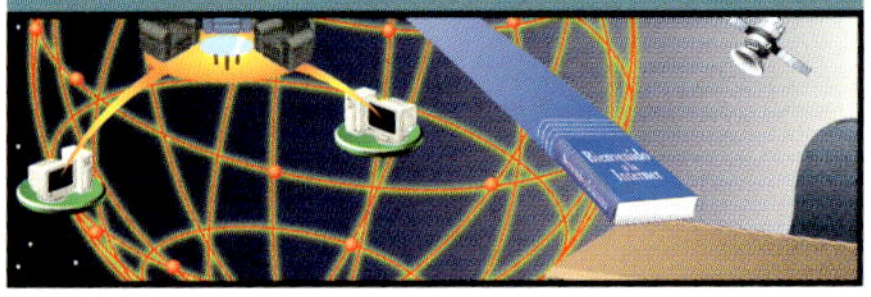

Capítulo 2

Conectarse a Internet

Capítulo 3

La World Wide Web

Capítulo 4

Mejoras a la Página Web

Capítulo 5

Buscar en la Web

Capítulo 6

Crear Páginas Web

ÍNDICE GENERAL

Capítulo 7

Bajar Información de la Internet

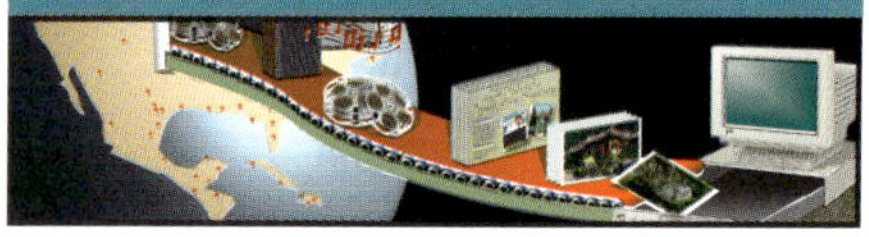

Capítulo 8

Correo Electrónico

Capítulo 9

Listas de Correo

Capítulo 10

Grupos de Noticias

Capítulo 11

Chat

Capítulo 12

Juegos Multiusuario

ÍNDICE GENERAL

Capítulo 13

Intranets

Capítulo 14

Sitios Web Interesantes

Capítulo 15

Introducción a las Redes

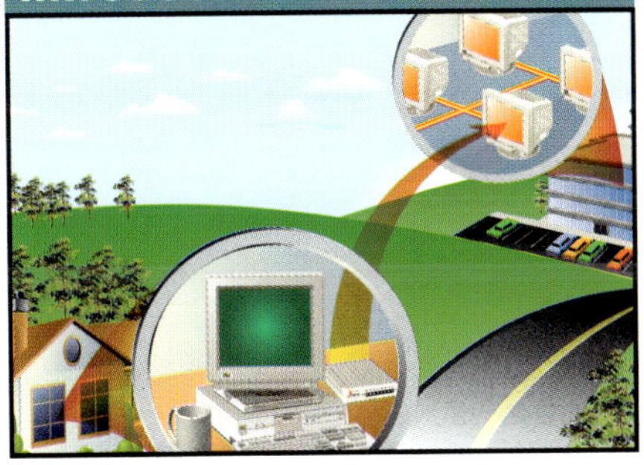

La Internet

¿Quiere saber más sobre la Internet? Este capítulo le explica qué es la Internet y cómo funciona.

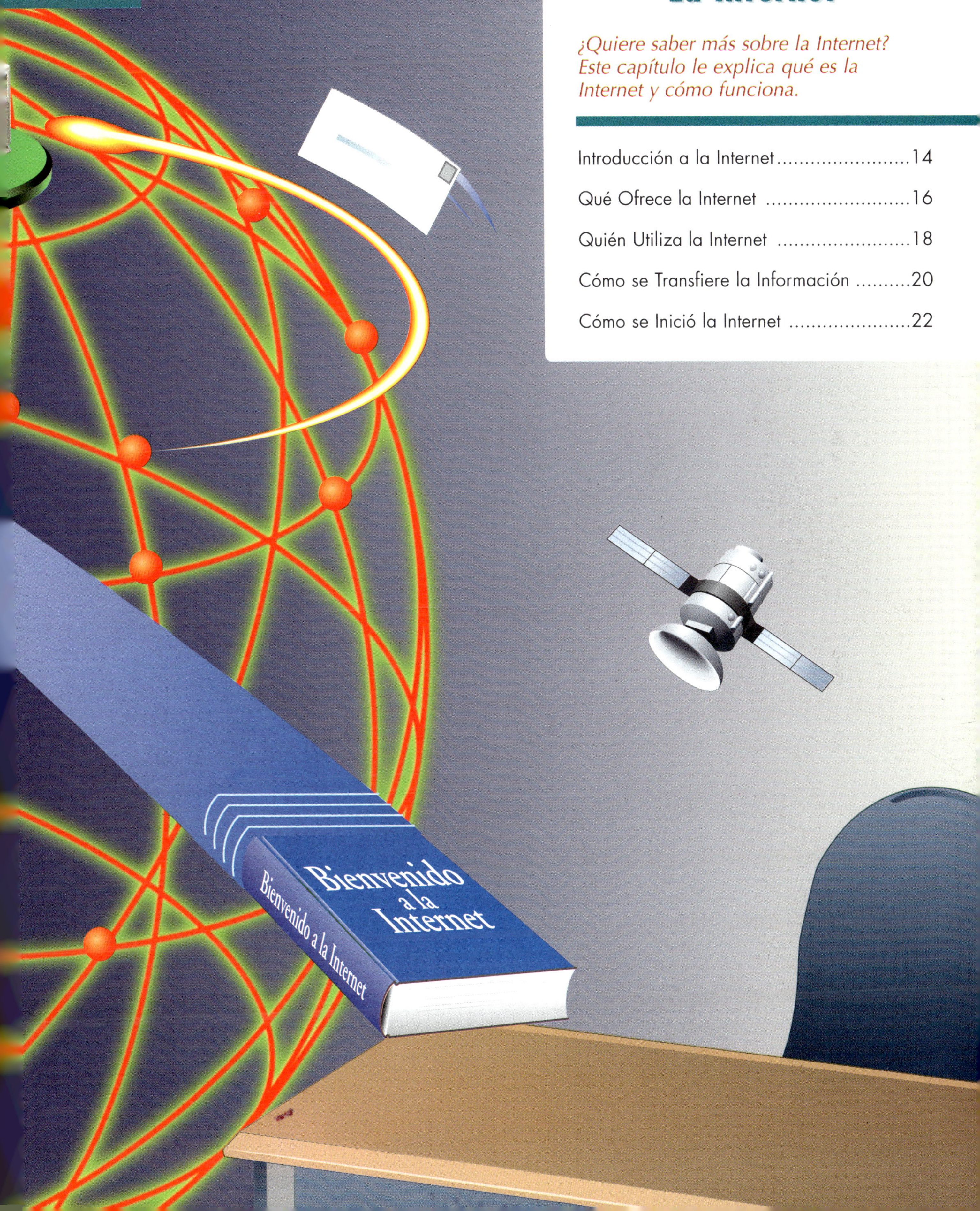

INTRODUCCIÓN A LA INTERNET

Internet es la red de cómputo más grande en el mundo.

A Internet se le llama la Red, la Super Autopista de la Información o Ciberespacio.

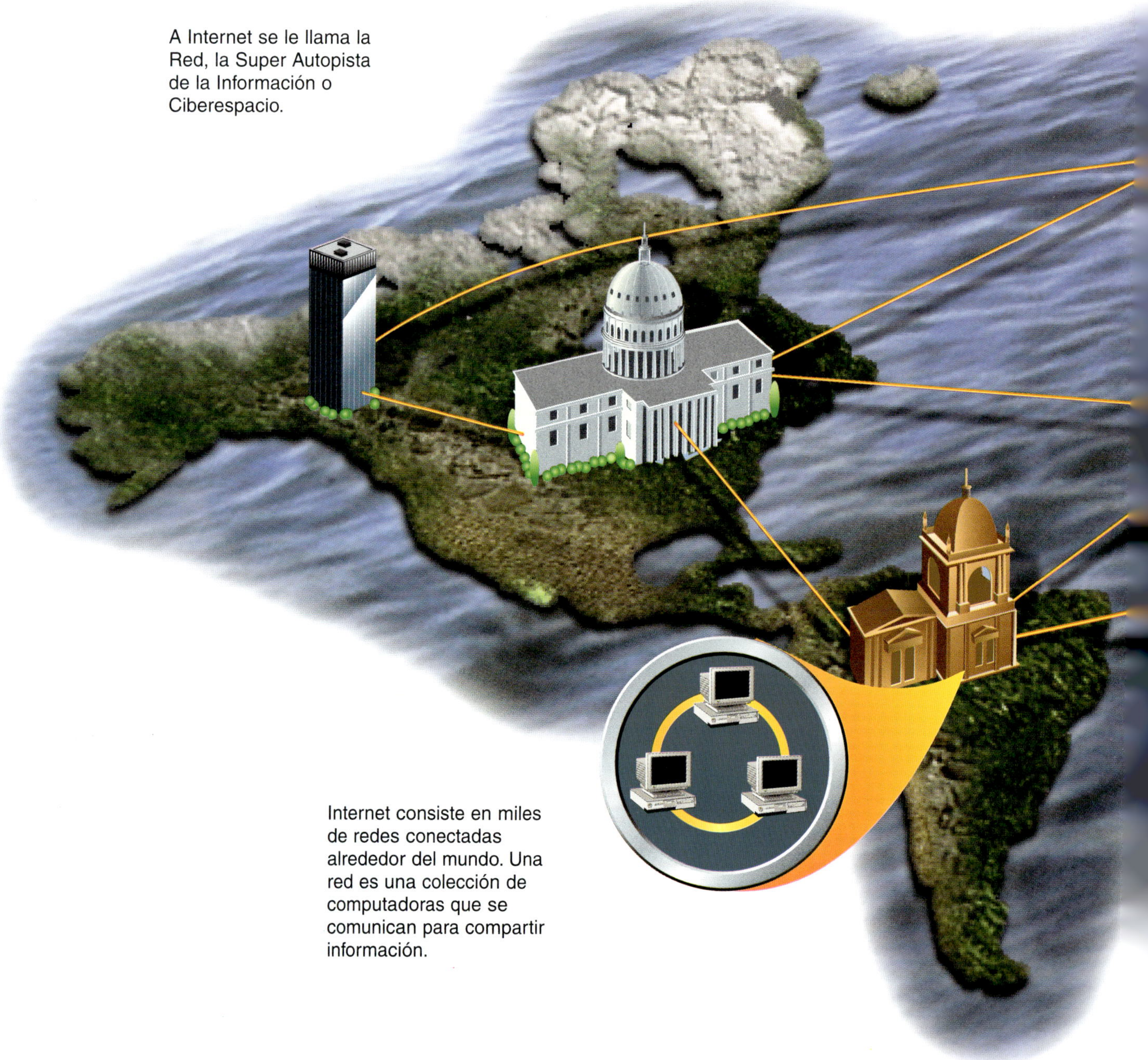

Internet consiste en miles de redes conectadas alrededor del mundo. Una red es una colección de computadoras que se comunican para compartir información.

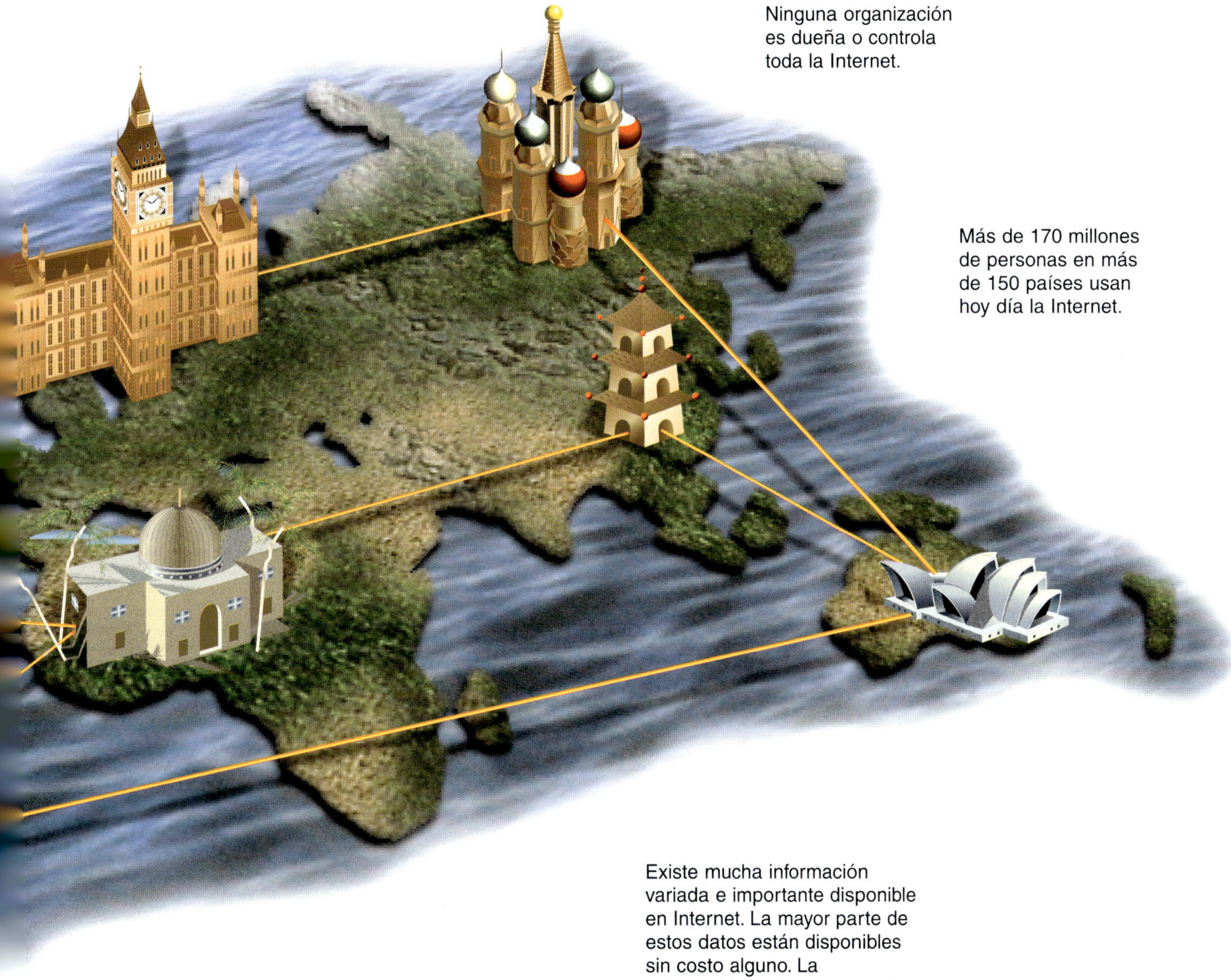

Ninguna organización es dueña o controla toda la Internet.

Más de 170 millones de personas en más de 150 países usan hoy día la Internet.

Existe mucha información variada e importante disponible en Internet. La mayor parte de estos datos están disponibles sin costo alguno. La información en Internet puede viajar alrededor del mundo en fracciones de segundo.

Cada gobierno, compañía y universidad en la Internet es responsable de mantener su red. Cuando se transfiere información en Internet, estas organizaciones permiten que la información pase a través de sus redes sin ningún cargo económico. Esto le ayuda a evitar cargos telefónicos por largas distancias.

QUÉ OFRECE LA INTERNET

CORREO ELECTRÓNICO

El correo electrónico (e-mail) es la característica más popular en Internet. Puede intercambiar correo electrónico con personas de todo el mundo, incluyendo amigos, familiares, colegas, clientes y personas que conoce en Internet. El correo electrónico es rápido, fácil y barato, además ahorra papel.

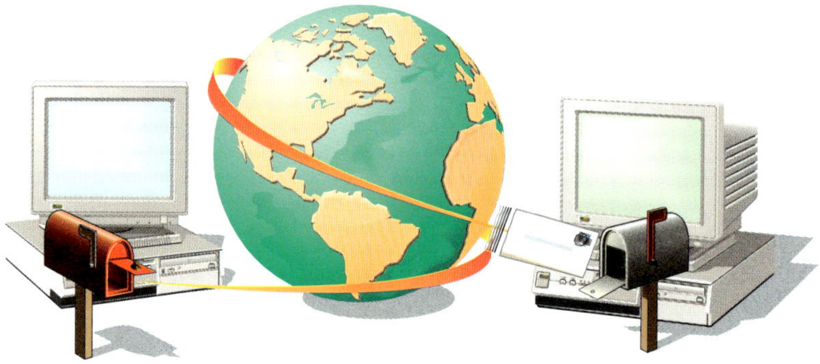

INFORMACIÓN

La Internet le da acceso a información sobre cualquier tema imaginable. Esto la convierte en una herramienta de investigación muy valiosa. Puede revisar periódicos, revistas, asuntos académicos, diccionarios, enciclopedias, guías de viaje, documentos gubernamentales, recetas, listas de empleo, horarios de aerolíneas y mucho más.

ENTRETENIMIENTO

La Internet ofrece diferentes formas de entretenimiento, como radio e informes del tiempo en televisión, vídeos y música. Puede encontrar fotografías de las últimas películas, ver entrevistas de sus celebridades en vivo y escuchar música antes de que estén disponibles en tiendas. También puede jugar juegos interactivos con otras personas de diversos lugares.

DISCUSIONES DE GRUPO

Puede unirse a discusiones de grupo en Internet para conocer personas de todo el mundo con intereses similares. Puede hacer preguntas, discutir problemas y leer historias interesantes. Existen miles de grupos de discusión en temas tales como el ambiente, comidas, humor, música, mascotas, fotografía, deportes y televisión.

CHAT

El chat le permite intercambiar mensajes digitados con otras personas en Internet. El mensaje que envía aparecerá instantáneamente en la computadora de la otra persona. Puede hablar con una persona o con un grupo de personas.

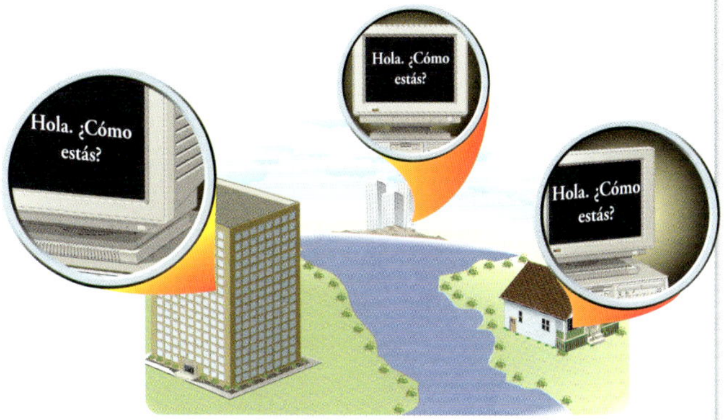

PROGRAMAS

Puede encontrar programas para usar en su computadora, como procesadores de palabras, programas de dibujos y juegos. También puede obtener programas, llamados shareware, que puede probar sin costo alguno por tiempo limitado. Si le gusta el programa y desea continuar usándolo, deberá pagar al autor del programa.

COMPRAS EN LÍNEA

Puede ordenar productos en Internet sin dejar su escritorio. Puede comprar artículos como libros, flores, CDs, pizzas, acciones, y automóviles usados.

QUIÉN UTILIZA LA INTERNET

Personas de todas las edades y razas utilizan la Internet.

NIÑOS

La Internet puede ayudarle a los niños a mejorar sus destrezas de lectura y comunicación. Ellos pueden enviar mensajes de correo electrónico a sus amigos y explorar la Red. Muchos productos le permiten a los niños acceder a la Internet sin ser expuestos a material inapropiado.

EN CASA

Hay muchos servicios y recursos disponibles para las personas que utilizan la Internet en sus hogares. Pueden utilizarla para acceder a información sobre su comunidad, como periódicos locales, listas de televisión y programación de teatros y cines, o para averiguar sobre restaurantes o comprar boletos para eventos deportivos.

ESTUDIANTES

Muchos estudiantes pueden acceder a la Internet directamente desde su escuela. La Internet contiene una vasta cantidad de información que puede ayudarlos con proyectos escolares. Asimismo, pueden utilizarla para comunicarse con otros estudiantes en otras partes del mundo para aprender nuevos idiomas y sobre diferentes culturas. Los estudiantes de bachillerato pueden utilizar la Red para encontrar información acerca de las universidades a las que les interesaría asistir.

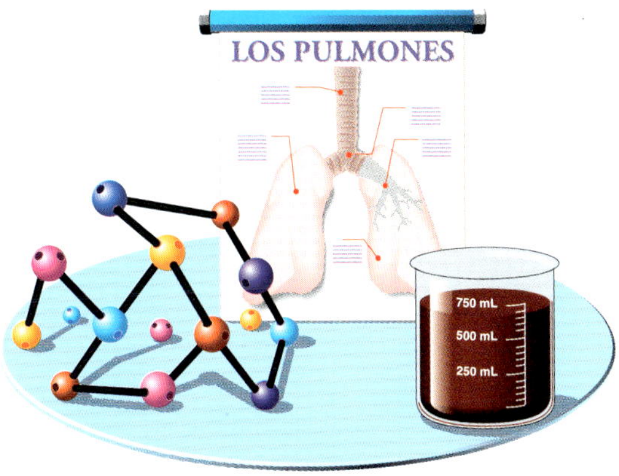

INVESTIGADORES

Uno de los usos más originales para la Internet fue ayudarle a investigadores y científicos en universidades de todo el mundo a intercambiar información y trabajar en proyectos conjuntos. La información desplegada en la Internet le permite a los investigadores de diferentes países trabajar juntos.

GENTE EN LA OFICINA

Muchas personas usan Internet desde la oficina. Pueden comunicarse con colegas y clientes usando el correo electrónico o vídeo conferencia en Internet. Además pueden realizar muchas tareas de negocios, como ordenar productos de otras compañías, enviar paquetes a cualquier parte del mundo y hacer transacciones bancarias.

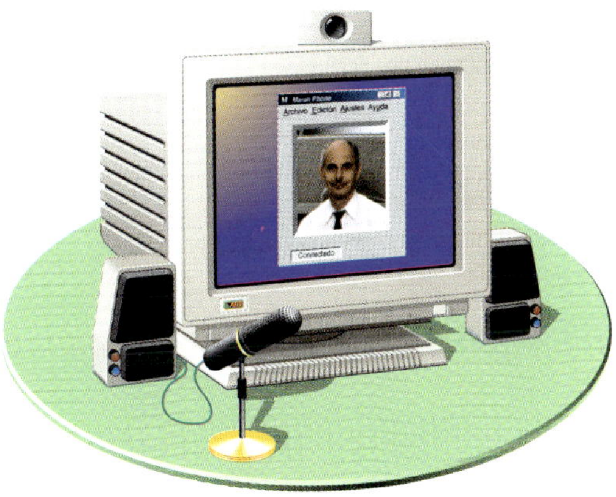

CÓMO SE TRANSFIERE LA INFORMACIÓN

Todas las computadoras en Internet trabajan juntas para transferir información a todo el mundo.

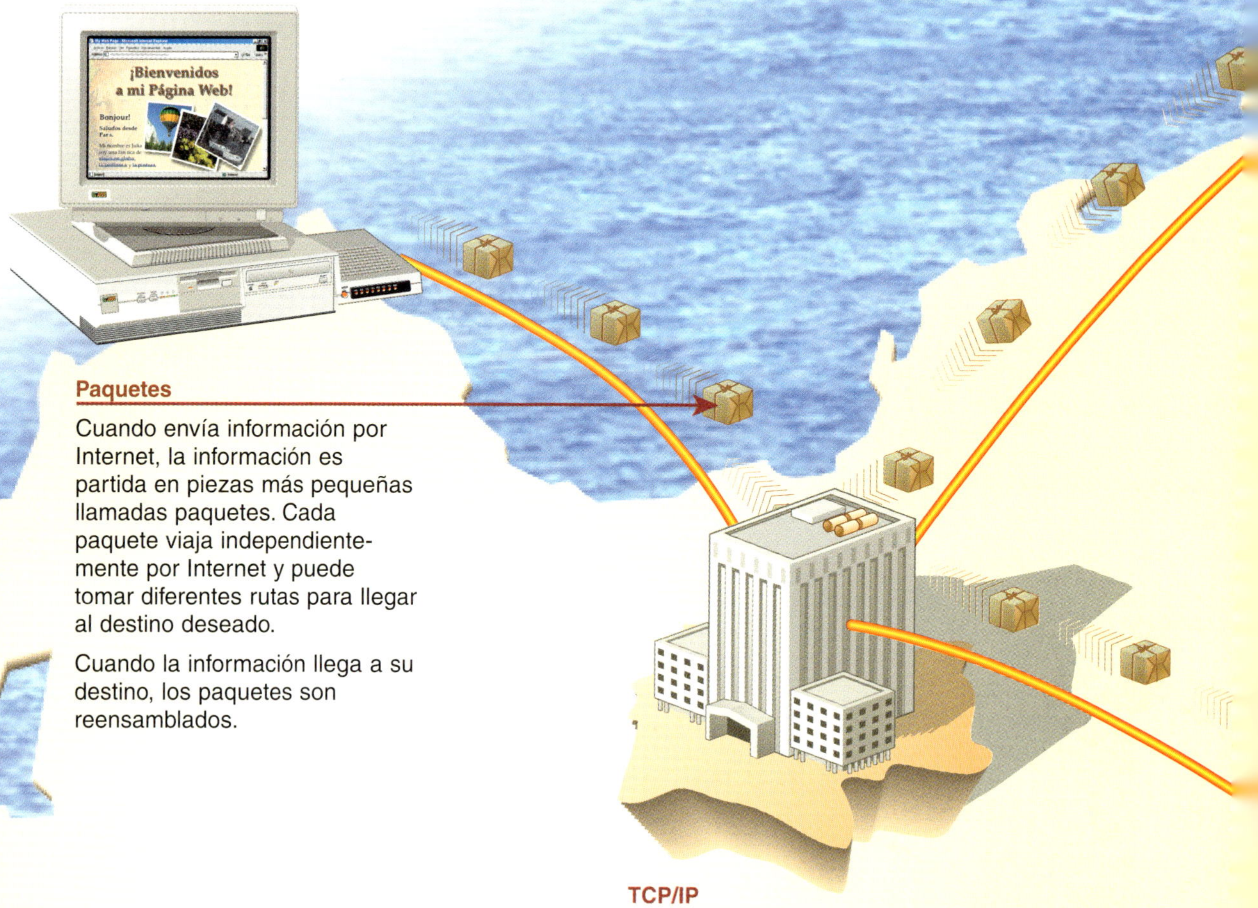

Paquetes

Cuando envía información por Internet, la información es partida en piezas más pequeñas llamadas paquetes. Cada paquete viaja independientemente por Internet y puede tomar diferentes rutas para llegar al destino deseado.

Cuando la información llega a su destino, los paquetes son reensamblados.

TCP/IP

Transmission Control Protocol/Internet Protocol (TCP/IP) es un lenguaje que usan las computadoras en Internet para comunicarse entre sí. TCP/IP divide la información que envía en paquetes por Internet. Cuando la información llega al destino deseado, TCP/IP se asegura de que todos los paquetes sean recibidos.

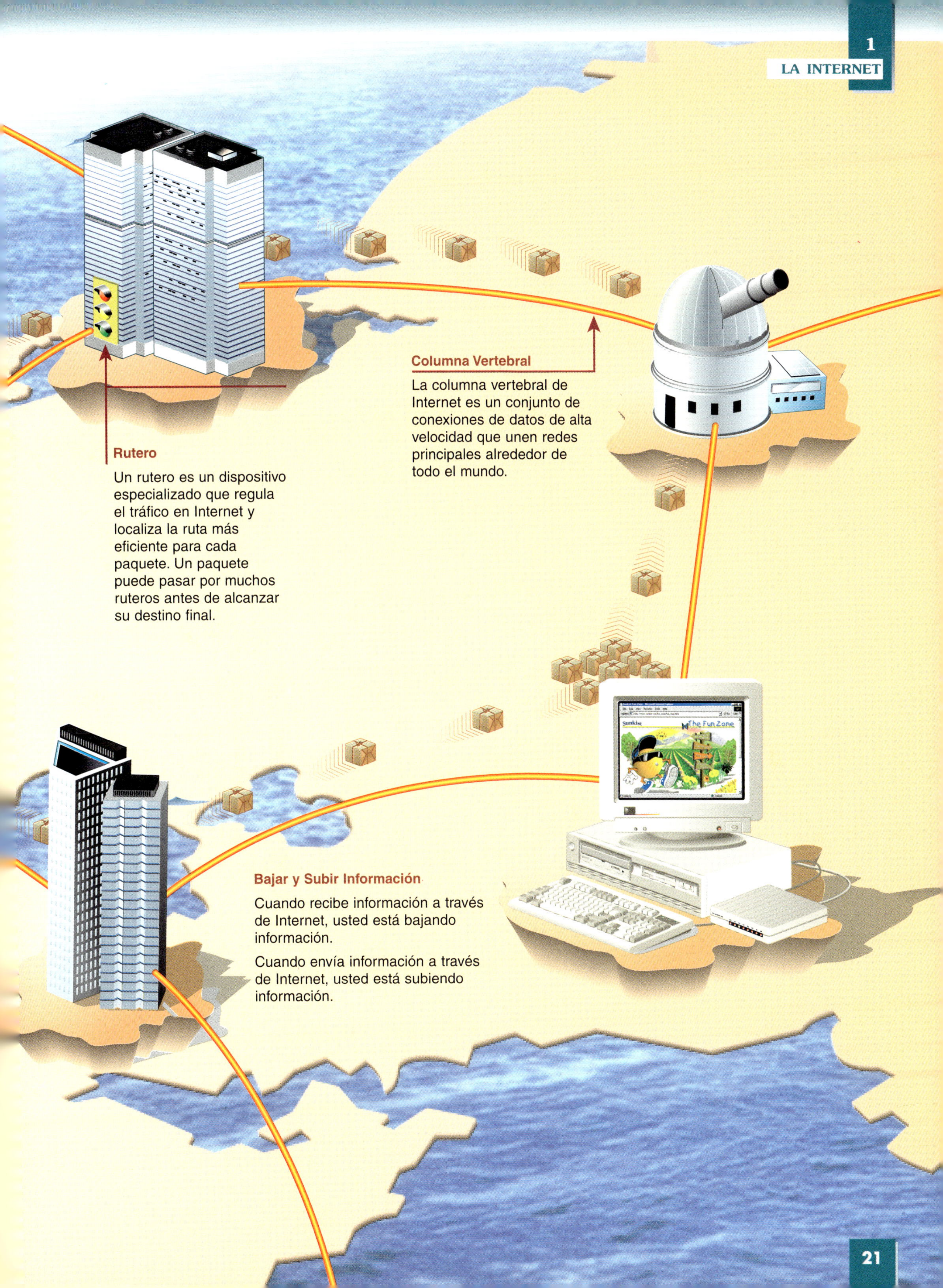

Rutero

Un rutero es un dispositivo especializado que regula el tráfico en Internet y localiza la ruta más eficiente para cada paquete. Un paquete puede pasar por muchos ruteros antes de alcanzar su destino final.

Columna Vertebral

La columna vertebral de Internet es un conjunto de conexiones de datos de alta velocidad que unen redes principales alrededor de todo el mundo.

Bajar y Subir Información

Cuando recibe información a través de Internet, usted está bajando información.

Cuando envía información a través de Internet, usted está subiendo información.

CÓMO SE INICIÓ LA INTERNET

Internet se creó al combinar las ideas y talentos de muchas personas. Organizaciones e individuos trabajaron juntos por muchos años para convertir a la Internet en la valiosa fuente que es hoy día.

ARPANET

A finales de la década de 1960, el Departamento de Defensa de Estados Unidos creó una red que unía las computadoras militares. La red, llamada ARPANET, estaba conectada de manera tal que aseguraba el que si una sección de la red se dañaba, las computadoras restantes en la red todavía podrían comunicarse entre sí.

NSFNET

La Fundación Nacional de Ciencia creó NSFNET a mediados de la década de 1980. NSFNET usó la tecnología desarrollada por ARPANET para permitir que universidades y colegios se conectaran entre sí. En 1987, NSFNET no pudo manejar más la cantidad de información que era transferida. La Fundación Nacional de Ciencia mejoró la red para permitir que huyera más información. Esta mejora de red de alta velocidad se convirtió en Internet.

ACCESO PÚBLICO

En la década de 1980, la mayoría de las personas que accedían a Internet eran científicos e investigadores. A principios de los años 90, muchas compañías empezaron a ofrecer acceso a los usuarios domésticos. Esto permitió que cualquiera con un módem y una computadora tuviera acceso a Internet.

LA WEB MUNDIAL

La Web Mundial fue creada a principios de la década de 1990 por el Laboratorio Europeo para Físicas Particulares. El objetivo de la Web Mundial era permitir a los investigadores trabajar juntos en proyectos y hacer que la información fuera accesible. El primer sitio de la Web públicamente accesible fue creado en 1991.

SITIOS COMERCIALES

A mediados de la década de1990, más de 30 millones de personas tenían acceso a Internet. Para alcanzar este enorme mercado, la mayoría de las grandes compañías crearon sus propios sitios en la Web para vender o suministrar información sobre sus productos. Ahora hay miles de compañías en la Web.

En línea...
56K Fax Modem

Conectarse a Internet

¿Quiere Conectarse a la Internet? Este capítulo le informará sobre el equipo y los servicios que le ayudan a conectarse a Internet.

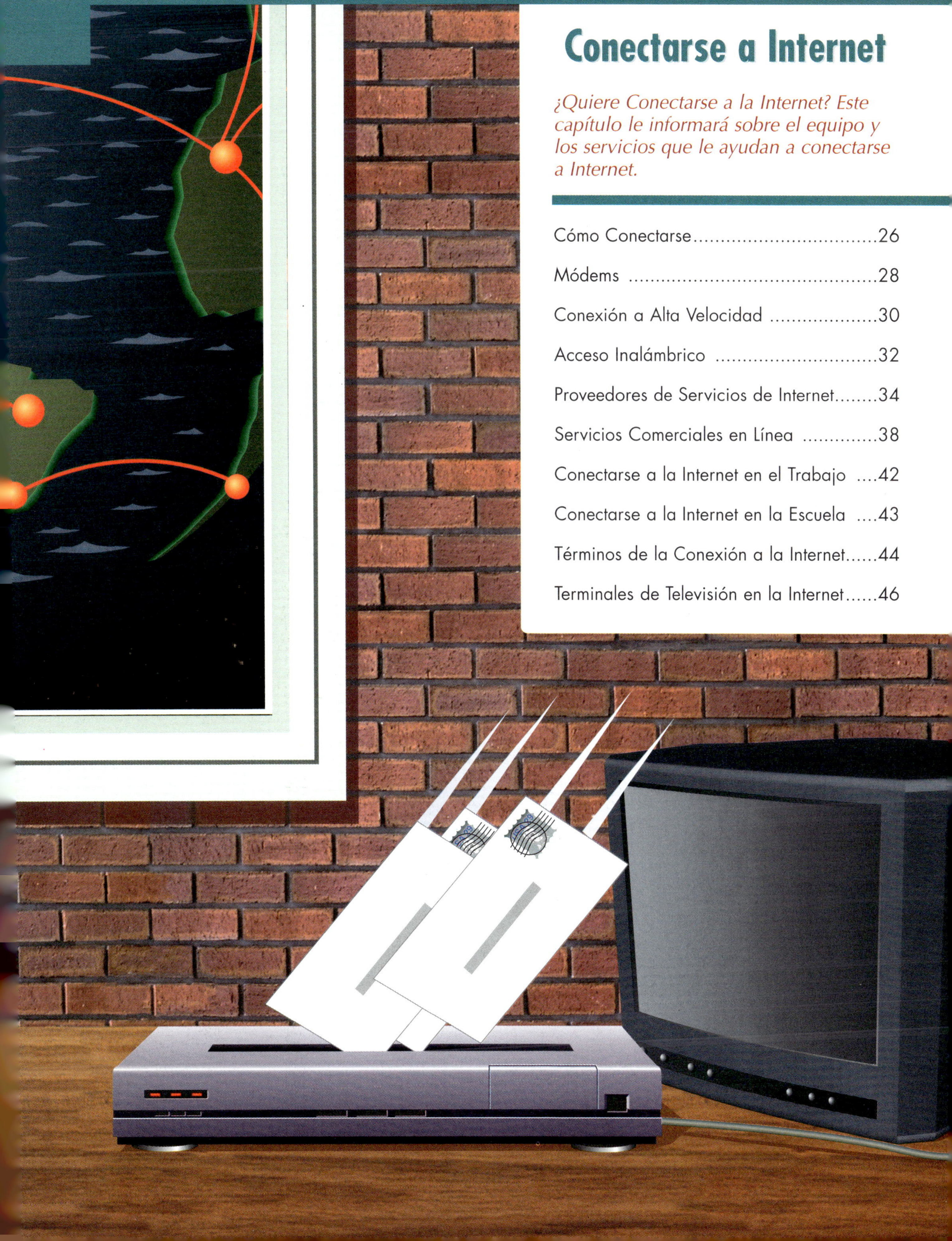

CÓMO CONECTARSE

Necesita un proveedor de acceso a Internet, equipo y software para conectarse a la Red.

PROVEEDOR DE ACCESO A INTERNET

Proveedor de servicio de Internet o servicio comercial en línea

Los proveedores de servicio de Internet (ISP)y los servicios comerciales en línea son compañías que le dan acceso a Internet por una cuota. Asegúrese de que escoge un ISP o un servicio en línea con un número de teléfono local para evitar cargos por larga distancia.

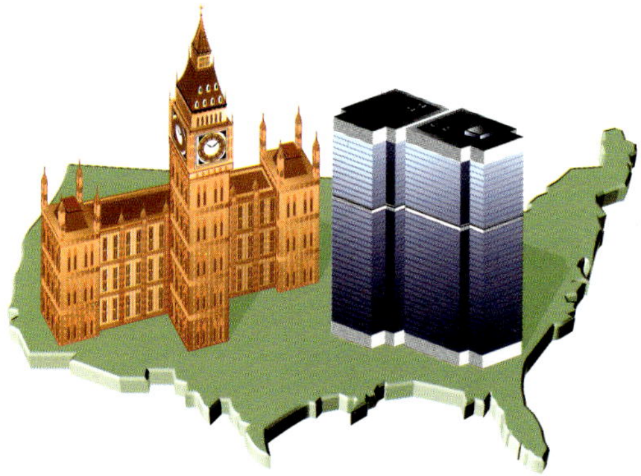

Universidad o Compañía

Las universidades usualmente proveen a los estudiantes y profesores acceso gratis a Internet. Muchas compañías dan acceso a Internet sin ningún costo para sus empleados.

COMPUTADORA

Puede usar cualquier tipo de computadora, como una IBM compatible o una Macintosh, para conectarse a Internet.

Algunos sistemas operacionales le permiten conectarse a Internet a través de una computadora en una red. Esto es útil si todas las computadoras en la red deben compartir una conexión.

MÓDEM O CONECTOR DE ALTA VELOCIDAD

Necesita un módem o un conector de alta velocidad para conectarse a Internet. Para mayor información, consulte las páginas 28 a la 31.

SOFTWARE

La mayoría de las computadoras traen un software que le ayuda a configurarla para tener acceso a Internet. Por ejemplo, las computadoras que vienen con Windows 98 incluyen al Asistente para conexión de Internet.

También necesita un software, un navegador de la Web, para acceder a información en Internet. La mayoría de las computadoras de reciente manufactura traen este software instalado.

NOMBRE DE USUARIO Y CLAVE

Tiene que introducir un nombre de usuario cuando desea conectarse a Internet. Esto le asegura que usted es la única persona que tiene acceso a su cuenta. Su proveedor de acceso a Internet suplirá el nombre de usuario y la clave.

MÓDEMS

Un módem es un dispositivo que le permite a las computadoras comunicarse a través de líneas telefónicas. Los módems proveen un fácil acceso a información en Internet.

TIPOS DE MÓDEMS

Un módem interno es un tablero de circuito dentro de una computadora. Un módem externo es una pequeña caja que usa un cable para conectarse atrás de una computadora. Los módems internos son menos caros pero son más difíciles de configurar.

VELOCIDAD

La velocidad de un módem determina qué tan rápido puede enviar y recibir información a través de líneas telefónicas. Los módems más veloces transfieren la información más rápidamente, ahorrándole tiempo y reduciendo sus cargos por servicios en línea. La velocidad de un módem se mide por kilobits por segundo (Kbps). Debe comprar un módem con una velocidad de 56 Kbps.

LÍNEA TELEFÓNICA

La misma línea de teléfono que se usa para llamadas de teléfono es la que se usa para el módem. Cuando usa un módem para acceder a Internet, no puede usar la misma línea en ese momento para llamadas telefónicas. Si su teléfono y módem usan la misma línea, asegúrese de apagar la característica de llamada en espera, puesto que esta característica puede interrumpir la conexión del módem.

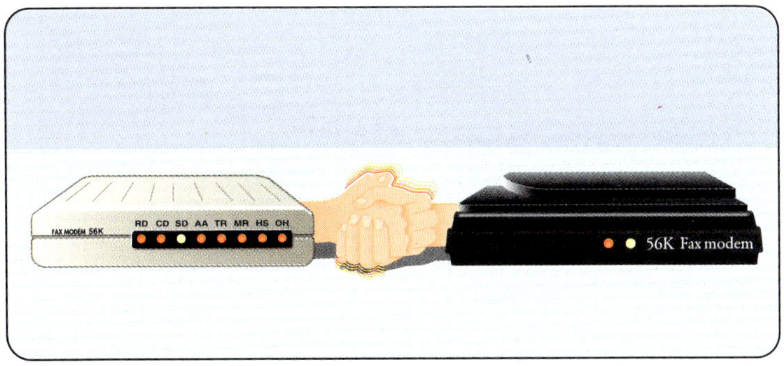

APRETÓN DE MANOS

Cuando su módem contacta otro módem, puede escuchar una serie de señales y chillidos. Esto se llama apretón de manos. Al igual que dos personas se dan un apretón de manos para saludarse, los módems hacen lo mismo para establecer cómo intercambiarán información.

EN LÍNEA

Usted está en línea cuando su módem se ha conectado exitosamente a otro módem. Esto significa que los módems están listos para intercambiar información. Cuando un módem no está conectado a otro, usted no se encuentra en línea.

CONEXIÓN A ALTA VELOCIDAD

Existen varios tipos de conexiones a alta velocidad que puede usar para conectarse a Internet en vez de usar un módem.

Usar una conexión a alta velocidad no obstruye su línea telefónica mientras está en Internet, por lo que puede hacer llamadas al tiempo que está conectado a la Red.

ISDN

Una línea de Red Digital de Servicios Integrados (ISDN) es un teléfono digital ofrecido por compañías telefónicas en la mayoría de las ciudades. Una línea ISDN puede transferir información entre velocidades de 56 Kbps a 128 Kbps.

MÓDEMS DE CABLE

Un módem de cable le permite conectarse a Internet con el mismo tipo de cable que se adapta a un televisor. Un módem de cable puede transferir información a una velocidad de hasta 3.000 Kbps. Puede contactar su compañía de cable local para determinar si ofrecen servicio de Internet por cable.

DSL

La Línea de Suscripción Digital (DSL) es un servicio de línea telefónica de alta velocidad ofrecido por las compañías telefónicas en algunas ciudades. DSL puede transferir información a velocidades de 1.000 Kbps a 6.000 Kbps.

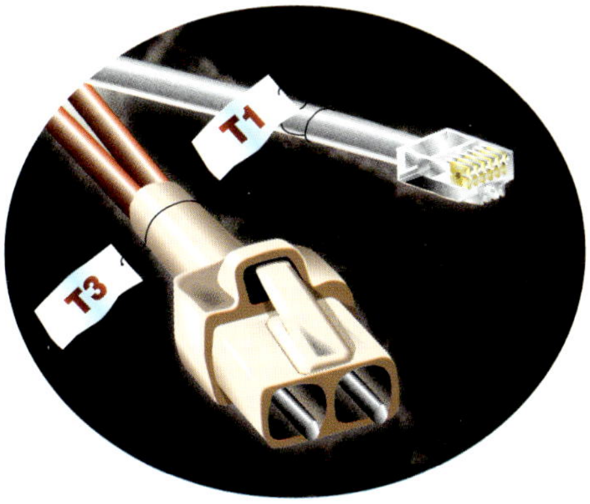

CONEXIÓN DIRECTA

Este tipo de conexión le permite conectar su computadora directamente a la Internet. T1 y T3 son las velocidades más populares de líneas de conexión directa. La T1 puede transferir información entre el proveedor de acceso y su casa a una velocidad mayor a 1.500 kbps. Y la T3 transfiere a más de 44.000 kbps.

TECNOLOGÍAS FUTURAS

En el futuro, puede ser capaz de usar satélites o líneas eléctricas para conectarse y transferir información en Internet. Con este tipo de conexiones de alta velocidad, la gente podrá participar en conferencias de vídeo en vivo o hasta ver una película por Internet.

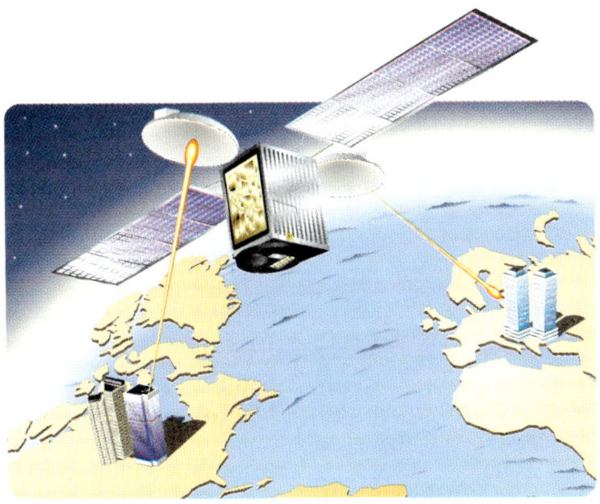

ACCESO INALÁMBRICO

Puede usar un módem inalámbrico para acceder a información en Internet sin usar una línea telefónica u otra conexión física.

El acceso inalámbrico a Internet le permite revisar su correo electrónico o buscar su sitio de la Web favorito mientras espera en el aeropuerto, viaja en un tren o está atascado en el tránsito.

TECNOLOGÍA DE RADIO

Algunos módems inalámbricos usan tecnología de radio para transferir información entre computadoras. Un módem inalámbrico se comunica con recibidores de radio montados en postes de luz y polos de utilidad. Actualmente sólo puede tener acceso a Internet usando tecnología de radio en ciertas ciudades, campus universitarios y aeropuertos importantes.

TECNOLOGÍA CELULAR

Algunos módems inalámbricos se conectan a Internet usando las mismas redes que usan los teléfonos celulares. Las redes celulares existen en la mayoría de las áreas, de manera que el acceso a Internet es más disponible que cuando se usa tecnología de radio.

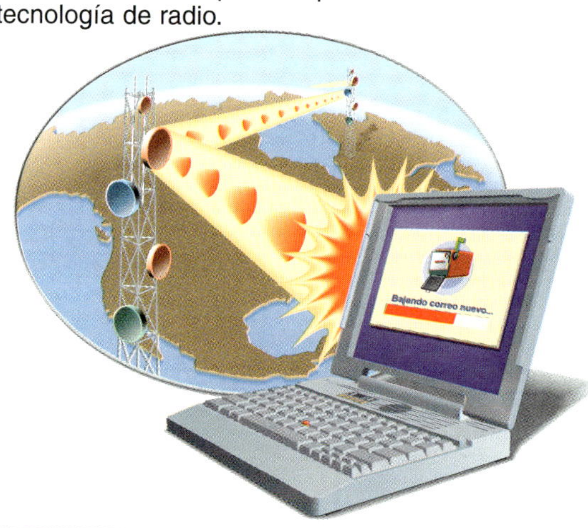

DISPOSITIVOS INALÁMBRICOS

TELÉFONOS CELULARES

Algunas compañías están empezando a incorporar características de Internet en sus teléfonos celulares. Por ejemplo, puede usar un teléfono celular para acceder a mensajes de correo electrónico o encontrar información basada en texto en Internet. Los teléfonos también pueden almacenar información como calendarios, listas de contactos, etcétera.

COMPUTADORAS DE MANO

Puede usar computadoras de bolsillo para intercambiar mensajes de correo electrónico y acceder a información en Internet. Las computadoras de bolsillo también pueden almacenar miles de direcciones, citas y memorándums. Algunas computadoras de bolsillo tienen un tablero y otras usan un lápiz electrónico para introducir información.

COMPUTADORAS DE BOLSILLO

Estas computadoras usualmente tienen las mismas capacidades que una computadora de escritorio y pueden correr los mismos programas. Además, pueden usar una conexión inalámbrica para acceder a información en Internet, pero por lo general tienen un módem que puede usar con una línea estándar de teléfono cuando no hay acceso inalámbrico disponible.

PROVEEDORES DE SERVICIOS DE INTERNET

Un proveedor de servicios de Internet (ISP) es una compañía que le da acceso a Internet por una cuota.

ESCOGER UN ISP

Pregúntele a amigos, parientes y colegas cuál proveedor de servicios de Internet usan y si están contentos con el servicio. Puede revisar la guía telefónica para encontrar una lista de proveedores de servicios de Internet en su área. Antes de escoger un ISP, debe conocer la opinión de otros clientes. Esto le ayudará a saber de la confiabilidad y desempeño del ISP.

NÚMEROS DE ACCESO

La mayoría de los proveedores de servicios de Internet lo conectan a la Red marcando un número de teléfono local. Algunos proveedores también tienen números gratuitos que puede usar. Esto le ayuda a conectarse sin cargos de larga distancia, incluso cuando está de viaje.

COSTO

Existen diferentes formas en que un proveedor de Internet puede cobrarle por el tiempo que usted pasa conectado. Muchos le ofrecen un cierto número de horas por mes por una cuota preestablecida. Si excede el número de horas, se le cobra por cada hora extra.

Algunos ISP ofrecen acceso ilimitado a Internet por una cuota fija. Asegúrese de revisar los cargos o restricciones.

DESCUENTOS

Debe saber si el proveedor que está considerando ofrece algún descuento. Algunos tienen ofertas si paga un año completo en lugar de mensualidades. Incluso algunos de los más grandes proveedores le dan una computadora si firma por un período de tiempo específico.

PERÍODO DE PRUEBA

Ciertos proveedores permiten que los clientes potenciales usen sus servicios gratis por un tiempo limitado. Esto es útil para evaluar al proveedor antes de pagar por el servicio.

SEÑAL DE OCUPADO

Si usa un módem para conectarse a un proveedor de servicios de Internet, pregúntele al ISP qué tan frecuentemente los usuarios reciben una señal de ocupado cuando tratan de conectarse durante las horas de conexión más frecuentes, tal como en la noche y los fines de semana. Si escucha una señal de ocupado cuando trata de conectarse, no podrá acceder a Internet en ese momento.

SERVICIO AL CLIENTE

Configurar una conexión a un proveedor de servicios de Internet puede ser un proceso difícil. Averigüe si el ISP ofrece servicio al cliente en las noches y durante los fines de semana al igual que en horas de trabajo.

PUBLICAR PÁGINAS EN LA WEB

Muchos proveedores de servicio de Internet le permiten publicar y mantener páginas en la Web gratis. Puede crear páginas web para compartir información personal o de negocios con personas alrededor del mundo.

SOFTWARE

La mayoría de los proveedores de servicios de la Internet ofrecen software gratuito que le permite acceder a información en la red. Este software por lo general incluye un programa que lo autoriza a intercambiar correo electrónico y otro para examinar la información en la Web.

SERVICIOS FAMILIARES

Algunos ISPs ofrecen un servicio que puede bloquear el acceso a información que le parezca ofensiva o ilegal en la Internet. Si está preocupado sobre el tipo de información al que tiene acceso su familia, deberá averiguar si el proveedor de servicios puede bloquearla.

DIRECCIONES DE CORREO ELECTRÓNICO MÚLTIPLES

Muchos proveedores de servicios de Internet le permiten tener múltiples direcciones de correo electrónico en una cuenta de Internet. Esto es útil si desea tener su propia dirección de correo electrónico.

SERVICIOS COMERCIALES EN LÍNEA

Un servicio comercial en línea es una compañía que ofrece una vasta cantidad de información y acceso a Internet por una cuota.

El Servicio de America Online® (AOL) es el servicio comercial en línea más popular.

INFORMACIÓN BIEN ORGANIZADA

Los servicios comerciales en línea proveen una enorme cantidad de información bien organizada y otros servicios como las noticias diarias, reportes del clima, enciclopedias y cuartos de chat.

FÁCIL DE USAR

Los servicios comerciales en línea son gráficos y fáciles de usar. La mayoría le permiten usar un programa para acceder a todas las características del servicio, tales como Internet, cuartos de chat y correo electrónico.

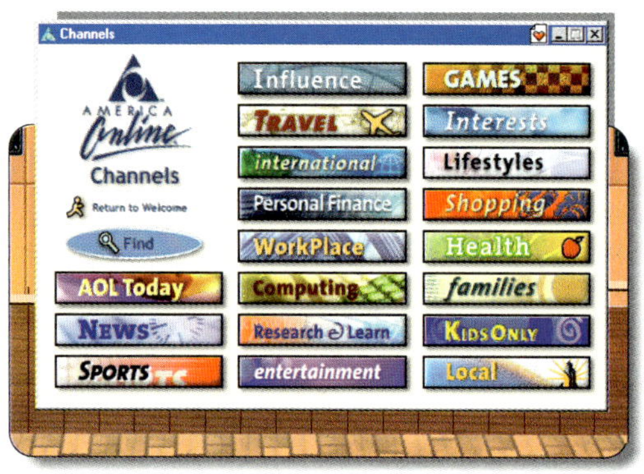

SOFTWARE

Gran parte de los servicios comerciales en línea le facilitan software para simplificar su proceso de conexión. Este software generalmente es muy fácil de instalar. También lo puede actualizar para tener la versión más reciente mientras está conectado a este servicio.

ACCESO A INTERNET

Los servicios comerciales en línea dan a sus miembros una comunidad en línea donde pueden obtener información y conocer a nuevas personas, pero los servicios también ofrecen acceso a toda Internet, incluyendo correo electrónico e información en la Web Mundial.

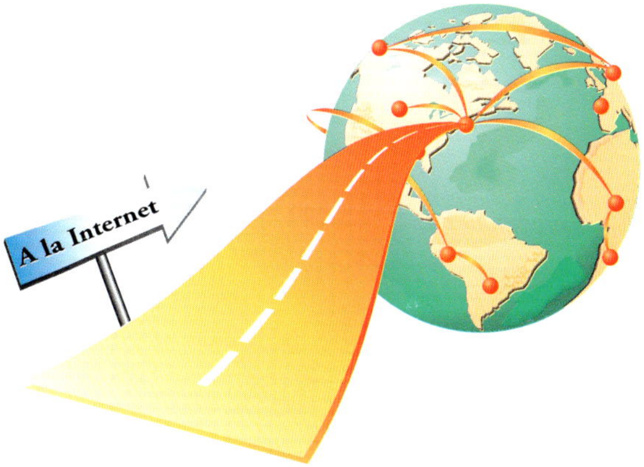

INTERACTIVO

Los mensajes instantáneos son una característica muy popular de los servicios comerciales en línea. Puede comunicarse instantáneamente con otras personas conectadas al servicio con sólo digitar en su teclado.

La mayoría de los servicios comerciales en línea también ofrecen eventos interactivos en vivo donde los miembros pueden intercambiar comentarios y preguntas con invitados especiales, como atletas y estrellas de cine.

NOMBRES DE LOS MIEMBROS

La mayoría de los servicios en línea comerciales le permiten utilizar un nombre de miembro para identificarse. Usted utiliza este nombre para registrarse en el servicio e identificarse en los mensajes de correo electrónico, grupos de noticias y cuartos de chat. Por lo general puede crear un nombre para cada miembro de su familia.

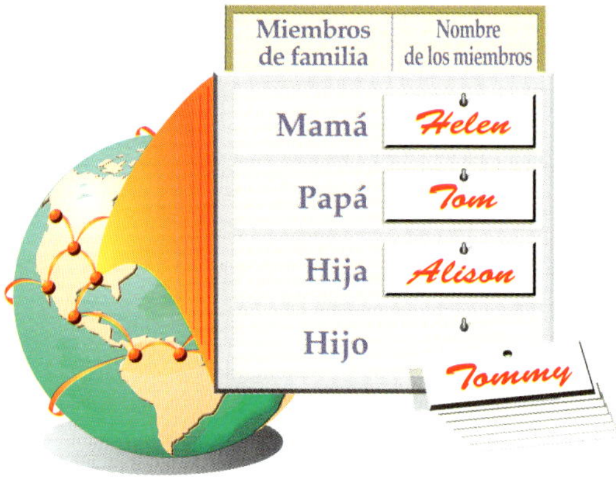

ACCESSO PARA NIÑOS

Muchos servicios comerciales en línea ofrecen software fácil de usar que le permite a los niños acceder a información en él y a la Internet. Los niños pueden divertirse explorando la Red y conociendo nuevos amigos. Los padres pueden poner restricciones en sus cuentas para que sus hijos no tengan acceso a material ofensivo en la Internet.

SERVICIO AL CLIENTE

Configurar una conexión a un servicio comercial en línea es relativamente fácil. Por lo general, estos servicios proveen un espacio para cualquier pregunta.

COSTO

Los servicios en línea más comerciales le permiten probar sus servicios gratis por un tiempo limitado. Después de un período de prueba, la mayoría de los servicios en línea ofrecen un cierto número de horas por mes por una cuota preestablecida.

Si excede el número total de horas, generalmente se le cobrará cada hora extra que usó el servicio en línea.

SERVICIOS DE PRIMERA

Algunos servicios comerciales en línea ofrecen atenciones de primera, como noticias, que puede utilizar por un monto adicional. Asegúrese de averiguar cuánto le cobrarán por este servicio.

ACCESSO MUNDIAL

Muchos servicios comerciales en línea están disponibles en gran parte de los países del mundo. Esto los hace ideales para personas que viajan frecuentemente, pero que todavía necesitan acceso a los servicios como correo electrónico. Muchos negocios utilizan estos servicios para comunicarse entre las oficinas localizadas en diferentes países.

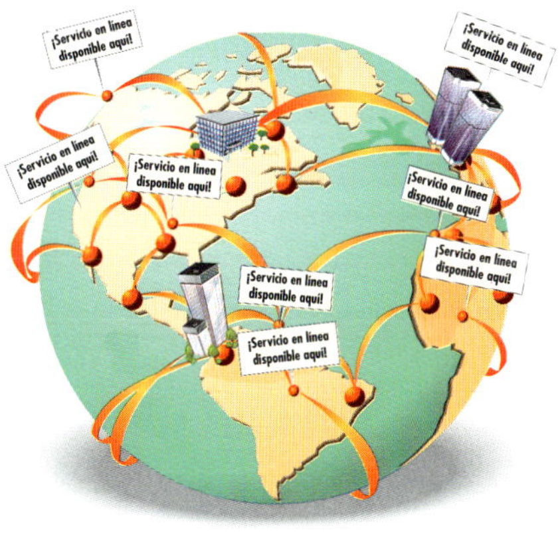

CONECTARSE A LA INTERNET EN EL TRABAJO

Muchas compañías tienen sus redes de computadoras conectadas a la Internet. Usted puede utilizar su computadora en el trabajo para acceder a la Internet.

RESTRICCIONES

La mayoría de las compañías conectadas a la Internet no ofrecen accesso a todas las opciones disponibles. Las empresas pueden restringir el tipo de información a la que los empleados tienen acceso o pueden permitirles solo utilizar la Internet para intercambiar correo electrónico. Revise con el administrador de la red de la empresa para descubrir cuáles áreas de la Internet puede acceder.

CONECTARSE DESDE SU HOGAR

Muchas empresas le permiten a los empleados utilizar una computadora con un módem para acceder a la red desde sus hogares. Si dicha red está conectada a la Internet, entonces los empleados también podrán utilizarla para conectarse a la WWW.

CONECTARSE A LA INTERNET EN LA ESCUELA

Muchas personas acceden a la Internet la primera vez mientras están en la escuela. Las escuelas se conectaron a la Red desde los inicios de ésta.

ESCUELAS PRIMARIAS Y SECUNDARIAS

La mayoría de las escuelas que le permiten a los estudiantes acceder a la Internet también suministran instrucción sobre cómo utilizarla. Además, gran parte de ellas tiene restricciones sobre los tipos de información a los que pueden acceder. Algunas también requieren que firmen un contrato indicando que no intentarán acceder a material inadecuado.

COLEGIOS PARAUNIVERSITARIOS Y UNIVERSIDADES

Muchos colegios parauniversitarios y universidades le brindan a los estudiantes y profesores acceso a la Internet. Los estudiantes pueden utilizar las computadoras del centro o las propias para conectarse a la Red por medio de una cuenta de la escuela.

Algunos de estos centros limitan el acceso. Por ejemplo, los estudiantes pueden acceder a la Internet por un número específico de horas por semana o solamente a ciertas horas del día.

TÉRMINOS DE LA CONEXIÓN A LA INTERNET

Existen varios términos que necesita comprender antes de conectar su computadora a la Internet.

NÚMERO DE ACCESO

Un número de acceso es el número telefónico que marca para conectarse a su proveedor de acceso de la Internet. Debe asegurarse de que sea una llamada local, de lo contrario, tendrá que pagar cargos por llamada de larga distancia por el tiempo que esté conectado.

CONEXIONES

Cuando utiliza un módem y una línea telefónica para conectarse a su proveedor de acceso a la Internet, utiliza una conexión de marcado.

Cuando utiliza una conexión de alta velocidad, su computadora está conectada a la Internet las 24 horas del día. Así, no tiene que establecer una conexión de marcado a su proveedor de acceso cada vez que desee conectarse a la Red.

SERVIDOR

Un servidor es una computadora que almacena información a la que muchas personas pueden acceder. La mayoría de la información disponible en la Internet se encuentra en servidores. Un servidor por lo general tiene un nombre que indica qué tipo de datos contiene. Por ejemplo, el nombre de un servidor que tiene mensajes de correo electrónico generalmente empieza con "correo".

TCP/IP

Para intercambiar archivos e información en la Internet, cada computadora en la Red debe utilizar el mismo lenguaje. El Protocolo de Control de Transmisión/Protocolo de la Internet (TCP/IP) es el lenguaje utilizado por las computadoras para transferir información en la Internet.

DIRECCIÓN IP

Cada computadora conectada a la Internet es identificada por un número único, llamado dirección de Protocolo de Internet (IP). La dirección IP está compuesta de cuatro diferentes números separados por puntos, como 254.234.123.65

Nombre de Dominio

Como los números IP son difíciles de recordar, la mayoría de las computadoras también tienen un nombre, como "compañía.com", que es fácil de comprender. Al conectarse a una computadora, puede digitar la dirección IP o el nombre de ésta.

TERMINALES DE TELEVISIÓN EN LA INTERNET

Una terminal de televisión en la Internet es un dispositivo electrónico que le permite acceder información en la Red utilizando su televisión.

A las terminales de televisión en la internet también se les conoce como cajas "set-top". Puede encontrar más sobre ellas en la WebTV en el siguiente sitio:

www.webtv.net

OPCIONES DE LA TELEVISIÓN

La mayoría de las terminales de televisión en la internet le permiten ver un programa mientras navega en la WWW. Esto le da la oportunidad de utilizar hipervínculos para visitar las páginas web y los cuartos de chat relacionados con el programa actual. También puede utilizar una terminal de este tipo para ver la programación con varios días de anticipación y buscar los programas que desea.

SERVICIOS DE CORREO ELECTRÓNICO

Las terminales de televisión en la internet le permiten enviar y recibir mensajes de correo electrónico utilizando su televisión y un teclado. Puede también comprar un teclado inalámbrico, de manera que pueda sentarse a una distancia cómoda desde el aparato mientras digita.

SOFTWARE

Las terminales de televisión en la internet incluyen el software que necesita para acceder a la Red. Cada terminal tiene programas que le permiten navegar en la World Wide Web e intercambiar correo electrónico. Los programas utilizados en la terminal pueden a menudo actualizarse en la Internet.

MÓDEM

La mayoría de las terminales de televisión en la Internet tienen un módem incorporado con una velocidad de 56 Kbps. Antes de que pueda utilizar la terminal, debe conectarla a una línea telefónica. Cuando utiliza esta terminal para acceder a la Internet, automáticamente marca un número y se conecta al proveedor de acceso a la Red.

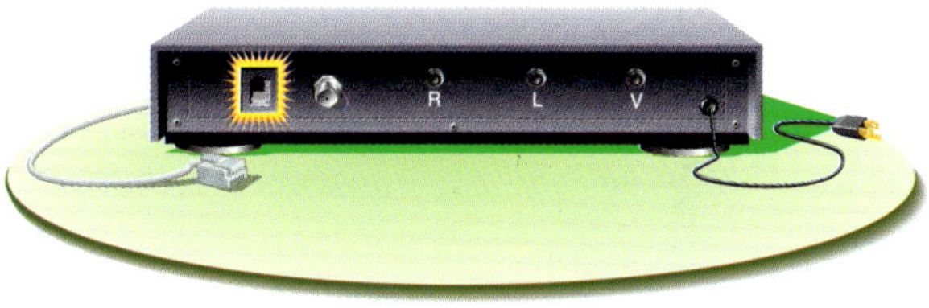

PANTALLA

Algunas páginas Web que aparecen en la pantalla de la televisión no lucen tan nítidas como en un monitor de la computadora. Estos monitores ofrecen resoluciones más altas y más colores que la mayoría de las pantallas.

AMANTES DE LAS AVES
PÁGINA DE INICIO

¡Esta página está dedicada a todas aquellas personas que les gustan los pájaros!

Los amantes de las aves aprecian la belleza y la majestad de estos animales y siempre están interesados en cómo atraerlos. Una de las formas más fáciles de acercar los pájaros a su jardín es construir una casa para ellos. En esta página, le mostraremos los pasos que puede seguir para construir una pajarera sencilla.

PASO UNO: PREPARACIÓN

- Decida que tipo de ave quiere atraer. Esta decisión podría influir en las dimensiones del tamaño de la casa..
- Compre la madera. El pino es mi favorito, pero hay otros tipos de madera.
- Esté seguro de las herramientas que va a utilizar. Usted podría necesitar un cerrucho, taladro, martillo y clavos.

CONTROL REMOTO

La mayoría de las terminales de televisión en la Internet vienen equipadas con un control remoto que puede utilizar en lugar de un mouse mientras explora la World Wide Web.

Bienvenido a la Página Web de la Familia Smith
Smithsonian Institution
Travel Source - The first Internet travel guide - Microsoft Internet Explorer
Travel Source
"The Internet's First Interactive Travel Guide"
Welcome to TravelSource, your on-line reservations and information guide to unique travel destinations and adventure vacations worldwide.
Louisiana
SUMMER SAVINGS COUPONS
CLICK HERE TO START SAVING!
BUDDHANET
Discovery Online - Microsoft Internet Explorer
Archivo Edición Ver Favoritos Herramientas Ayuda
DISCOVERY CHANNEL ONLINE
TRAIN FOR A CAREER WHERE SLOPPY WET KISSES ARE PART OF THE JOB!
Bel-Rea Institute of Animal Technology
NEWS BRIEF
Science Live!
Earth Alert
Chimps Have Flair for Faces
Space Station Just Misses Crash
ON TV
Discovery Channel
TLC
Animal Planet
Travel Channel
Digital Networks
International
MIND GAMES
Someone in Time
It's Answer Day
ROLLER COASTER MADNESS!
THE END IS NEAR
LATEST DISPATCH
EXPEDITIONS
FEATURE STORIES
EXPEDITIONS
MIND GAMES
LIVE CAMS!
CONVERSATIONS
SHOP DISCOVERY
IN THE NEWS
An Abundance of Mummies
In Egypt's Western Desert, up to 10,000
DANGER in Tornado Alley
Dr. Science! - Microsoft Internet Explorer
Ask Dr. Science
...He knows more than you do!
Cool Site of the Year
Welcome to the Ask Dr. Science Web Site, the home of America's foremost authoritarian on the world around us. Or at least the world around him. "There is a thin line between ignorance and arrogance," he says, "and only I have managed to erase that line."
Dr. Science is heard daily on radio stations throughout America and the world. And he can be seen and heard in 3D over at the DotComix web site. You can join
Internet
Sunkist Growers Incorporated - Microsoft Internet Explorer
Archivo Edición Ver Favoritos Herramientas Ayuda
Sunkist
Teacher's
Licensed Produ
Growers & Shippers
Reader's Digest World - Microsoft Internet Explorer
Archivo Edición Ver Favoritos Herramientas Ayuda
Links
Reader's Digest WORLD
June 25, 1999
Search our online store
Search
Bringing you a world of entertainment and information!
Magazine
SelectEditions
Online Store
Forums
Customer Service
Walking
The Family Handyman
American Woodworker
American Health
New Choices
RD Kids Books
Corporate Information
International
Reader's Digest PLUS
INTERNET ER
Did the internet save a man's life? Click here.
Gift From the Sea
Could scientists save an infant whale? Click here.
july4th
Click here for holiday hints and tips.
WORD POWER
LAUGH BANK
click HERE
Desert Flower
Learn more about a supermodel's

La World Wide Web

¿Quiere aprender más de la World Wide Web? Este capítulo lo introduce en la Web y a lo que le ofrece.

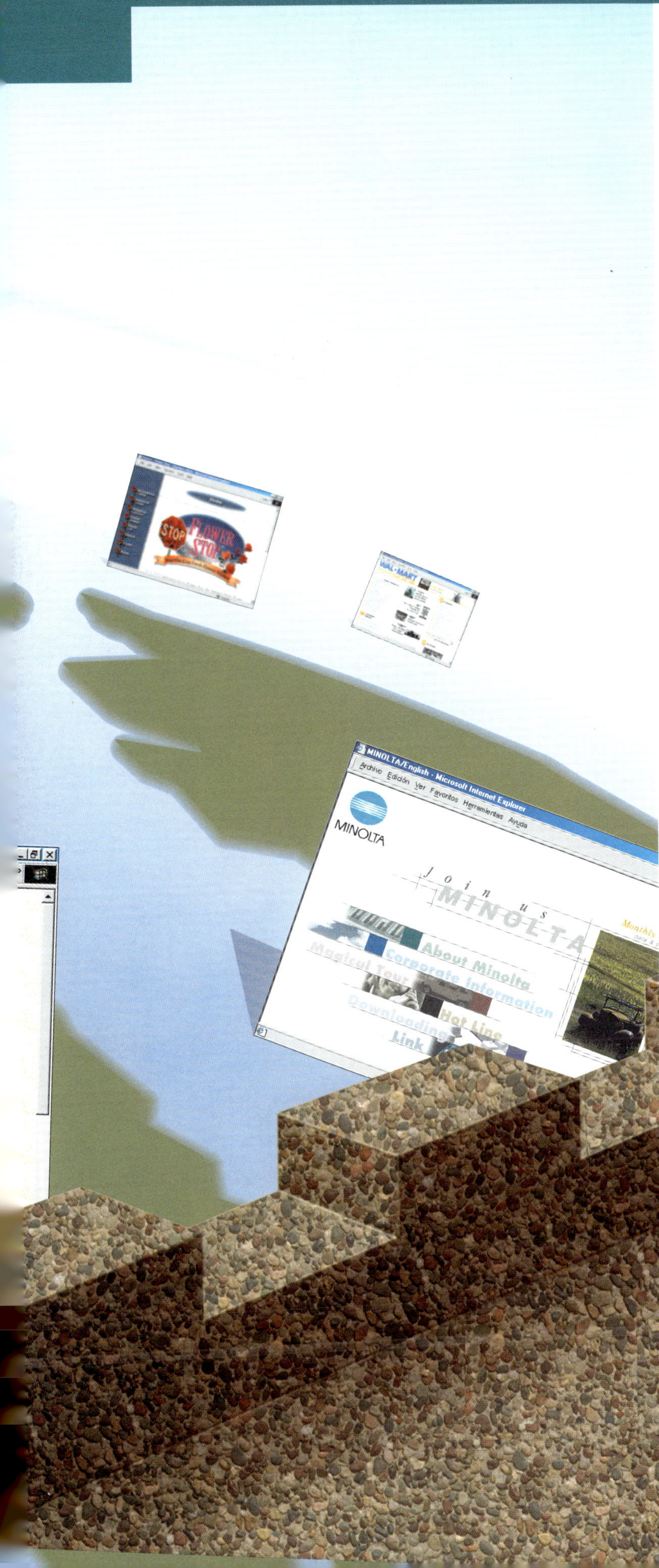

La Web Mundial es parte de Internet. La Web consiste en una enorme colección de documentos almacenados alrededor del mundo.

A la Web Mundial también se le conoce como WWW o W3.

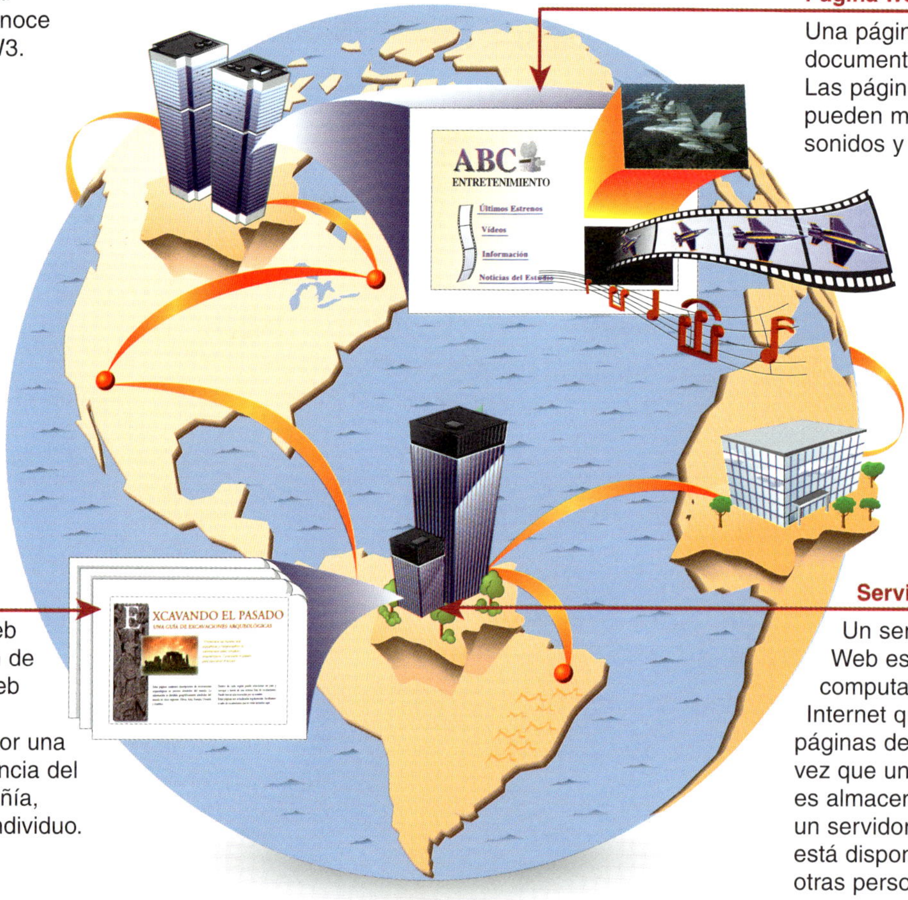

Página Web

Una página web es un documento en la Web. Las páginas de la Web pueden mostrar dibujos, sonidos y vídeos.

Sitio de la Web

Un sitio de la Web es una colección de páginas de la Web que reciben mantenimiento por una universidad, agencia del gobierno, compañía, organización o individuo.

Servidor de la Web

Un servidor de la Web es una computadora en Internet que almacena páginas de la Web. Una vez que una página web es almacenada en un servidor de la Web está disponible para que otras personas la vean.

URL

Cada página web tiene una dirección única, llamada URL (Localizador de Recurso Uniforme). Puede mostrar instantáneamente cualquier página web si conoce su URL.

El URL de una página web comienza con http (Protocolo de Transferencia de Hiper Texto) y contiene el nombre de la computadora, nombre del directorio y nombre de la página web.

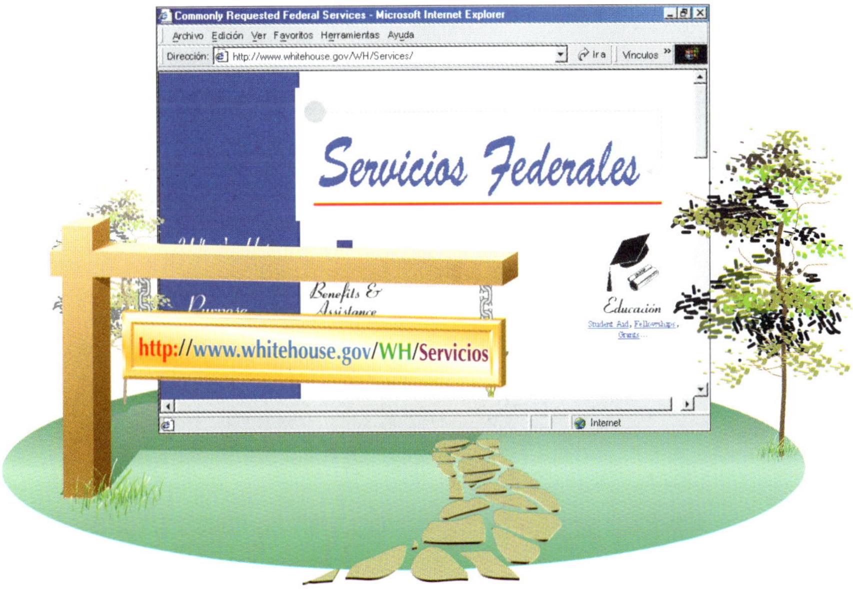

HIPERENLACES

Las páginas web contienen texto resaltado o imágenes llamadas hiperenlaces, que conectan a otras páginas. Los hiperenlaces le permiten moverse fácilmente a través de una enorme cantidad de información brincando de una página a otra. Puede seleccionar un hiperenlace para saltar a una página web localizada en la misma computadora o en una computadora al otro lado de la ciudad, del país o del mundo.

Puede identificar fácilmente hiperenlaces de texto en una página web porque aparecen subrayados y en color.

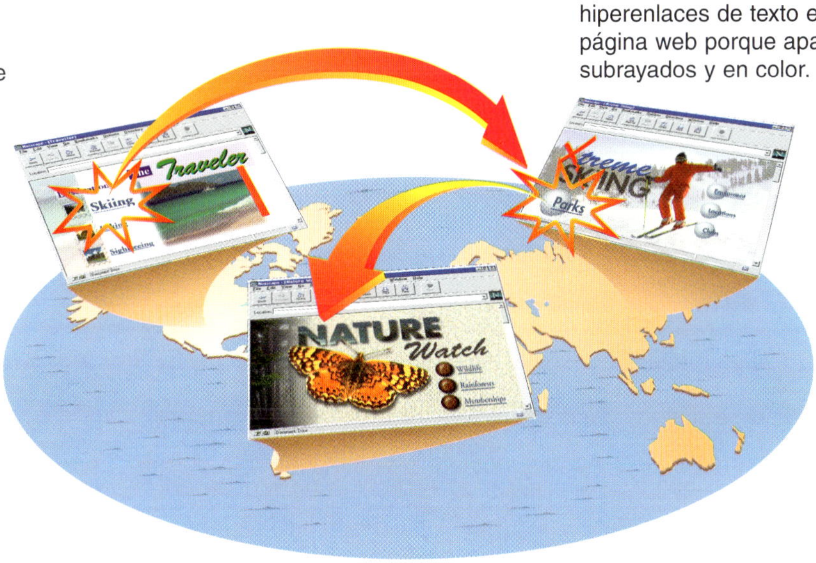

NAVEGADORES DE LA WEB

Un navegador de la Web es un programa que le permite ver y explorar información en la Web Mundial.

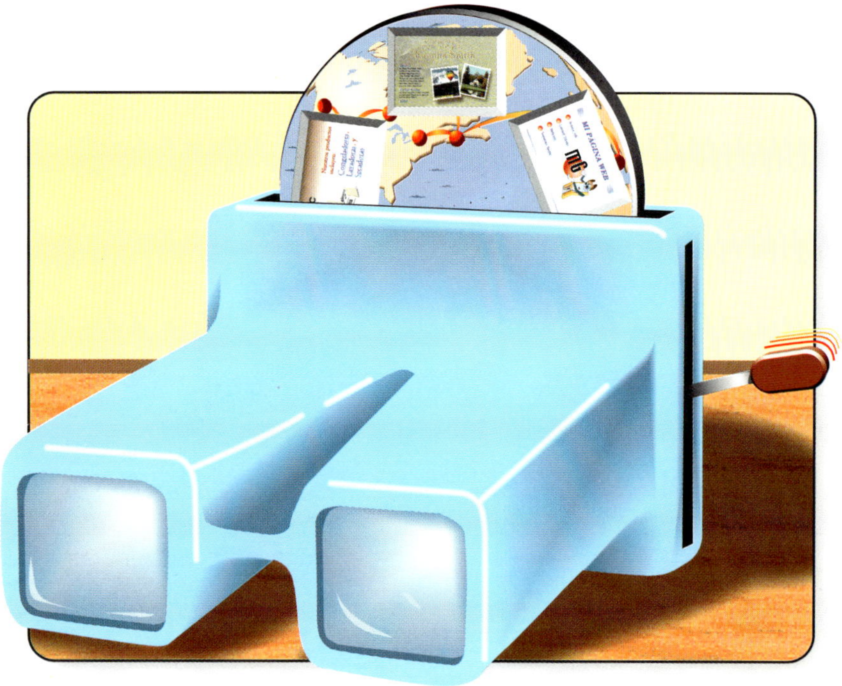

Microsoft Explorer y Netscape Navigator son navegadores muy populares. Para más información sobre ellos, vea las páginas 44 y 45.

SOPORTE DE HTML

Los navegadores muestran páginas, las cuales son documentos creados que usan un lenguaje de computadoras llamado Lenguaje de Marcación de Hipertexto (HTML). Cada nueva versión de HTML permite que las páginas tengan más versatilidad, como multimedia y seguridad. Si un navegador no soporta la última versión de este lenguaje, no podrá usar nuevas características. La 4 es la última versión de HTML.

VERSIÓN BETA

Una versión beta de un navegador de la Web es una versión temprana del programa que todavía no está lista para mercadear. Muchas compañías permiten que las personas usen y prueben la versión beta de su navegador de la Web antes de liberar la versión oficial. Las versiones beta de los navegadores de la Web a veces tienen errores.

PÁGINA DE INICIO

La página de inicio (home page) es la página web que aparece cada vez que inicia su navegador. Puede escoger cualquier página en la Web como su página de inicio. Asegúrese de escoger una página de inicio que suministra un buen punto de partida para explorar la Web.

BOOKMARKS

La mayoría de las navegadores de la Web tienen una característica llamada bookmark o favoritos. Esta característica le permite almacenar las direcciones de las páginas de la Web que visita frecuentemente. Los bookmarks le ayudan a no tener que recordar y digitar constantemente las direcciones de sus páginas web preferidas.

HISTORIA

Cuando está navegando a través de páginas web, puede ser difícil mantener el rastro de las localizaciones de las páginas que ha visitado. La mayoría de los navegadores de la Web incluyen una lista de historia que le permite regresar rápidamente a cualquier página web que ha visitado recientemente.

BOTONES DE NAVEGACIÓN

La mayoría de los navegadores proveen botones para ayudarle a moverse entre información en la Web. Puede moverse hacia adelante o hacia atrás por páginas que ha visto o cancelar la transferencia a páginas que tardan mucho en aparecer.

Microsoft Internet Explorer es actualmente el explorador de la Web más popular.

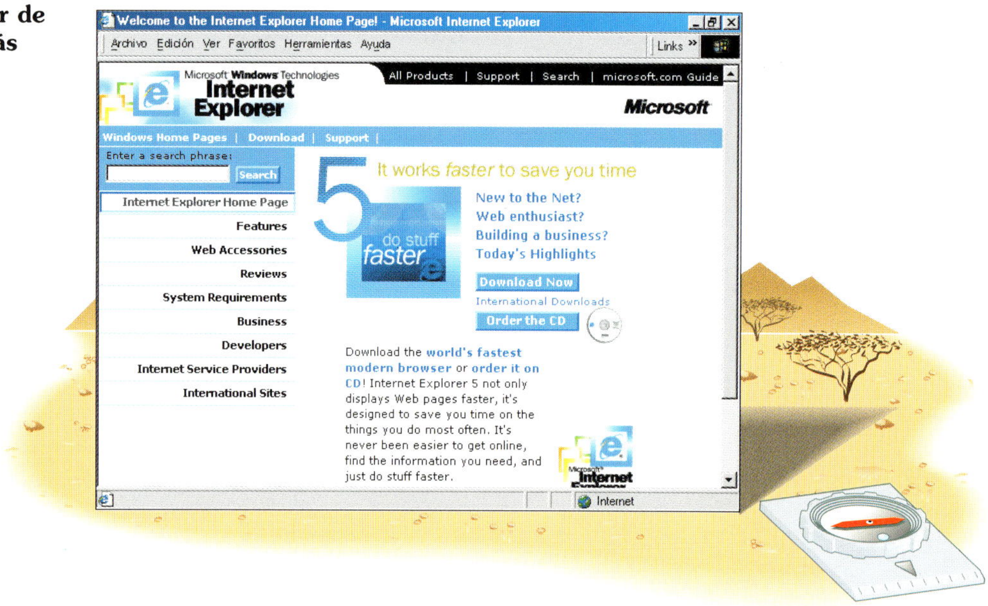

Viene con el sistema operativo de Windows 98. Puede obtener Internet Explorer sin ningún cargo en el siguiente sitio web:

www.microsoft.com/ie

FÁCIL DE USAR

Internet Explorer fue creado por la misma compañía que creó los sistemas operativos de Windows, de manera que su apariencia es muy similar a la de otros programas. Si usted está familiarizado con diversos programas de Windows, encontrará fácil de aprender y usar el explorador de la Web .

OPCIONES DE INTERNET EXPLORER

Internet Explorer ofrece muchas opciones que le ayudan a trabajar eficientemente en la Web. Por ejemplo, la búsqueda puede ayudarle a localizar información que necesita. Asimismo, es posible personalizarlo para que se ajuste a sus necesidades.

Netscape Navigator es un explorador popular de la Web y fue uno de los primeros utilizados en la Internet.

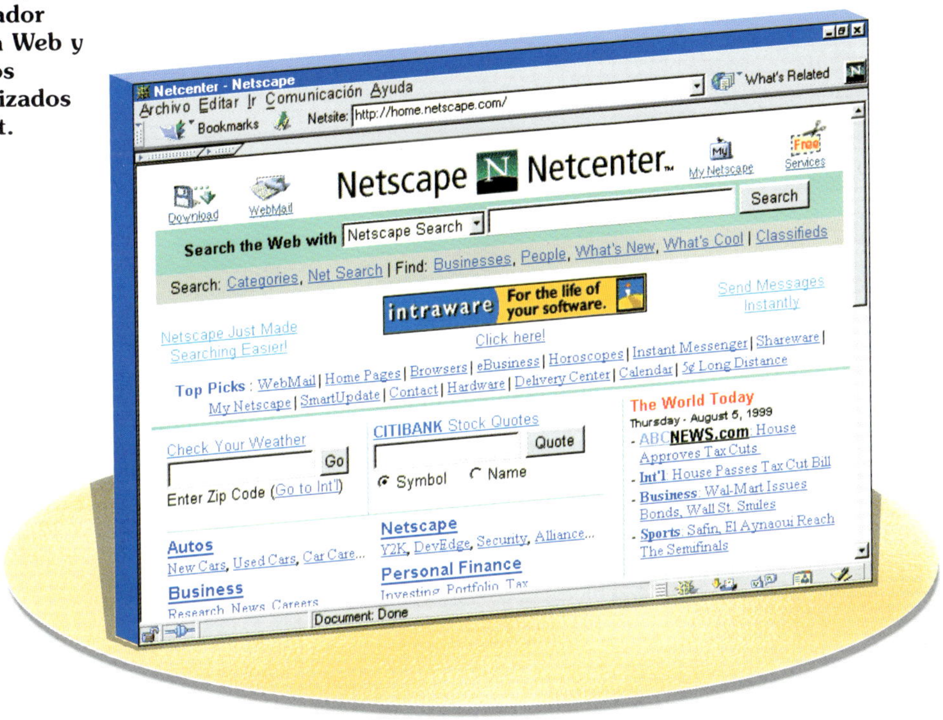

Incluye muchas opciones que pueden mejorar el tiempo que dedica explorando a través de la información en la Web.

VERSÁTIL

Navigator está disponible para computadoras que corren varios sistemas operativos diferentes, incluyendo Windows, Macintosh y Unix. Puede obtenerlo como un programa separado o como parte de la pila de Netscape Communicator, la cual incluye otros programas útiles para la Internet. Es posible obtenerlo sin cargo alguno en el siguiente sitio web:

www.netscape.com

EXTENSIONES DE NETSCAPE

HyperText Markup Language (HTML) es el nombre del lenguaje de programación utilizado para crear páginas web. Netscape continuamente está haciéndole mejoras al HTML, llamadas extensiones de Netscape, las cuales le permiten a las páginas web incluir opciones como vídeo y sonido mejorados.

MENSAJES DE ERROR

Cuando su explorador de la Web no puede mostrar una página, aparece un mensaje de error.

MENSAJES DE ERROR COMUNES

403 PROHIBIDO

El mensaje 403, Prohibido, aparece cuando intenta abrir una página web a la cual no tiene permiso para entrar. No puede visualizar la página sin autorización.

404 NO HA SIDO ENCONTRADO

El mensaje 404, No ha sido encontrado, aparece cuando su explorador de la Web no puede encontrar la página que especificó. Es posible que esta página haya sido movida o haya cambiado de nombre.

SERVIDOR NO ENCONTRADO

El error Servidor no Encontrado aparece cuando su explorador de la Web no puede acceder al servidor que especificó. Un servidor es una computadora que almacena información en la Internet. Puede estar ocupado temporalmente, fuera de servicio o no existir.

Cuando aparece un mensaje de errror en su pantalla, puede intentar las siguientes opciones para mostrar la página que desea visualizar.

OPCIONES

REVISAR ORTOGRAFÍA

Si digitó la dirección de la página web, deberá revisar su ortografía. Los errores de digitada son la razón principal para que una página no aparezca.

INTENTE DE NUEVO

Algunas veces su explorador de la Web no puede abrir una página en el primer intento. Puede hacer clic sobre el botón Refrescar o Recargar en su explorador para intentar de nuevo.

INTENTAR EN HORAS NO PICO

Puede intentar abrir la página web más tarde. El mejor momento para abrir una página popular es durante horas no pico, como las noches y fines de semana, ya que menos personas navegan.

REVISAR SU CONEXIÓN DE INTERNET

Si no puede abrir ninguna página web, asegúrese de que todavía está conectado a la Internet. Algunas veces un problema en la línea puede desconectar su computadora.

LOS NIÑOS Y LA WEB

Los niños deben ser vigilados de cerca cuando utilizan la Web.

La mayoría de la información en la Web tiene el propósito de educar o entretener a las personas, pero parte de ella es inadecuada para niños.

TIPOS DE INFORMACIÓN INADECUADA

FOTOGRAFÍAS

Existen muchos sitios en la Web que muestran fotografías creadas para adultos. La mayoría de los sitios orientados a ellos requieren de verificación de que los usuarios sean realmente adultos, pero a menudo exhiben fotografías de muestra en la primera página.

ARCHIVOS DE TEXTO

Hay muchos archivos de texto en la Web que describen todo tipo de cosas, desde una travesura en la escuela hasta la fabricación de explosivos. Estos archivos a menudo llaman la atención de los adolescentes y por lo general no tienen ninguna restricción para entrar a ellos.

FORMAS DE RESTRINGIR EL ACCESO

SUPERVISIÓN ADULTA

La supervisión constante de los adultos es la mejor manera de asegurarse de que los niños no accedan a información inadecuada en la Web. Antes de que un niño navegue, debe discutir el propósito de la sesión con él y poner las reglas.

Quizás desee mantener la computadora en la sala familiar o en la cocina, de manera que pueda observar la información que sus hijos ven.

RESTRICCIONES DEL EXPLORADOR DE LA WEB

Algunos exploradores de la Web tienen restricciones incorporadas. Los usuarios pueden visualizar solamente sitios que han sido aprobados por un sistema de calificación similar al utilizado para calificar las películas. Puede decidir cuál nivel es adecuado para sus niños.

PROGRAMAS DE RESTRICCIÓN

Hay muchos programas disponibles que le permiten restringir la información que sus niños pueden encontrar en la Web y la mayoría de las áreas de Internet.

Usted encontrará programas de restricción en los siguientes sitios:

Net Nanny

www.netnanny.com

Cyber Patrol

www.cyberpatrol.com

PORTALES DE LA WEB

Un portal de la Web es un sitio que suministra un excelente punto de inicio para explorar Internet.

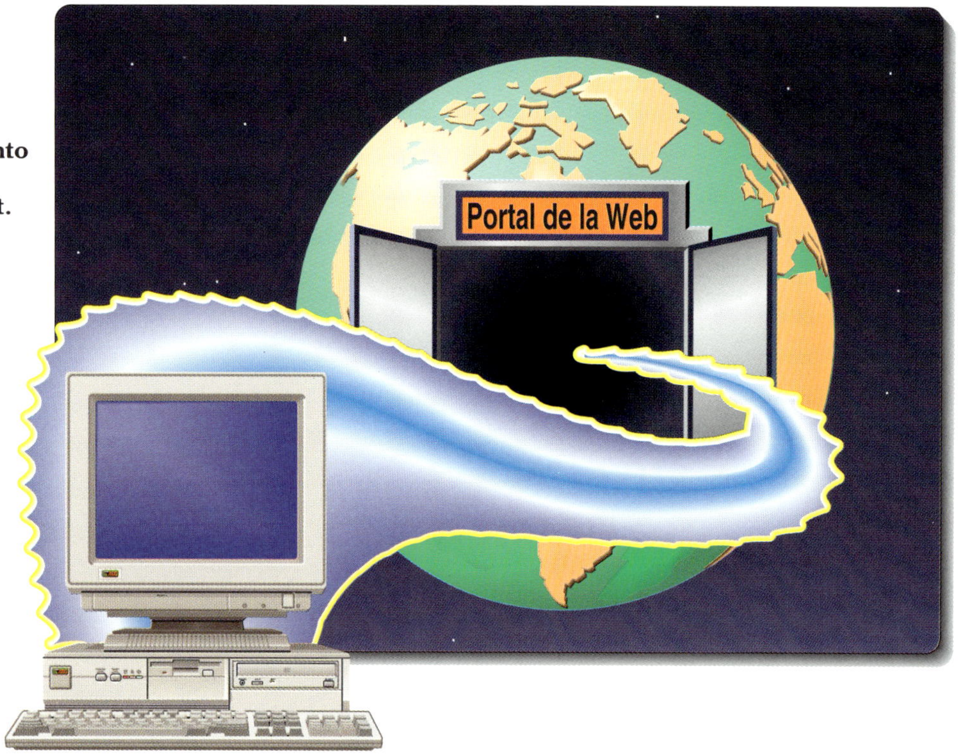

Portales populares de la Web:

www.yahoo.com

www.go.com

www.lycos.com

CATEGORÍAS DE CONTENIDO

Los portales de la Web le permiten navegar a través de categorías, como negocios o deportes, para encontrar información de su interés. Los portales de la Web también le permiten digitar una palabra o frase para buscar rápidamente información en la Web.

NOTICIAS

La mayoría de los portales de la Web suministran una variedad de noticieros actualizados día a día, al igual que puntajes deportivos y bolsas de valores. Puede seleccionar un noticiero para leer un artículo de noticias completo.

COMPRAS

Muchos portales de la Web suministran acceso a compras en línea. Puede comprar desde ropa y equipo de deportes hasta libros y herramientas de jardín.

CORREO ELECTRÓNICO GRATIS

Los portales de la Web usualmente ofrecen servicios gratis de correo electrónico, los cuales le permiten enviar y recibir mensajes de cualquier computadora que tenga acceso a la Web.

CHAT

Algunos portales ofrecen servicios de chat que le ayudan a comunicarse instantáneamente con personas de todo el mundo.

BÚSQUEDA DE PERSONAS

La mayoría de los portales de la Web le permiten buscar números telefónicos y direcciones en el directorio de páginas blancas. Muchos también le permiten buscar direcciones de correo electrónico.

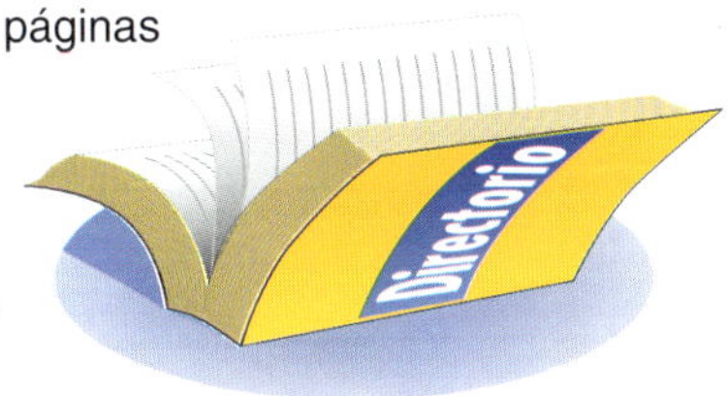

MAPAS

Muchos portales de la Web ofrecen mapas y direcciones. Por ejemplo, puede encontrar la mejor ruta y distancia entre dos puntos.

JUEGOS

La mayoría de los portales de la Web le permiten jugar ajedrez o rompecabezas cruzados. Puede jugar contra la computadora o contra otra persona que visita el portal.

PERSONALIZAR

Puede personalizar muchos portales de la Web para mostrar la información que desea. Por ejemplo, puede personalizar un portal de la Web para mostrar el reporte del clima de su área.

SEGURIDAD EN LA WEB

Hay muchas formas de asegurarse de que la información personal que envía por la Internet está segura.

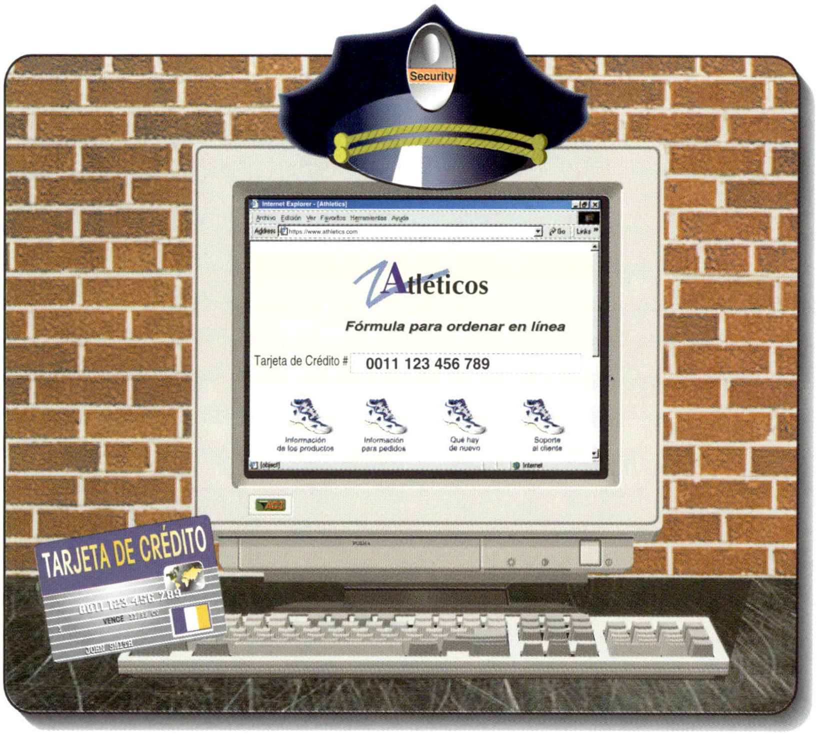

Muchas personas sienten que no es seguro transmitir números de tarjetas de crédito por la Internet. De hecho, enviarlos a una página web puede ser más seguro que darlos por teléfono a una persona desconocida.

ASEGURAR PÁGINAS WEB

Asegurar páginas web con los exploradores de la Web funciona para crear un sistema de seguridad casi impenetrable que protege la información que envía por la Internet. Cuando envía la información, esta puede pasar a través de muchas computadoras antes de alcanzar su destino. Si no está conectado a una página web asegurada, otras personas en la Internet pueden visualizar la información que transfiere.

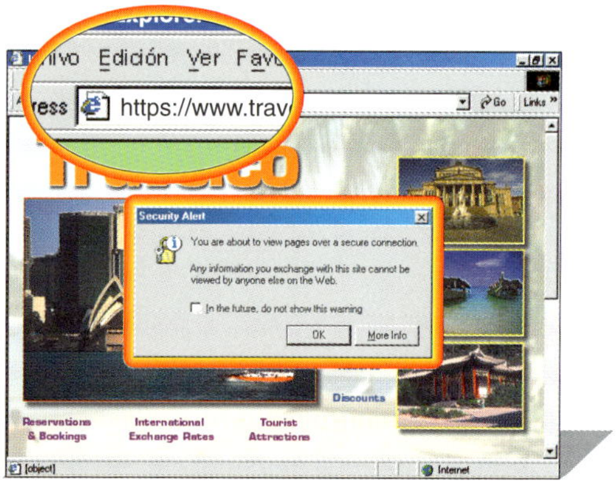

Visitar Páginas Web Aseguradas

La dirección de una página web asegurada por lo general empieza con **https** en lugar de **http**.

Cuando visita una de estas páginas asegurada, su explorador por lo general muestra un candado o llave en la pantalla para indicar que la página está asegurada. Muchos exploradores también muestran un recuadro de diálogo alertándolo de que está a punto de visualizar una página web asegurada.

GALLETA

Una galleta es un archivo de texto pequeño almacenado en su computadora. La información en él es utilizada por un sitio web para seguir el rastro de personas que lo acceden. Por ejemplo, cuando visita un sitio web, este puede crear una galleta para almacenar su nombre. La próxima vez que visite el sitio, su explorador de la Web accederá a la galleta almacenada en su computadora y mostrará su nombre en la página web.

Compartir una computadora

Si comparte una computadora con otras personas en el trabajo, debe tener cuidado de que la galleta esté almacenada en la máquina. Por ejemplo, si utiliza la computadora para comprar un artículo en un sitio web, la información de su tarjeta de crédito puede estar almacenada como una galleta. Si un compañero de trabajo luego utiliza la misma máquina para visitar el mismo sitio, podría comprar artículos utilizando la información de su tarjeta. Muchos exploradores de la Web le permiten desactivar el uso de las galletas.

FIREWALL

Un firewall es un programa que restringe la información que pasa entre dos redes. Muchas organizaciones lo utilizan para evitar que individuos no autorizados en la Internet accedan a una red privada. Si su empresa utiliza un firewall, quizás necesita contactar el administrador del sistema para ayudarle a acceder a la Internet desde el trabajo.

DE COMPRAS EN LA WEB

Puede comprar productos y servicios en la Web sin tener que abandonar su escritorio.

PRODUCTOS DISPONIBLES

Existen miles de productos que puede comprar en la Web, como ropa, suministros de oficina, programas de computación y alimentos. La Web es también una gran fuente para comprar cosas extrañas, como libros viejos y objetos de colección.

CARRITO DE COMPRAS

Al igual que cuando compra en una tienda tradicional, muchos sitios web le permiten colocar todas las compras en un carrito. Estos carritos almacenan información sobre los artículos que ha seleccionado mientras continúa explorando. Cuando termina de seleccionar, puede comprar simultáneamente todos los elementos del carrito .

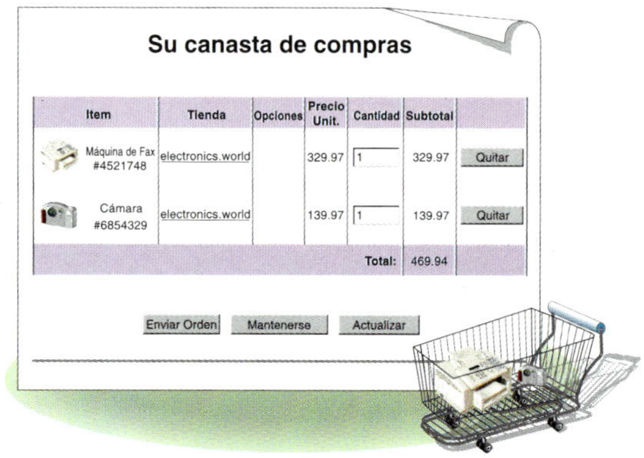

CONSIDERACIONES AL COMPRAR

ENTREGA

Cuando compra un producto en la Web, por lo general se lo entregan en su puerta. La mayoría de las empresas cobran por la entrega, la cual puede aumentar enormemente el precio del producto. Considere estos costos antes de hacer la compra.

DEVOLUCIONES

Tenga presente que puede hacer la orden a una compañía localizada en cualquier parte del mundo. Esto puede hacer más difícil devolver un producto que no encuentra satisfactorio. Revise la política de devoluciones antes de ordenar cualquier cosa.

TARJETAS DE CRÉDITO

Muchas personas sienten que no es seguro transmitir números de tarjetas de crédito por la Internet. De hecho, enviar un número de tarjeta a una página web asegurada es más seguro que enviarlo por el teléfono a una persona desconocida. Para información sobre páginas web aseguradas, consulte la página 62.

DE COMPRAS EN LA WEB

VENTAJAS DE COMPRAR EN LA WEB

CONVENIENCIA

Comprar en la Web puede ser más conveniente que comprar en tiendas de la forma tradicional, ya que en la Web puede comprar las 24 horas del día los siete días de la semana.

Si vive fuera de la ciudad, probablemente no haya gran variedad de tiendas donde escoger. La Web le da acceso a productos de todas partes del mundo.

INFORMACIÓN ACTUALIZADA

Gran parte de los sitios web ofrecen información sobre productos y precios más actualizada que los catálogos y los volantes. Además, puede usar la Web para encontrar información general sobre los productos que va a comprar. Esto le ayudará a tomar una decisión más fundamentada de su compra.

INVESTIGACIÓN SOBRE COMPAÑÍAS

Cuando va de compras en la Web, puede usar los recursos en la Internet para buscar información sobre las compañías a las que está pensando comprarles. Puede encontrar opiniones de otros consumidores e información sobre la reputación de la compañía.

COMPRAS EN UN SOLO LUGAR

Muchos sitios le dejan encargar muchos productos diferentes en un solo lugar. Puede adquirir libros, ropa, electrodomésticos y regalos en el mismo sitio.

Puede buscar un sitio tipo centro comercial en:

www.shopping.com

www.imall.com

PRECIOS BAJOS

Los precios de productos vendidos en la Web son generalmente más bajos que los precios en las tiendas tradicionales, porque las compañías no tienen costos generales, tal como renta y vendedores. Muchas tiendas en la Web dan descuentos cuando hace una compra.

Puede encontrar cupones electrónicos para muchos artículos en los siguientes sitios:

www.couponsurfer.com

www.coolsavings.com

COMPARAR COMPRAS

Puede usar la Web para comparar productos y precios. Existen muchos sitios de la Web que harán comparaciones de compras por usted. Cuando busca un producto que desea, el sitio de la Web muestra una lista de productos iguales con precios y enlaces para ordenarlos.

Puede encontrar herramientas de comparación en los siguientes sitios:

www.bottomdollar.com

www.shopfind.com

SUBASTAR EN LA WEB

En la Web encontrará subastas donde puede hacer una oferta en productos como computadoras, joyas, regalos y mucho más.

TIPOS DE SUBASTA

PERSONA A PERSONA

Las subastas de persona a persona suministran un lugar de reunión para compradores y vendedores. Muchas subastas de persona a persona son como mercados gigantes de pulgas y son ideales para encontrar artículos extraños.

Puede encontrar subastas de persona a persona en los siguientes sitios de la Web:

www.ebay.com

www.auctionuniverse.com

COMERCIANTE

Los negocios usan subastas de comerciantes para ofrecer su mercadería. Las subastas de comerciantes ofrecen productos reconstruidos como computadoras, línea blanca y artículos deportivos.

Puede encontrar subastas de comerciantes en los siguientes sitios:

www.ubid.com

www.onsale.com

SUBASTAS TRADICIONALES

Algunas casas de subastas tradicionales como Sotheby´s están empezando a ofrecer subastas en la Web. Estas subastas se especializan en arte, artículos coleccionables y joyas.

Puede encontrar el sitio de la Web de Sothesby´s en:

www.sothebys.com

FORMATOS DE SUBASTAS

SUBASTA HOLANDESA

En una subasta Holandesa, un vendedor ofrece múltiples cantidades de un artículo y especifica la oferta mínima que aceptará. Cada cliente especifica la cantidad del artículo que desea y el precio que están dispuestos a pagar.

SUBASTA DE RESERVA

En una subasta de Reserva, un vendedor establece un precio mínimo que aceptará por un artículo. Si el precio mínimo no es alcanzado, el vendedor puede retirar el artículo de la subasta.

CONSIDERACIONES DE OFERTA

COMPARAR PRECIOS

Antes de ofrecer por un producto, navegue en la Web para ver cuánto están pidiendo otras compañías por un producto similar. Puede comprar el producto por un precio más bajo.

REVISAR CARGOS DE ENTREGA

Los cargos de entrega pueden aumentar considerablemente el precio de un producto. Considere los cargos de entrega antes de ofrecer por un producto.

TODAS LAS VENTAS SON FINALES

Todas las ventas son finales en un sitios de subastas de la Web. En una subasta de comerciantes, si gana, su tarjeta de crédito será debitada con el cargo inmediatamente.

VIAJAR EN LA WEB

La Web es un gran recurso para planear un viaje. Puede hacer reservaciones, alquilar autos y muchas cosas más.

INFORMACIÓN

Los sitios Travel Web son fuentes maravillosas de información sobre viajes. Puede obtener datos sobre una ciudad que desea visitar, atracciones locales, restaurantes o un calendario de eventos durante su viaje.

Puede también encontrar comentarios escritos por otros viajeros y consejos para hacer su viaje más disfrutable.

SITIOS WEB DE VIAJES POPULARES

Existen muchos sitios de viaje populares en la Web. Los siguientes suministran un excelente punto de inicio para planear un viaje:

www.expedia.com

www.previewtravel.com

www.travelocity.com

PRECIOS BAJOS

Los precios en la Web son generalmente más bajos que en agencias de viajes tradicionales porque no tienen costos generales, como alquiler. Además, puede utilizar los sitios web de viajes para comparar precios y asegurarse de que obtiene la mejor oferta. La mayoría de estos sitios ofrecen descuentos en hoteles y planes de alquiler de auto.

OFERTAS DE PRECIOS

Algunos sitios web le permiten especificar el precio que desea pagar por un cuarto de hotel. El sitio web luego contacta las compañías que aceptan su precio. Puede encontrar esta opción en el siguiente sitio:

www.priceline.com

CONVENIENCIA

Hacer sus planes de viaje en la Web puede ser más conveniente que utilizar un agente tradicional. Es posible hacer reservaciones de cuartos de hotel las 24 horas del día, los siete días de la semana. Estos sitios también le ayudan a planear ofreciéndole muchas herramientas útiles en una localización. Por ejemplo, puede encontrar mapas, convertidores de moneda y reportes de tiempo actualizados en la mayoría de los sitios de viaje de la Web.

BANCA EN LA WEB

Muchos bancos le permiten acceder a su información bancaria en la Web. Es posible pagar recibos, revisar sus balances de la cuenta y transferir dinero entre cuentas.

SEGURIDAD

La información bancaria es una de las más confidenciales. Los bancos utilizan sitios web para mantenerla privada. Para más información al respecto, consulte la página 62.

Algunos bancos requieren que usted baje un componente que actualizará la seguridad de su explorador de la Web antes de que realice transacciones bancarias allí.

CONVENIENCIA

Puede acceder a su información bancaria cuando lo desee: las 24 horas del día, los siete días de la semana. Asimismo, es posible utilizar la Web para programar sus pagos por adelantado. Esto es útil si va de vacaciones o en viaje de negocios.

RECIBIR SUS FACTURAS EN LÍNEA

Muchas compañías ahora entregan las facturas por la Internet en lugar del correo. Al igual que con las facturas tradicionales, en una que recibe en línea, puede ver la fecha de vencimiento, la cantidad, e incluso el detalle. Recibir y pagar facturas en la Internet puede ayudarle a reducir el tiempo que gasta pagándolas cada mes.

PROGRAMAS FINANCIEROS PERSONALES

Muchas personas utilizan los programas financieros personales para organizar sus finanzas. La mayoría de los bancos también trabajan con estos programas. En lugar de introducir sus transacciones bancarias cada mes, puede transferir la información desde el sitio web de su banco hasta el programa en su computadora.

Puede encontrar programas financieros personales en los siguientes sitios:

Intuit Quicken

www.intuit.com/quicken_store

Microsoft Money

www.microsoft.com/money

SERVICIOS FINANCIEROS

Muchos bancos suministran servicios financieros en sus sitios web. Por ejemplo, puede aplicar por una hipoteca o préstamo o utilizar una calculadora en línea para estimar su hipoteca o pagos mensuales.

INVERTIR EN LA WEB

Puede comprar y vender acciones, bonos y fondos mutuos en la Web. La Web puede también ayudarlo a aprender más sobre inversiones.

Sitios Web de Inversión Populares

www.etrade.com

www.ameritrade.com

www.schwab.com

VENTAJAS DE INVERTIR EN LA WEB

AMPLIA VARIEDAD DE INFORMACIÓN

La Web ofrece información sobre inversiones, boletines diarios de mercadeo, cotizaciones de acciones de tiempo verdadero e información detallada sobre compañías. Algunos sitios web de inversión requieren que usted pague una cuota de suscripción para acceder a la información. Puede encontrar información en los siguientes sitios:

www.techstocks.com

www.thestreet.com

www.fool.com

CREAR CARTERAS

Puede crear varias carteras de inversión y monitorear su progreso en la Web. Muchos sitios de inversión también le permiten crear una cartera de acciones imaginarias que puede utilizar para practicar el intercambio de acciones. Esto le permite comprender completamente la mecánica antes de empezar a invertir su dinero.

CONSIDERACIONES PARA INVERTIR EN LA WEB

Al comprar y vender acciones en la Web, debe tener en mente que sus órdenes pueden no llenarse inmediatamente. Es posible que hayan retrasos al transferir información por la Internet, lo que puede ser muy costoso, ya que el precio de las acciones puede cambiar en unos cuantos minutos.

TIPOS DE ÓRDENES DE ACCIONES

Los tipos de órdenes de acciones más comunes son las de mercado y de límite. Una orden al mercado es por lo general llenada tan pronto el intermediario en línea la recibe. Este tipo de orden puede ser costoso si el precio cambia antes de que alcance al intermediario.

Una orden limitada le permite especificar el precio máximo que pagará por las acciones o el precio mínimo al que las venderá.

CONTRATACIONES DE UN DÍA

Las contrataciones de un día se refieren a comprar y vender acciones minuto a minuto en un intento por hacer dinero rápidamente. Incluye más riesgo que una inversión a largo plazo, pero la cantidad de información de una inversión de último minuto disponible en la Web facilita mucho este proceso.

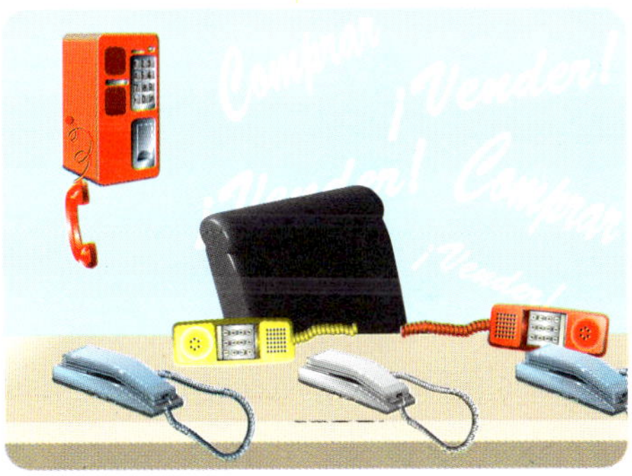

EMPLEOS EN LA WEB

Existen miles de sitios web que pueden ayudarle a encontrar trabajo.

PLANEAMIENTO DE LA CARRERA

Existen muchos sitios web que le pueden ayudar a encontrar la carrera correcta. Puede acceder a cuestionarios de autoevaluación, exámenes cortos para analizar sus destrezas y un listado de las calificaciones que necesita para obtener el trabajo de sus sueños. Es posible también encontrar consejos sobre cómo encontrar un trabajo, escribir un resumé y la manera de manejar entrevistas laborales.

COMPAÑÍAS

Muchas empresas tienen una página web que suministra información sobre la compañía y posiciones disponibles dentro de la empresa. La mayoría de las empresas suministran un correo electrónico o dirección de correo que puede utilizar para aplicar por una posición. Un sitio web de la compañía es también una buena forma de encontrar información sobre la compañía antes de ir a una entrevista.

BÚSQUEDA DE EMPLEO

BÚSQUEDA DE EMPLEO

La mayoría de los sitios web de búsqueda de empleos le permiten buscar en una ciudad o país. Puede también buscar aperturas de trabajo en una empresa particular. Cuando busca un empleo, es posible especificar una categoría en la que está interesado, como administrativo o de fabricación, o introducir una palabra clave, como chef o editor.

Algunos sitios web populares son los siguientes:

www.careermosaic.com

www.hotjobs.com

www.monster.com

COLOCAR SU RESUMÉ

Muchos sitios web de búsqueda le permiten almacenar su resumé en el sitio para empleados potenciales por revisar. Algunos sitios también le permiten especificar cuáles compañías usted no desea que visualicen su resumé.

MONITOREAR NUEVAS APERTURAS DE EMPLEO

Algunos sitios web le permiten especificar sus requisitos para un empleo. El sitio luego monitoreará nuevas opciones de empleo y le notificará cuándo hay una apertura que coincida con ellos.

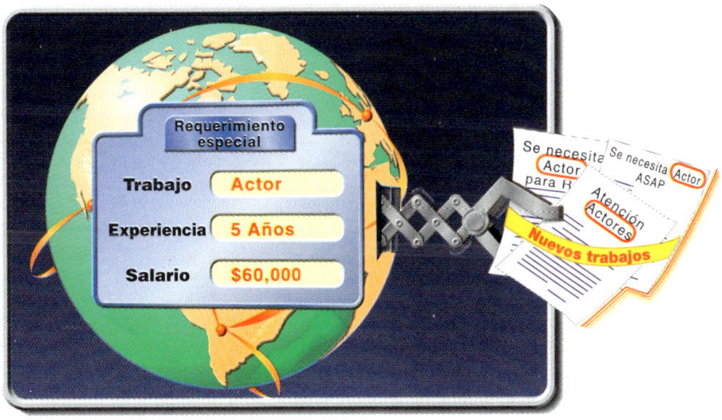

Existen muchos recursos en la Web que pueden ayudarle a aprender sobre nuevos temas. Puede incluso tomar cursos universitarios y otras clases en la Web.

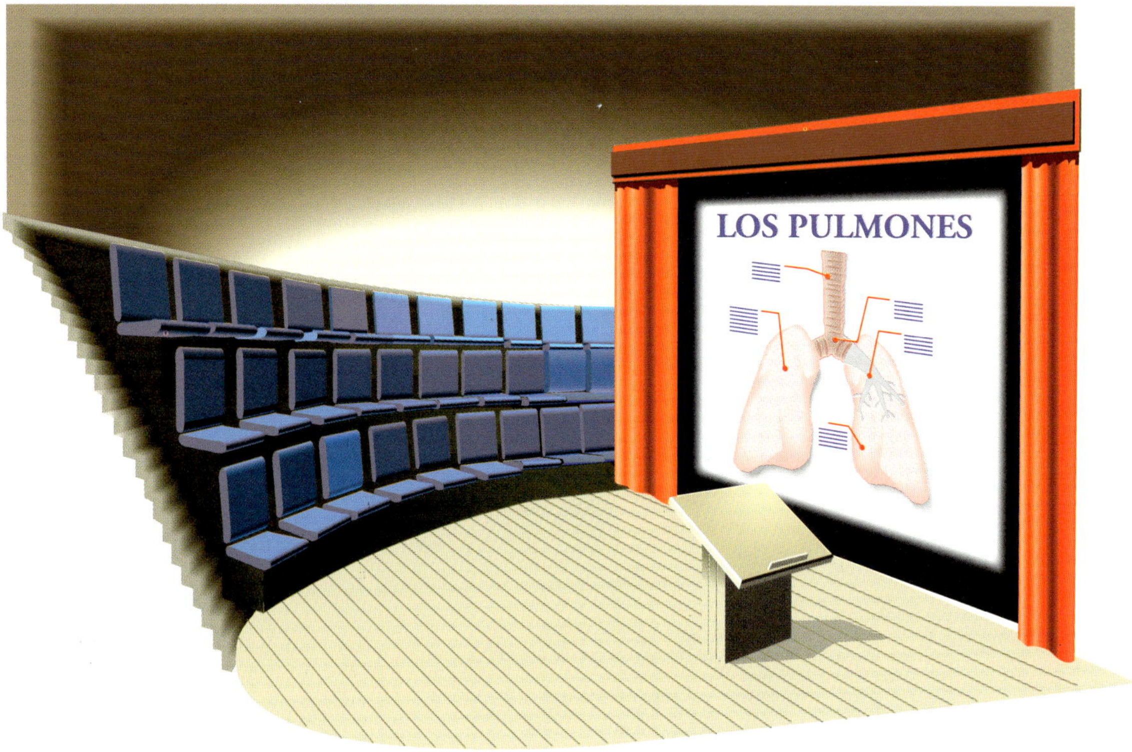

SOPORTE DEL PRODUCTO

Muchas compañías utilizan la Web para suministrar soporte de producto a sus clientes. Esto significa que los clientes no tienen que usar métodos más viejos, como el teléfono o correo regular para obtener dicho soporte. Puede a menudo obtener manuales del producto y especificaciones en la WWW.

HERRAMIENTAS DE REFERENCIA

Existen muchos tipos de herramientas de referencia disponibles en la Web. Puede encontrar diccionarios para muchos idiomas, servicios de traducción, enciclopedias, libros de citas famosas y mucho más. La mayoría de las herramientas de referencia están disponibles sin cargo alguno.

INSTRUCCIÓN PASO POR PASO

Los documentos en la Web pueden unirse en un orden específico utilizando hipervínculos. Esto hace la Web muy útil para las guías instructivas paso por paso. Cada paso puede ser mostrado como un solo documento. Puede moverse a través de los pasos uno por uno, a su propio ritmo, o imprimir cada documento y utilizar las páginas para referencia futura.

ESCUELAS

Muchas escuelas y universidades ofrecen cursos que puede completar utilizando la Internet. La escuela o universidad a menudo pondrá notas de lectura y diagramas para el curso disponible. Asimismo, es posible enviar proyectos y ensayos al instructor por correo electrónico.

INSTRUCCIÓN EN VIVO

El sonido y el vídeo pueden transferirse por la Internet. Los estudiantes pronto podrán utilizar sus computadoras en sus casas para visualizar y participar en clases en la escuela o universidad. Esto es útil para estudiantes que están enfermos o viven lejos.

NOTICIAS EN LA WEB

Puede utilizar la Web para mantenerse actualizado con las últimas noticias.

Las noticias en la Web son ideales si tiene intereses específicos. Por ejemplo, puede acceder rápidamente a noticias sobre su equipo deportivo favorito.

PERIÓDICOS Y REDES DE TELEVISIÓN

Los periódicos a menudo ofrecen historias e imágenes en la Web. Muchas redes de televisión también tienen sitios donde ofrecen historias con sonido y cortos de vídeo. Puede encontrar periódicos populares y redes de televisión en los siguientes sitios:

www.nytimes.com

www.washingtonpost.com

www.cnn.com

www.bloomberg.com

ÚLTIMAS NOTICIAS

Puede acceder las últimas noticias al mismo tiempo que las organizaciones noticiosas más importantes. Esto le permitirá mantenerse informado de las cosas en el momento en que ocurran. Es posible encontrar vínculos a muchas fuentes de noticias en el siguiente sitio:

www.drudgereport.com

INVESTIGAR EN LA WEB

La Web es una fuente excelente de material de investigación. Es posible encontrar informes, estadísticas, directorios y mucho más.

BASES DE DATOS

Muchas escuelas, compañías y organizaciones en la Web le permiten a las personas acceder a información almacenada en sus bases de datos. Una base de datos es una gran colección de información. Puede encontrar algunas que contienen información como directorios de compañías y patentes registradas.

FIRMAS DE INVESTIGACIÓN

Muchas compañías y organizaciones en la Web le permiten a las personas acceder a información como encuestas, investigación de mercados y reportes de clientes. Hay muchas firmas de investigación en la Web.

Puede encontrar firmas de investigación en los siguientes sitios:

www.forrester.com

www.gallup.com

COSTO

Algunos sitios web requieren que usted pague una tarifa para acceder a la información disponible. También es posible obtener una pequeña cantidad de información en forma gratuita, lo que le permite probar el sitio antes de pagar.

jazz online
fresh
the jazz messenger
video showcase
talk!
Fresh
Head to the coast and check out the
scene with the "West Coast Jazz
Box" plus
Guitarist Richard Smith
goes with the 'flow' in the
Artist Q&A.
AD3
PUSH

Mejoras a la Página Web

¿Quiere saber qué es lo que hace a las páginas web tan maravillosas? Este capítulo le ayudará a conocer sobre sonido, vídeo y mucho más en páginas web.

INTRODUCCIÓN A MULTIMEDIA

Multimedia es una forma efectiva para atraer la atención a información en una página web.

Multimedia es una combinación de texto, imagen, sonido y vídeo o animación. Muchas compañías que se anuncian en la Web usan multimedia para vender sus productos y servicios.

TIEMPO DE TRANSFERENCIA

Algunos archivos toman tiempo para ser transferidos a su computadora. Una página web usualmente muestra el tamaño de un archivo para darle una indicación de cuánto le tomará transferir el archivo.

Tamaño del Archivo			Tiempo
Bytes	Kilobytes (KB)	Megabytes (MB)	(estimado)
10,000,000	10,000	10	25 minutos
5,000,000	5,000	5	12 minutos
2,500,000	2,500	2.5	8 minutos

Use este gráfico como una guía para determinar cuánto tiempo le tomará transferir un archivo a su computadora.

Este gráfico está basado en la transferencia de archivos con un módem de 56 kbps. Un módem con una velocidad menor transferirá los archivos más lentamente que lo mostrado en el gráfico.

TEXTO

Puede visualizar documentos en la Web, tales como periódicos, revistas, obras, discursos famosos y transcripciones de programas de televisión. Un texto se transfiere rápidamente a su computadora, por lo tanto no tiene que esperar mucho tiempo para leer el texto en una página web.

IMÁGENES

Puede visualizar imágenes en la Web, como cubiertas de álbumes, fotos de celebridades y pinturas famosas.

SONIDO

Puede escuchar sonido en la Web, por ejemplo, temas de canciones de TV, temas de películas, discursos y álbumes. Necesita una tarjeta de sonido y un parlante para escuchar sonido en la Web.

VÍDEO Y ANIMACIÓN

Puede visualizar sonido y animación en la Web, como clips de películas, fábulas y entrevistas con celebridades.

SONIDOS

Las páginas web pueden incluir sonidos para entretenerlo e informarlo.

Su computadora debe tener capacidad para reproducir sonidos.

SONIDOS EN LA WEB

El entretenimiento es la razón más popular para incluir sonidos en las páginas web. Puede escuchar cortos de programas en televisión, películas y discursos famosos. Las compañías que venden CDs musicales y audiocintas también incluyen a menudo sonidos para permitirle escuchar muestras de sus productos.

DÓNDE ENCONTRAR SONIDOS

Existen muchas páginas web que brindan sonidos. Puede escucharlos en esa página o copiarlos a su propia computadora para usarla más adelante. Asegúrese de tener permiso de usar cualquier sonido que obtenga en la Web.

Puede encontrar sonidos en los siguientes sitios:

soundamerica.com

www.wavcentral.com

www.mp3.com

TIPOS DE SONIDOS

Existen varios tipos de sonidos en la Web. El más popular es Ondas. Puede determinar el tipo de sonido por los carácteres que aparecen después del punto en el nombre del archivo (ejemplo: birdchirp.wav).

Tipo de Sonido	Extensión	Usado en
MIDI	.mid	Música instrumental
MPEG	.mp3	Canciones
RealAudio	.ra	Vídeos en tiempo real
Wave	.wav	Extractos de canciones

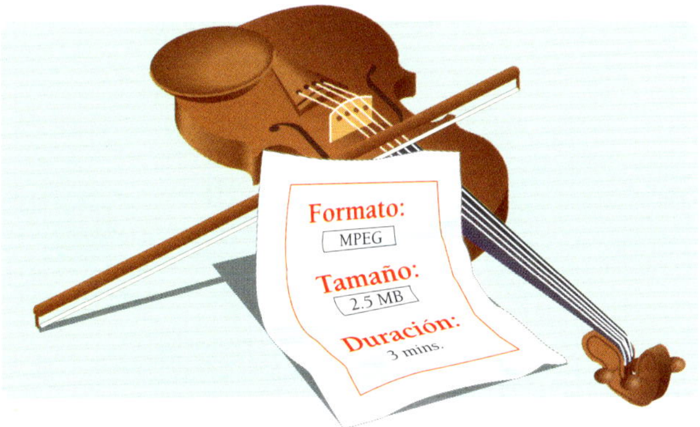

LEER DESCRIPCIONES

La mayoría de las páginas web suministran una descripción corta de cada sonido que usted escucha, incluyendo el tipo, tamaño y longitud de tiempo que este sonará. Puede utilizar esta información para decidir si desea reproducir el sonido o no. Cuando lea las descripciones, tenga en mente que los archivos de sonido grandes pueden durar mucho en transferirse a su computadora.

CALIDAD DEL SONIDO

Varios factores pueden afectar la calidad del sonido en la Web. Por ejemplo, los archivos pequeños pueden haber sido comprimidos para transferirse más rápido y tener menor calidad que los archivos más grandes. Algunos tipos pueden también suministrar mejor calidad que otros. Por ejemplo, un archivo MPEG usualmente tiene mejor calidad que uno Wave.

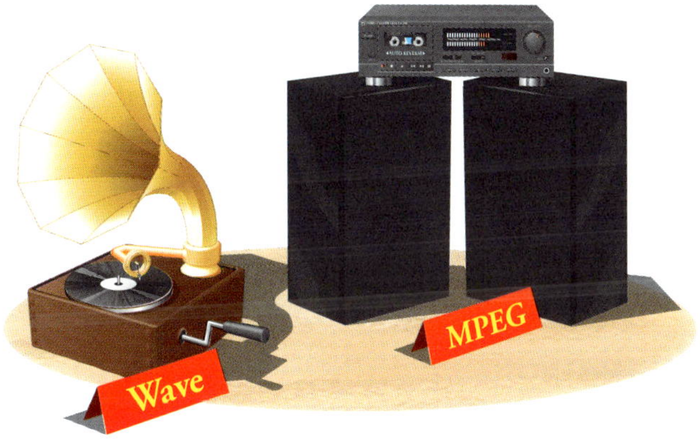

Las páginas web pueden incluir un vídeo para educar, entretener o anunciar productos.

Su computadora debe tener capacidad para reproducir el sonido incluido en el vídeo.

VÍDEO EN LA WEB

Las páginas web pueden incluir vídeos para mostrar efectos visuales atractivos, cortos de películas, animación, vídeos caseros, presentaciones en TV o demostraciones de un producto o servicio. Los vídeos son también útiles para suministrar información sobre una compañía y organización.

DÓNDE ENCONTRAR UN VÍDEO

Existen muchas páginas web que le permiten ver y copiar vídeos a su propia computadora. Asegúrese de tener permiso para utilizar cualquiera que obtenga en la Web. Es posible encontrar vídeos en los siguientes sitios:

www.jurassicpunk.com

videolinks.interspeed.net

TIPOS DE VÍDEO

Hay muchos tipos de vídeo en la Web. Es posible determinarlo por los carácteres que aparecen después del punto en el nombre del archivo (ejemplo: plane.avi). Algunos exploradores de la Web pueden reproducir solamente ciertos tipos de vídeo, mientras que otros no pueden reproducir ninguno.

Tipo de Vídeo	Extensión del Archivo
AVI	.avi
MPEG	.mpg or .mpeg
QuickTime	.mov

LEER DESCRIPCIONES

La mayoría de las páginas web suministran una pequeña descripción de cada vídeo que puede visualizar, incluyendo el tipo, tamaño y longitud de tiempo que se reproducirá. Los archivos de vídeo tienden a ser los más grandes en la Web. Tenga presente que estos pueden durar mucho tiempo en transferirse a su computadora.

CALIDAD DEL VÍDEO

Los archivos de vídeo en la Web a menudo son comprimidos para que se transmitan más rápido. La cantidad de compresión puede afectar su calidad. Si el archivo es demasiado comprimido, puede quedar menos nítido.

FÓRMULAS

Las páginas web pueden incluir fórmulas que le permiten enviar información a la persona o compañía que creó las páginas.

Las fórmulas pueden ser usadas para reunir información acerca de personas que visitan las páginas. Muchas compañías también incluyen fórmulas que les permiten comprar productos y servicios en la Web.

CÓMO FUNCIONAN LAS FÓRMULAS

REUNIR INFORMACIÓN

Puede introducir información y seleccionar opciones en una fórmula. Cuando termina de introducir información en la fórmula puede hacer clic sobre el botón de "Submit" para transferir la información al servidor de la Web.

PROCESO DE INFORMACIÓN

Cuando un servidor de la Web recibe la información que introduce en una fórmula, este corre un programa que procesa la información. El servidor de la Web prepara los resultados para la persona o compañía que creó las páginas.

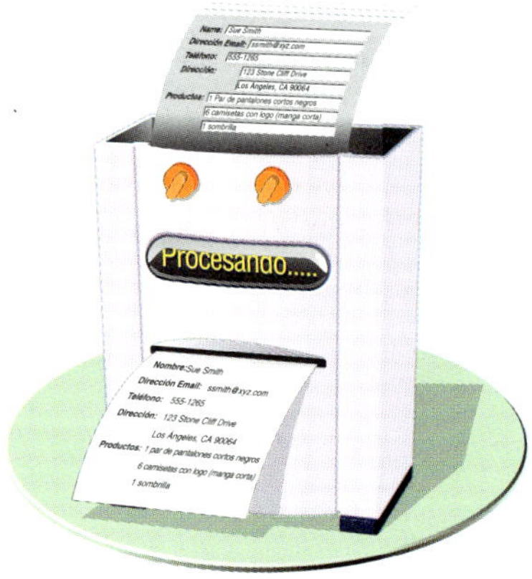

Los marcos dividen una ventana de un navegador de la Web en secciones. Cada sección muestra una página diferente.

RAZONES PARA USAR MARCOS

BANDERINES

Un marco puede mostrar un banderín que permanecerá en la pantalla mientras navega a través de las páginas en un sitio de la Web. Los banderines son útiles para mostrar información como un anuncio publicitario, un mensaje de advertencia o el logo de una compañía.

NAVEGACIÓN

Un marco puede ayudarle a moverse a través de páginas y encontrar información de interés. Por ejemplo, un marco puede mostrar una tabla de contenidos, herramientas de navegación o de búsqueda que permanecerán en la pantalla todo el tiempo.

INFORMACIÓN DE APOYO

Un marco puede mostrar información en la pantalla mientras se mueve a través de las páginas en un sitio. Esto es ideal para apoyar información tal como referencias, notas de página y derechos de publicación.

TABLAS

Las tablas muestran información en una página web en un formato organizado y atractivo.

PARTES DE UNA TABLA

Fila

Una fila es una línea horizontal de datos.

Columna

Una columna es una línea vertical de datos.

Celda

Una celda es el área donde una fila y una columna se intersecan.

Apellido	Nombre	Calle	Ciudad
Salas	Juan	258 Bolivar	Caracas
Castro	Cristina	50 Las Palmas	San Juan
Loría	Dario	68 Maya	Antigua
Hernández	Rolando	401 Habana	Miami
Fonseca	Pedro	47 Gardel	Buenos Aires
Echeverría	Marco	26 Santamaría	San José

RAZONES PARA USAR TABLAS

Estado de Ingresos

	Enero	Febrero	Marzo	Total
INGRESOS	140,000	130,000	125,000	395,000
Planilla	40,000	45,000	75,000	160,000
Renta	5,000	5,000	5,000	15,000
Provisiones	2,000	2,500	3,750	8,250
TOTAL	47,000	52,500	83,750	183,250
GANANCIAS	93,000	77,500	41,250	211,750

Listas de información

Las tablas suministran una forma excelente para mostrar nítidamente listas de información, como datos financieros y listas de precios. Las tablas pueden mostrar bordes que separan cada celda en la tabla para que los datos sean más fáciles de leer.

Control de Diseño de Páginas de la Web

Las tablas son útiles para organizar la colocación del texto e imágenes en una página web. Por ejemplo, una tabla le permite mostrar nítidamente una imagen entre dos párrafos. Las tablas lo ayudan a mostrar información en columnas como en los periódicos.

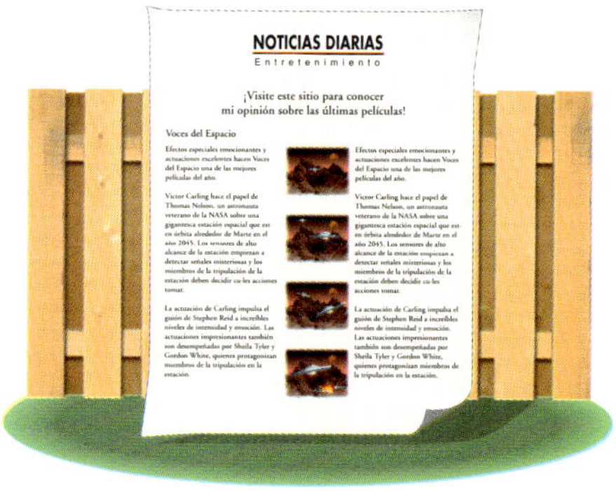

Las páginas web pueden incluir controles ActiveX para mejorar la presentación de las páginas.

Un control ActiveX es un programa escrito que usa un lenguaje de programación, como C++ o Visual Basic.

RAZONES PARA USAR CONTROLES ACTIVEX

Los controles ActiveX le permiten escuchar música y observar clips de vídeos y animación en la Web. Muchas páginas de la Web usan controles ActiveX para mostrar menúes pop-up que suministran una lista de opciones. Los controles ActiveX también se usan para incluir imágenes animadas e información de programas populares, como Microsoft Word o Microsoft Excel, en páginas de la Web.

Puede encontrar ejemplos de controles ActiveX en el siguiente sitio:

www.download.com/PC/Activex

NAVEGADORES MÁS VIEJOS DE LA WEB

Antes de visualizar una página web que incluye controles ActiveX, debe tener un navegador de la Web que soporte controles ActiveX, como Microsoft Internet Explorer y Netscape Navigator, pues navegadores más viejos de la Web pueden necesitar un plug-in para poder usar controles ActiveX. Para información sobre plug-ins, consulte la página 72.

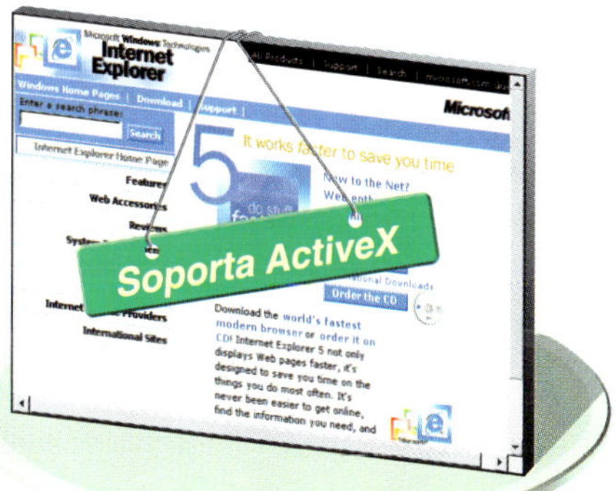

JAVA APPLETS

Las páginas web pueden incluir Java applets para mostrar información animada e interactiva.

Un Java applet es un programa escrito que usa el lenguaje de programación Java.

RAZONES PARA USAR JAVA APPLETS

Entretenimiento

Los Java applets pueden hacer que una página web sea más entretenida al agregar efectos especiales, por ejemplo, imágenes rotativas, juegos de pólvora y texto animado. También le permiten participar en juegos simples o hablar con otras personas que están visualizando la misma página. Puede encontrar ejemplos de Java Applets en:

www.gamelan.com

Información

Los Java applets son ideales para mostrar información que constantemente cambia, como actualizaciones de bolsas de acciones, la hora, información sobre el tiempo y encabezados de noticias.

NAVEGADORES MÁS VIEJOS DE LA WEB

Antes de visualizar un Java applet en una página, debe tener un navegador que corra Java applets. Es posible que los navegadores más viejos de la Web no lo hagan.

Las páginas de la Web pueden incluir JavaScript para hacer las páginas más interactivas.

Aunque los nombres son similares, JavaScript y Java applets tienen muy poco en común.

RAZONES PARA USAR JAVASCRIPT

JavaScript puede mostrar mensajes de alerta, ofrecer menúes, abrir nuevas ventanas y cambiar imágenes en respuesta a movimientos del mouse. JavaScript le permite crear páginas dinámicas de la Web, conocidas como Dynamic HTML (DHTML). Puede encontrar ejemplos de JavaScript en los siguientes sitios de la Web:

javascript.internet.com

www.javascripts.com

NAVEGADORES MÁS VIEJOS DE LA WEB

Antes de poder visualizar JavaScript en una página web, debe tener un navegador de la Web que pueda correr Java Script. Navegadores más viejos de la Web no siempre pueden correr JavaScript. Si un navegador no puede correrlo, el código para el JavaScript puede aparecer en la página web.

PLUG-INS DE NAVEGADORES DE LA WEB

Algunos navegadores de la Web necesitan programas especiales, llamados plug-ins, para mostrar ciertos tipos de archivos en la Web. Un plug-in ejecuta tareas que el navegador de la Web no puede ejecutar por sí mismo.

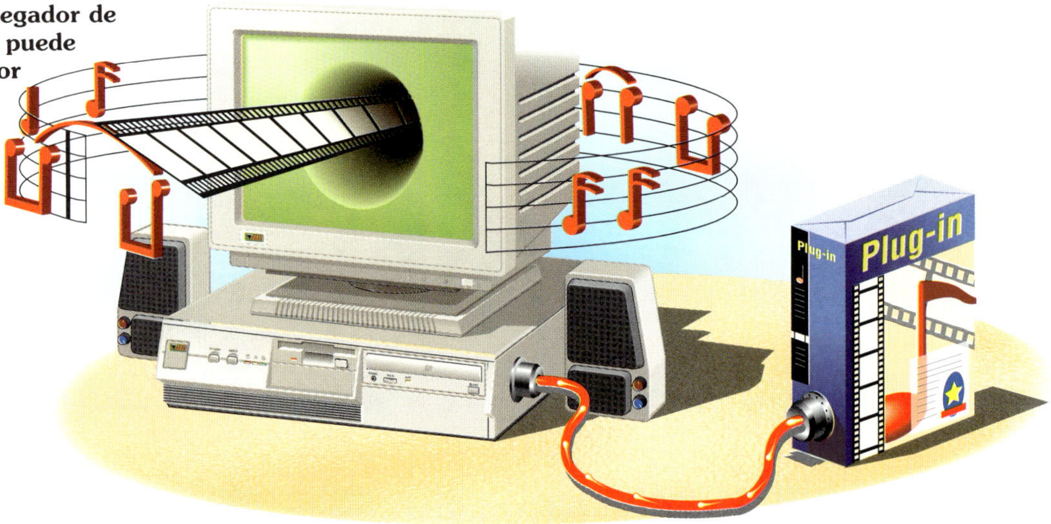

A los Plug-ins también se les conoce como ayudantes de aplicaciones.

NAVEGADORES DE LA WEB

Algunos navegadores de la Web incluyen varios plug-ins populares. Si su navegador no tiene el plug-in necesario para mostrar o correr un archivo en un página web, él mismo puede presentar una casilla de diálogo diciéndole qué plug-in necesita.

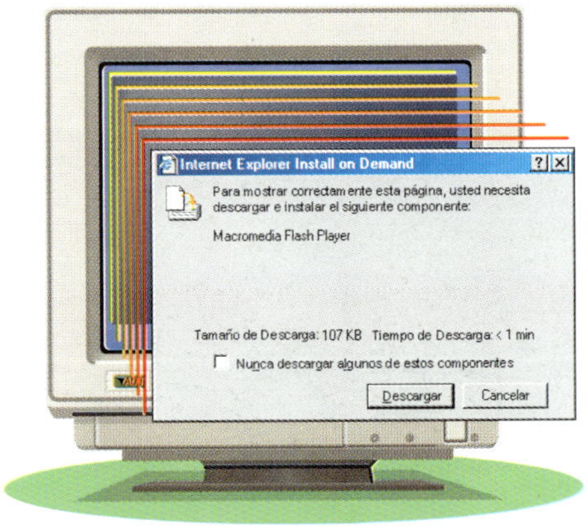

OBTENER PLUG-INS

Si desea mostrar o correr un archivo que no trabaja con su navegador de la Web, puede bajar o copiar el plug-in apropiado de la Web. La mayoría de los plug-ins son gratuitos. Puede encontrar una lista de plug-ins populares en el siguiente sitio:

www.netscape.com/plugins

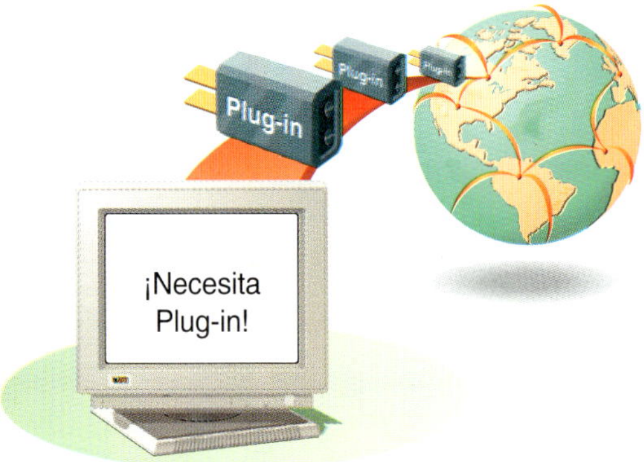

PLUG-INS POPULARES

ACROBAT READER

Acrobat Reader le permite visualizar e imprimir archivos de Formato de Documento Portátil (.pdf). Este plug-in le permite mostrar libros y revistas en su pantalla exactamente como aparecen en la forma impresa. Puede obtener Acrobat Reader en el siguiente sitio:

www.adobe.com

FLASH PLAYER

El plug-in Flash Player le permite visualizar gráficos y animación en la Web. Flash Player usualmente se utiliza para entretenimiento, por ejemplo, fábulas animadas. Puede obtener Flash Player en el siguiente sitio de la Web:

www.macromedia.com

REALPLAYER

El plug-in RealPlayer le permite escuchar o visualizar sonidos continuos o vídeo en la Web. Puede obtener RealPlayer en el siguiente sitio de la Web:

www.real.com

QUICKTIME

El plug-in QuickTime le permite visualizar vídeos y escuchar una variedad de formato de sonidos en la Web. Puede obtener QuickTime en el siguiente sitio:

www.apple.com/quicktime

STREAMING MULTIMEDIA

Streaming multimedia es un sistema que le permite escuchar o visualizar sonidos continuos o vídeos en la Web.

CÓMO TRABAJA STREAMING MULTIMEDIA

Normalmente, cuando transfiere un archivo de sonido o vídeo de la Web a su computadora, debe esperar que todo el archivo sea transferido antes de hacer correr el vídeo o sonido. Streaming multimedia transfiere sonido y vídeo de la Web a streaming multimedia player en su computadora. El player corre el sonido o vídeo mientras el archivo está transfiriéndose a su computadora.

STREAMING MULTIMEDIA PLAYERS

Debe tener un streaming multimedia player para correr streaming multimedia en la Web. Puede encontrar streaming multimedia players en los siguientes sitios:

Microsoft Media Player

www.microsoft.com/windows/mediaplayer

RealNetworks RealPlayer

www.real.com

USAR STREAMING MULTIMEDIA

CONCIERTOS EN VIVO Y EVENTOS DEPORTIVOS

Muchos músicos transmiten sus conciertos en la Web. Puede experimentar música en vivo sin dejar su escritorio. También puede observar eventos deportivos en vivo como, juegos de béisbol o partidos de tenis en su computadora.

Puede encontrar conciertos, eventos deportivos y hasta programas de televisión en el siguiente sitio:

www.broadcast.com

EDUCACIÓN

Algunas clases educativas a distancia ahora ofrecen materiales de curso en la Web. Streaming multimedia le permite escuchar lecturas en vivo u observar vídeos instructivos en su computadora.

PROGRAMAS DE RADIO

Streaming multimedia le permite escuchar su estación de radio favorita en vivo en su computadora. Hay muchas estaciones de radio de varias partes del mundo que ofrecen la capacidad de streaming multimedia.

Rock and Roll Hall of Fame Museum

www.rrhofm-radio.com

WMMR 93.3 Philadelphia

www.wmmr.com

101.1 TTFM Australia

www.ttfm.com.au

BCG MÚSICA
Lo nuevo
Primeras 10
Concertos
Éxitos
Retro
En venta
Eventos
Acerca BCG
Registro
Condiciones
Búsqueda
Ligas
Viaje por el Mundo

Buscar en la Web

¿Desea aprender más sobre cómo encontrar información de interés en la Web? En este capítulo comprenderá la forma en que las herramientas de búsqueda pueden ayudarlo a hacerlo rápida y fácilmente.

INTRODUCCIÓN A LA BÚSQUEDA EN LA WEB

Hay muchas formas en que puede buscar información en la Web.

BUSCAR UTILIZANDO EL EXPLORADOR DE LA WEB

La mayoría de los exploradores de la Web le permiten buscar rápidamente información en la Red. En lugar de digitar una dirección de página web en la barra de dirección de su explorador, puede digitar un signo de pregunta (**?**) seguido por una palabra o frase que desea buscar.

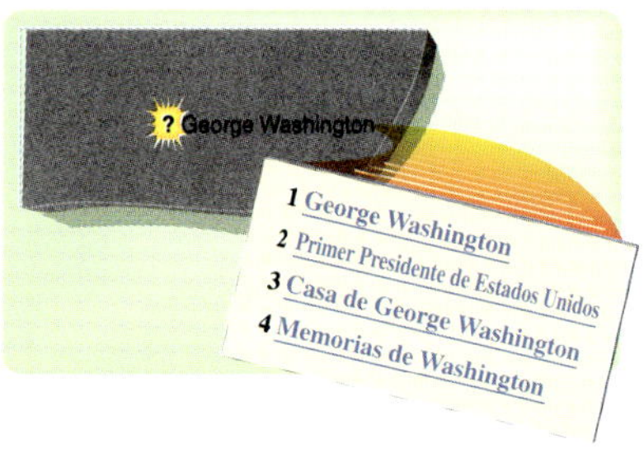

El explorador mostrará una lista de hipervínculos a las páginas que contienen la palabra o frase que introdujo. Puede hacer clic sobre uno de los hipervínculos para visualizar la página web.

CÓMO LAS HERRAMIENTAS BUSCAN INFORMACIÓN

Existen muchos sitios web, llamados herramientas de búsqueda, que se especializan en ayudarlo a buscar información. La mayoría de estas herramientas tienen robots automatizados, llamados arañas, que viajan alrededor de la Web buscando las nuevas páginas. Las personas pueden también enviar información sobre las páginas web que han creado para buscar herramientas.

Como se han creado cientos de páginas cada día, es imposible para las herramientas de búsqueda catalogar cada una.

CONSIDERACIONES DE LA HERRAMIENTA DE BÚSQUEDA

GRATUITA

No tiene que pagar para utilizar la mayoría de las herramientas de búsqueda para encontrar información en la Web. Gran parte de estas herramientas venden publicidad en sus sitios web para generar ingresos y pagar el servicio.

REVISIÓN Y CALIFICACIÓN DE LOS SITIOS WEB

Algunas herramientas de búsqueda tienen personas que revisan y catalogan cada nueva página web. Éstas agrupan los sitios que contienen información similar en categorías para facilitar su búsqueda.

Cuando las personas revisan los sitios web para una herramienta de búsqueda, también examinan la calidad de su información. La herramienta de búsqueda luego califica el contenido para hacer su búsqueda más específica.

PÁGINAS WEB DISPONIBLES

Al igual que muchas páginas se crean cada día, otro tanto son eliminadas de la Web. Cuando utiliza una herramienta de búsqueda para encontrar información en la Red, algunas de estas páginas que encuentra pueden haberse movido o ya no existen. Una buena herramienta de búsqueda revisa las páginas frecuentemente para asegurarse de que aún están allí.

BUSCAR PÁGINAS WEB CON ALTAVISTA

Con más de 140 millones de páginas web en su índice, AltaVista es una de las herramientas de búsqueda más grandes en la WWW.

AltaVista está localizada en la siguiente dirección:

www.altavista.com

BÚSQUEDAS DE ALTAVISTA

BÚSQUEDA POR PALABRA O FRASE

Cuando realiza una búsqueda en AltaVista, usted digita palabras separadas por un espacio. AltaVista encontrará las páginas que contienen una o más de las palabras que digitó. Puede buscar un grupo específico de palabras digitando comillas alrededor del grupo que desea encontrar. También le permite introducir una pregunta completa para buscar páginas.

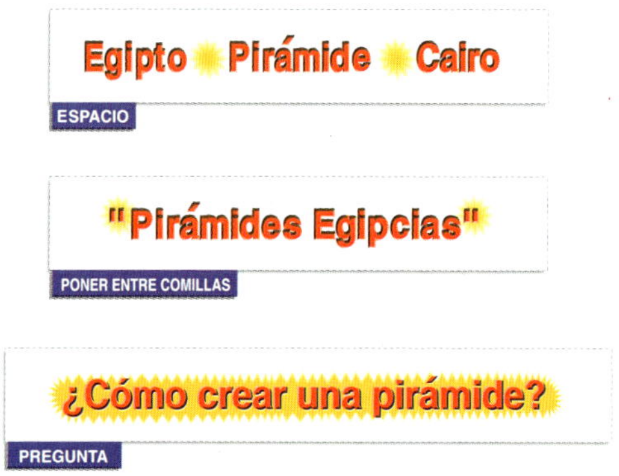

COMANDOS ESPECIALES

Puede utilizar comandos especiales para hacer su búsqueda más precisa. Por ejemplo, digitar un signo de más (+) frente a una palabra que debe aparecer en la página web. Es posible también digitar un signo de menos (-) frente a una palabra para indicar que no desea que ésta aparezca.

OPCIONES DE ALTAVISTA

BUSCAR UN IDIOMA ESPECÍFICO

Puede especificar que desea buscar páginas web en un idioma específico, como español o inglés. Cuando realiza la búsqueda, AltaVista mostrará solamente vínculos a las páginas en el idioma seleccionado.

BUSCAR IMÁGENES, VÍDEOS O ARCHIVOS DE AUDIO

AltaVista mantiene colecciones de imágenes, vídeos y archivos de audio encontrados en la Web. Es posible especificar que desea buscar solamente una colección específica. Por ejemplo, es posible buscar la colección de imágenes para el "eclipse solar" y buscar fotografías de eclipses en la Web.

TRADUCCIÓN

AltaVista ofrece un servicio de traducción. Es posible traducir palabras, frases o todo un sitio web en un idioma como francés, alemán o italiano.

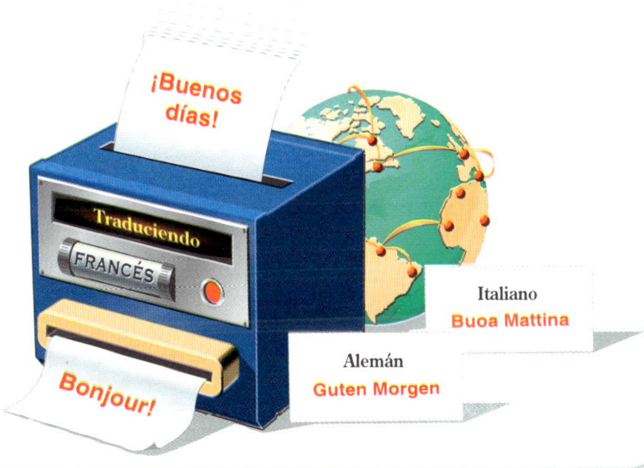

FILTRO FAMILIAR

AltaVista ofrece una herramienta que puede ayudarlo a evitar que aparezcan páginas web inadecuadas u objetables en su búsqueda, como imágenes o archivos de audio relacionados con drogas, alcohol, juego y más.

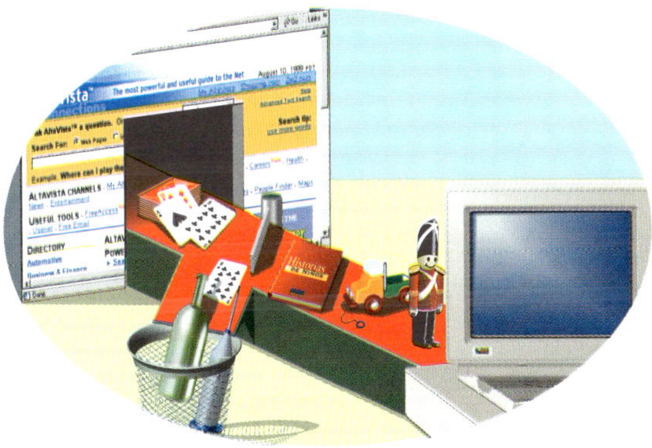

BUSCAR PÁGINAS WEB CON EXCITE

Excite es una herramienta de búsqueda popular que suministra un excelente punto de inicio para explorar la Web.

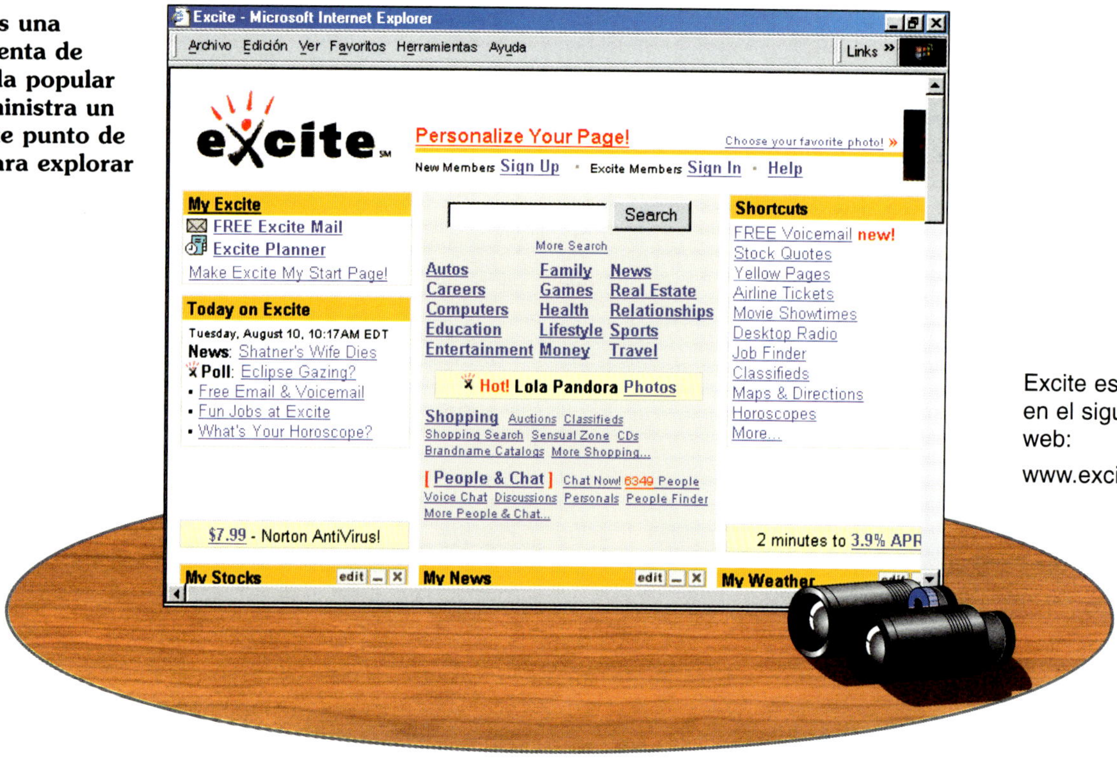

Excite está localizado en el siguiente sitio web:

www.excite.com

BÚSQUEDAS DE EXCITE

BUSCAR POR PALABRA O FRASE

Puede digitar una palabra o frase en el área de búsqueda para realizar una búsqueda utilizando Excite. Además de encontrar las palabras que digita, también intentará encontrar términos relacionados con las palabras que introduce. Por ejemplo, si digita "ciudadanos mayores", Excite también encontrará las páginas web que contienen información sobre "pensionados".

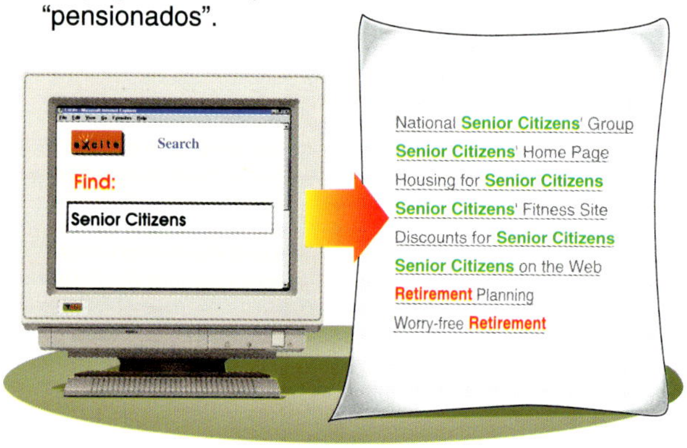

RESULTADOS DE BÚSQUEDA

Excite enumera sus resultados de lo más relevante a lo menos relevante. El porcentaje mostrado junto a cada resultado indica su relevancia.

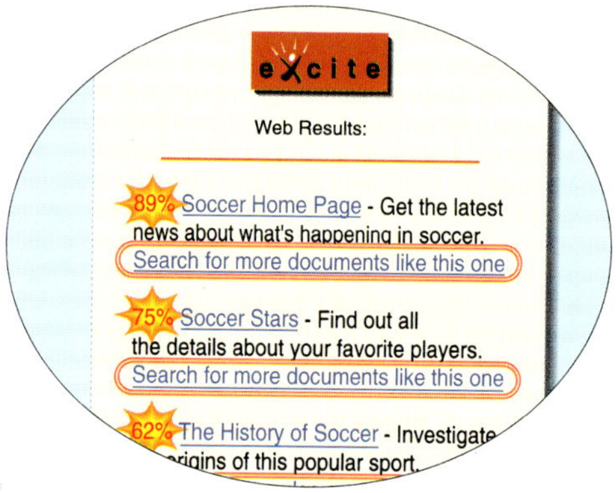

Si uno de los resultados se relaciona con la información que desea encontrar, puede seleccionar un vínculo para hacer que Excite muestre resultados similares.

OPCIONES DE EXCITE

EXAMINAR CATEGORÍAS

Puede examinar a través de categorías como autos, carreras, salud o deportes para encontrar información que le interesa. Cuando selecciona una categoría que le interesa, aparece una lista de subcategorías. Puede continuar para seleccionar subcategorías hasta que encuentre una página web que le interese.

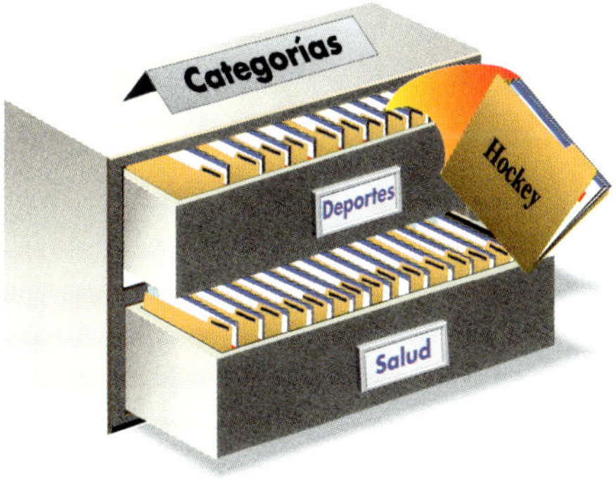

PÁGINA WEB PERSONALIZADA

Excite le permite seleccionar información que le interesa, como su horóscopo, cotización de acciones favoritas, noticias locales y el tiempo. Le creará una página web personalizada y la mostrará cada vez que visite el sitio web de Excite. Es posible cambiar los colores mostrados en la página web.

ACCESOS DIRECTOS A OPCIONES POPULARES

Excite suministra muchos accesos directos a las opciones más populares en la Web. Por ejemplo, puede acceder rápidamente sitios que le permiten encontrar boletos de aerolíneas, presentaciones de películas, mapas y mucho más.

Cada día, Excite también muestra vínculos a las mejores noticias, encuestas diarias y otras opciones interesantes.

BUSCAR PÁGINAS WEB CON YAHOO!

Yahoo! es considerado una de las mejores herramientas de búsqueda en la Web.

Yahoo! está ubicado en el siguiente sitio web:

www.yahoo.com

CATEGORÍAS

Cada sitio web en el directorio de Yahoo! es revisado y catalogado por las personas en Yahoo!. Los sitios que contienen información similar son agrupados en categorías. Puede examinar las categorías y subcategorías hasta que encuentre las páginas que contienen la información que desea.

CALIFICACIONES

Cuando las personas revisan los sitios web para el catálogo de Yahoo! también revisan la calidad de su información. Yahoo! muestra una pequeña fotografía de un par de anteojos junto a cualquier sitio que suministra buena información. Cuando busque Yahoo!, debe intentar primero los sitios que despliegan los anteojos.

OPCIONES DE YAHOO!

ENCABEZADOS DE NOTICIAS

Yahoo! le permite leer los últimos hechos que surgen en todo el mundo. Recolecta la información desde varias fuentes y luego la despliega en páginas web. La información es actualizada aproximadamente cada hora.

LISTADOS ACTUALIZADOS

Los nuevos sitios web son agregados a Yahoo! cada día. La sección What's New le permite encontrar rápidamente los sitios más nuevos y rápidos de Yahoo! Puede revisar los enumerados hoy o los agregados la semana pasada.

INFORMACIÓN PERSONALIZADA

Puede seleccionar temas que le interesan, como deportes y entretenimiento y hacer que Yahoo! cree una página web personalizada. Esta página mostrará automáticamente solo la información que solicitó. Los elementos como tiempo y noticias son actualizados regularmente.

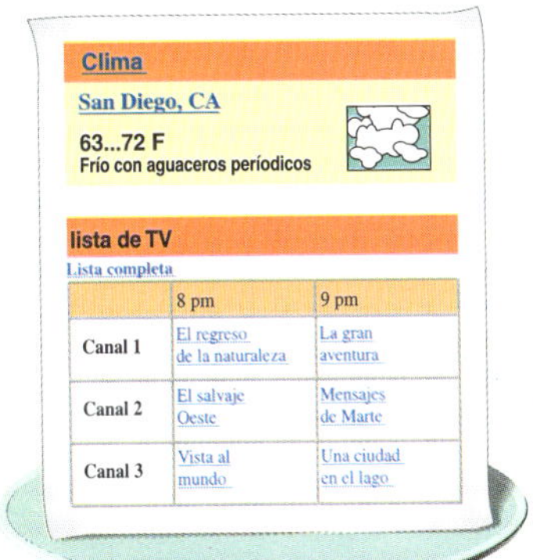

Clima

San Diego, CA

63...72 F
Frío con aguaceros periódicos

lista de TV

Lista completa

	8 pm	9 pm
Canal 1	El regreso de la naturaleza	La gran aventura
Canal 2	El salvaje Oeste	Mensajes de Marte
Canal 3	Vista al mundo	Una ciudad en el lago

YAHOOLIGANS!

Yahoo! suministra una herramienta de búsqueda para niños que ofrece categorías como estudios sociales, dinosaurios, entretenimiento y parques.

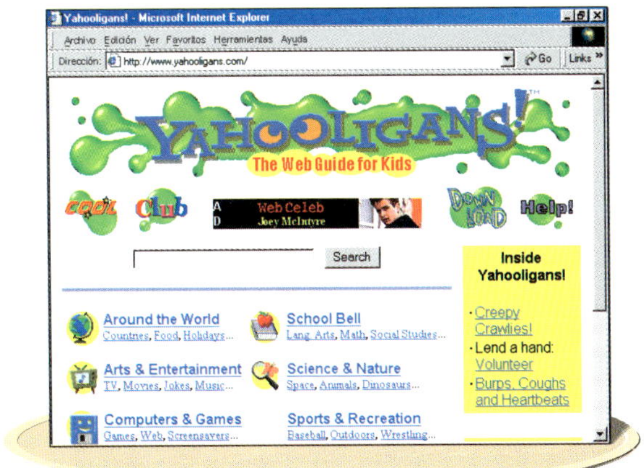

BUSCAR PÁGINAS WEB CON DOGPILE

Dogpile envía su búsqueda a más de 20 diferentes herramientas de búsqueda en la Web para ayudarlo a encontrar la información que desea.

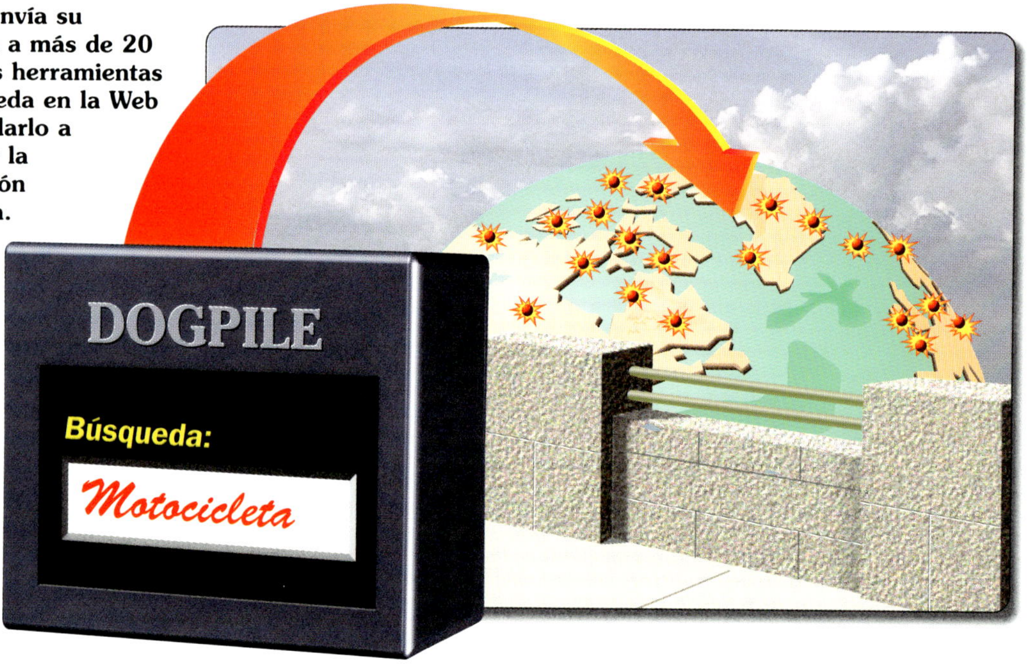

Puede encontrar Dogpile en el siguiente sitio web: www.dogpile.com

BÚSQUEDAS DE DOGPILE

BÚSQUEDA POR PALABRA

Cuando ejecute una búsqueda utilizando Dogpile, digite las palabras separadas por un espacio. Dogpile intentará encontrar las páginas web que contienen una o más de las palabras que digitó. Busca tres mecanismos simultáneamente hasta que encuentra al menos diez páginas que coinciden con las palabras que digitó.

COMANDOS ESPECIALES

Puede utilizar comandos especiales para hacer su búsqueda más precisa. Por ejemplo, es posible digitar **NO** frente a una palabra para indicar que no desea que aparezca en la página web. Puede digitar **CERCA** entre dos palabras para indicar que estas deben aparecer cerca entre sí en la página web.

OPCIONES DE DOGPILE

COTIZACIÓN DE ACCIONES

Puede utilizar Dogpile para buscar rápidamente cotizaciones de acciones en la Web. Es posible especificar el nombre de la compañía o el símbolo de cinta perforada para las acciones que desea encontrar.

TIEMPO

Dogpile le permite buscar el pronóstico actual del tiempo para su ciudad, estado o código de área.

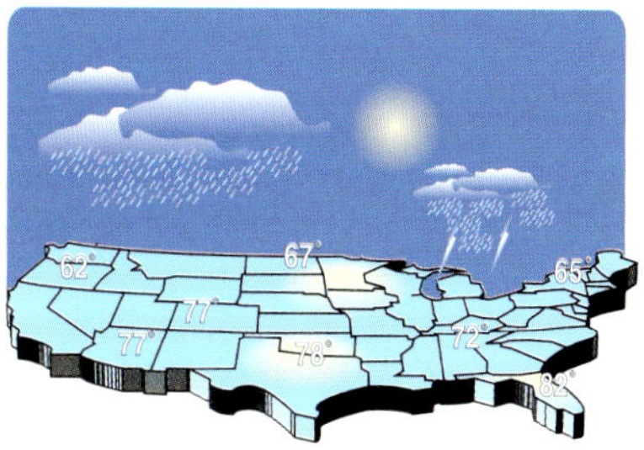

CATÁLOGO WEB

El catálogo web de Dogpile le permite examinar a través de las categorías de información, como entretenimiento, salud y ciencias, para encontrar las páginas web de su interés.

PÁGINAS AMARILLAS

Puede utilizar Dogpile para buscar un negocio que desea encontrar en las páginas amarillas.

MAPAS

Puede buscar mapas de ubicación en Estados Unidos, Canadá o algún otro lugar del mundo. Es posible especificar la dirección o ciudad que desea mostrar.

BUSCAR PÁGINAS WEB CON PROGRAMAS DE BÚSQUEDA

Los programas de búsqueda son programas que usted corre en su propia computadora. Son útiles para personas que frecuentemente buscan información en la Web.

EFICIENTE

Utilizar un programa de búsqueda es una forma eficiente de encontrar información en la Web. Muchos de estos le permiten realizar búsquedas mientras completa otras tareas. Asimismo, puede programar sus búsquedas para momentos que sean más convenientes, como en la noche.

EXTENSOS

Los programas de búsqueda a menudo envían información que solicita a varias herramientas de búsqueda en la Web. Unas herramientas de búsqueda pueden ofrecer más información que otras, pero actualizan las páginas con menos frecuencia. Al utilizar un programa de búsqueda, puede utilizar todos los tipos de herramienta de búsqueda de una sola vez.

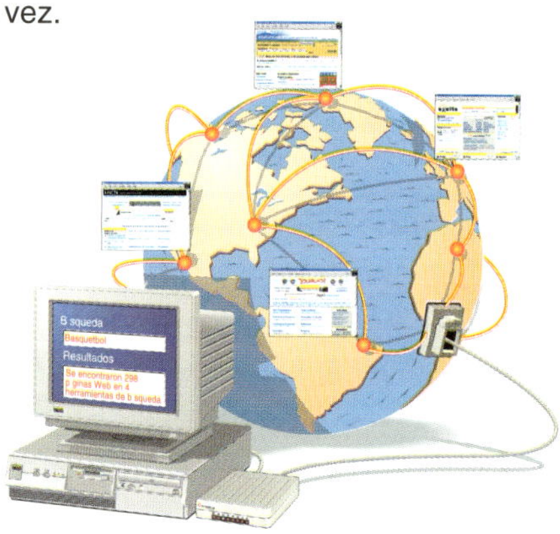

PROGRAMAS DE BÚSQUEDA

TELEPORT PRO

Teleport Pro puede ayudarle a realizar búsquedas en la Web a profundidad. Puede hacer que copie un sitio entero a su computadora, de manera que pueda revisar información sin estar conectado a la Internet.

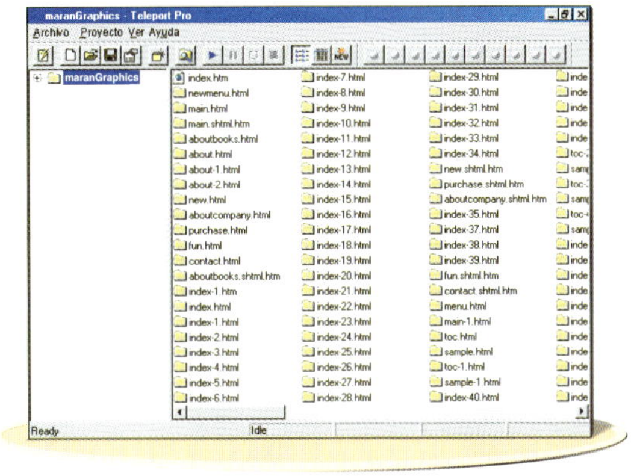

Puede también utilizarlo para buscar archivos de un tamaño y tipo específico en la Web. Teleport Pro está disponible en el sitio:

www.tenmax.com

WEBFERRET

WebFerret es uno de los programas de búsqueda disponibles más rápidos. A menudo puede obtener resultados a partir de una búsqueda en unos cuantos segundos.

Puede encontrar WebFerret en el siguiente sitio:

www.ferretsoft.com

WEBSEEKER 98

WebSeeker 98 le permite introducir una palabra y enviarla a más de 100 herramientas de búsqueda en la Web. Luego acomoda y muestra los resultados de la búsqueda. Además, puede monitorear páginas web e informarle cuando son actualizadas.

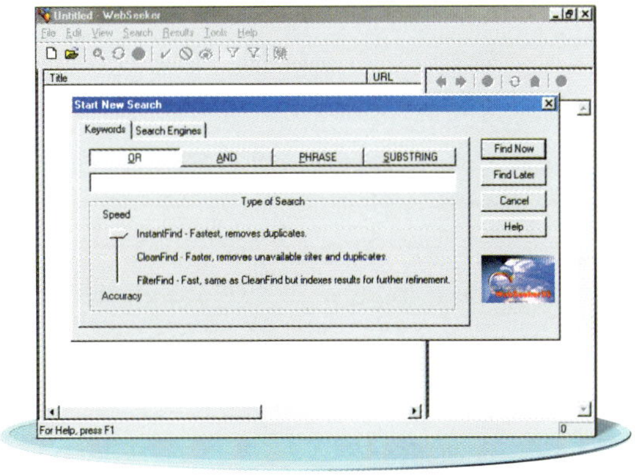

Puede encontrar WebSeeker 98 en el siguiente sitio:

www.bluesquirrel.com

BUSCAR PERSONAS EN LA WEB

Es posible utilizar la Web para encontrar una dirección por calles, dirección de correo electrónico y números telefónicos de personas que desea contactar.

HERRAMIENTAS DE BÚSQUEDA POPULARES

Existen muchos sitios web que le permiten buscar información sobre personas en la Web. Puede también encontrar algunas de las herramientas de búsqueda más populares en los siguientes sitios:

people.yahoo.com
www.555-1212.com
www.whowhere.lycos.com
www.infospace.com

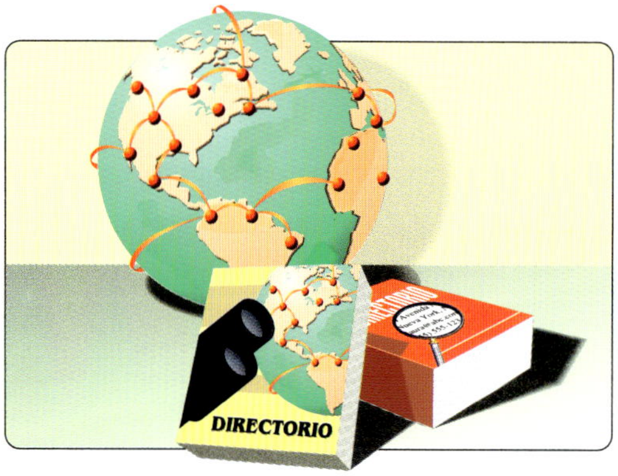

BÚSQUEDAS PAGADAS

Algunos sitios web le ayudarán a encontrar información sobre personas pagando una tarifa. Estos sitios buscan registros públicos para encontrar información como propiedades, registros judiciales y más. Es posible encontrar una herramienta de búsqueda popular pagada en el siguiente sitio:

www.1800ussearch.com

OPCIONES DE BÚSQUEDA

SUMINISTRAR INFORMACIÓN

Puede buscar personas en la Web introduciendo algunos detalles sobre ella. Por ejemplo, la mayoría de las búsquedas requieren que introduzca su nombre, apellido y ciudad. Entre más información ofrezca, mejores resultados obtendrá.

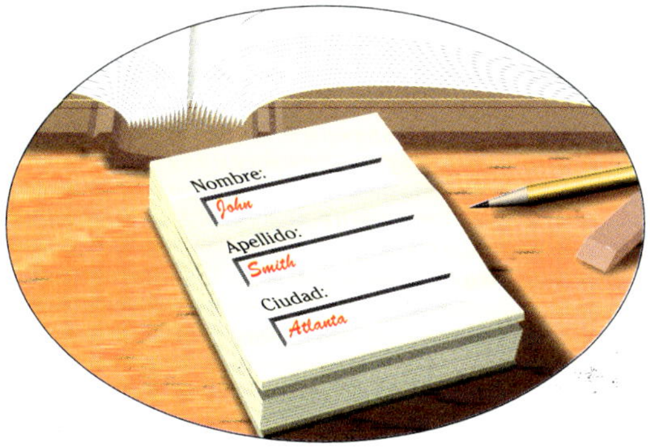

BÚSQUEDAS REVERTIDAS

Algunas herramientas de búsqueda le permiten buscar información acerca de una persona aun cuando no conozca su nombre. Esto le permite encontrarla por número de teléfono, dirección por calles o correo electrónico.

MAPAS

La mayoría de las herramientas de búsqueda le permiten mostrar mapas para una dirección de calles que introduzca. Puede también mostrar direcciones para conducir entre su dirección y la de la persona que encontró.

LISTADOS DEL GOBIERNO

Algunos sitos web incluyen un directorio de los funcionarios gubernamentales de Estados Unidos. Es posible encontrar información sobre gobiernos federales y estatales, así como de varios comités. Puede utilizar el directorio para averiguar cómo contactar a los funcionarios de su área.

NAVEG

Crear Páginas Web

¿Quiere aprender más sobre crear y publicar sus propias páginas web? Este capítulo le informa lo básico sobre publicación de páginas.

RAZONES PARA CREAR PÁGINAS WEB

Crear y publicar su propia página web le permite a millones de personas acceder a su información.

PERSONAL

COMPARTIR INFORMACIÓN PERSONAL

Muchas personas crean páginas en la Web para compartir información sobre sus familias, mascotas, vacaciones o pasatiempos favoritos. Algunas personas crean páginas para presentar sus currícula a empleadores potenciales.

COMPARTIR CONOCIMIENTO

Muchos científicos y profesionales en negocios hacen sus trabajos disponibles en la Web. Si usted es experto en un área en la cual muchas personas no están familiarizadas, puede crear páginas web para compartir su conocimiento.

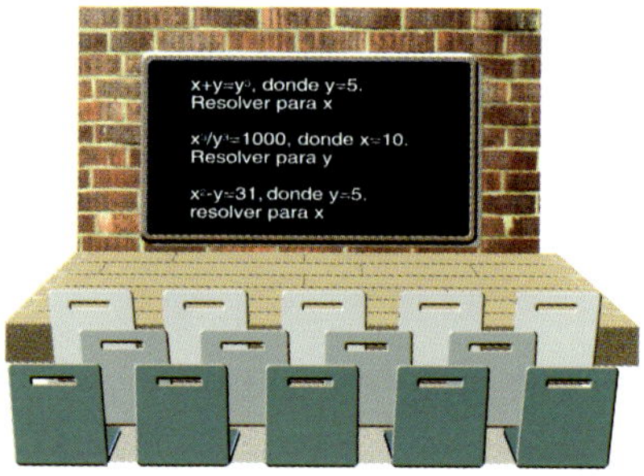

ENTRETENER VISITANTES

Muchas personas crean páginas para mostrar sus chistes o historias humorísticas. También puede crear páginas para mostrar información, fotos, clips de sonido, y vídeos sobre una celebridad, equipo de deporte o programa de televisión.

PROMOVER INTERESES

Puede crear páginas web para mostrar información sobre una organización o club al cual pertenece. Puede incluir un horario de eventos próximos e información detallada sobre objetivos de la organización.

COMERCIAL

PROVEER INFORMACIÓN

Las compañías usualmente colocan páginas en la Web para proveer información sobre sus compañías y los productos y servicios que ofrecen. Las compañías pueden usar las páginas web para mantener al público informado sobre nuevos productos y noticias interesantes.

COMPRAS

Muchas compañías crean páginas en la Web para permitir a los lectores ordenar productos y servicios en Internet. Las compañías pueden mostrar descripciones y fotos de productos para ayudarle a los lectores a determinar cuáles productos desean comprar.

LISTAS DE TRABAJOS

Muchas compañías usan páginas en la Web para publicar trabajos disponibles dentro de la compañía. Algunas le permiten a los lectores proporcionar su currículum a través de su sitio.

INFORMACIÓN DE CONTACTO

Las compañías pueden mostrar la dirección de sus oficinas y números telefónicos en sus páginas web. Esto le ayuda a los lectores a contactar la compañía para hacer preguntas y expresar opiniones.

PASOS PARA CREAR PÁGINAS WEB

Existen varios pasos a seguir para crear y publicar páginas en la Web.

Si desea obtener información más específica para crear páginas en la Web, refiérase al libro de maranGraphics **Cómo Crear Páginas en la Web con HTML. Guía Visual, 2a. ed.**, publicado por IDG Books Worldwide, Inc.

1 PLANEAR SUS PÁGINAS EN LA WEB

Decida qué desea lograr con su página en la Web. Elija un tema central para su página y determine el tipo de información que incluirá.

2 REÚNA INFORMACIÓN

Reúna la información que desea incluir en su página tal como, texto, fotos, diagramas y números de contacto. Asegúrese de que la información que reúne se relaciona directamente con el tema central que escogió para su página.

3 ORGANIZAR INFORMACIÓN

Divida la información que reunió en secciones. Cada sección debe ser una página web separada. Cada página debe discutir un concepto o idea diferente y debe contener suficiente información para llenar una pantalla.

4 INTRODUCIR TEXTO

Introduzca el texto que desea que aparezca en su página web en un procesador de palabras. Cada página web debe tener un documento por separado. Puede convertir cada documento en una página web.

5 AGREGAR IMÁGENES

Puede agregar imágenes para resaltar la apariencia de su página web. Puede crear sus propias imágenes y obtener imágenes en tiendas de computación o en Internet. Para mayor información sobre imágenes, consulte la página 90.

6 AGREGAR HIPERVÍNCULOS

Puede agregar hipervínculos que los lectores pueden seleccionar en sus páginas web para mostrar otras páginas. Los hipervínculos le permiten a los lectores moverse fácilmente a través de la información de su interés. Para mayor información sobre hiperenlaces, consulte la página 88.

7 PUBLICAR PÁGINAS EN LA WEB

Cuando termine de crear sus páginas, puede transferirlas a una computadora para publicarlas. Debe probar las páginas en la Web para asegurarse de que sus hiperenlaces funcionan correctamente y que su información aparece como usted quiere.

PROGRAMAS PARA CREAR PÁGINAS WEB

Puede escoger entre varios tipos de programas para crear páginas web.

Estas páginas son documentos de HTML que consisten en texto e instrucciones especiales, llamadas etiquetas. Cada etiqueta brinda una instrucción específica y está rodeada por < >. Los documentos de HTML tienen la extensión .html o .htm (ejemplo: index.html).

EDITOR DE TEXTO O PROCESADOR DE PALABRAS

Editor de Texto

Un editor de texto es un programa sencillo que se utiliza para crear y editar documentos que sólo tienen texto. Algunos editores populares son Notepad, para Windows, y SimpleText, para Macintosh.

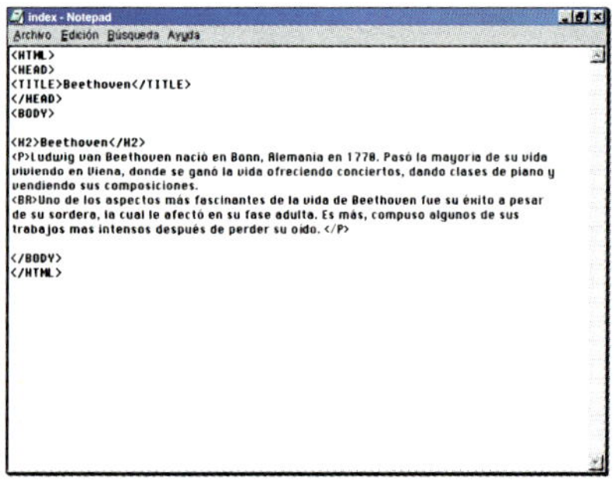

Procesador de Palabras

Un procesador de palabras es un programa que suministra edición avanzada y opciones de formato para ayudarlo a crear documentos. Cualquier formato que aplique al texto no aparecerá cuando visualice el documento que crea en la Web. Algunos procesadores populares incluyen Microsoft Word y Corel WordPerfect.

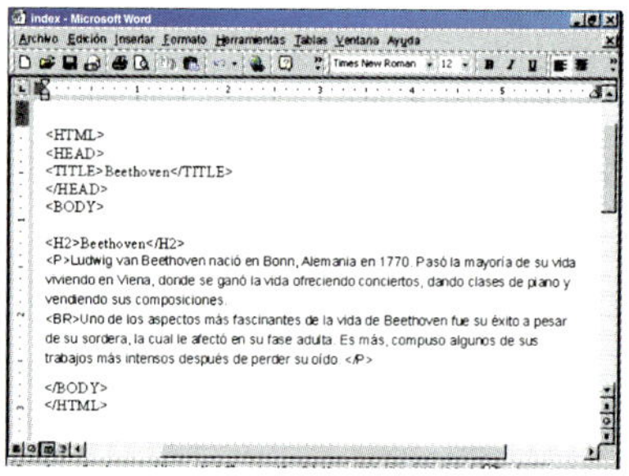

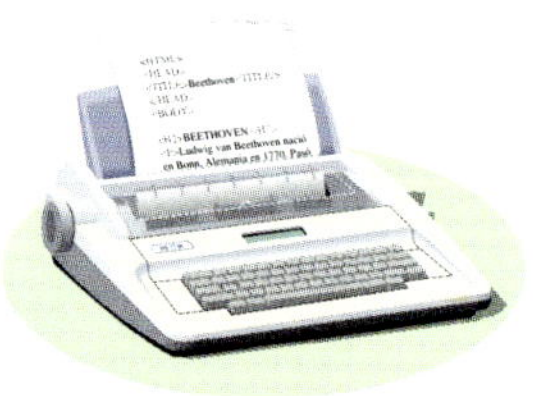

Para crear una página web utilizando un editor de texto o procesador de palabras, debe escribir el texto y luego agregar etiquetas de HTML para especificar cómo desea que aparezca dicho texto en la página web. Necesita un explorador de la Web para ver cómo aparecerá la página en la Red.

EDITOR DE HTML

Un editor de HTML es un programa que puede utilizar para crear páginas web. Los editores de HTML ofrecen menúes y barras de herramientas que puede utilizar para agregar etiquetas de HTML a sus páginas web. Muchos de estos editores incluyen un validador que puede revisar si sus páginas tienen errores de HTML. Necesita saber cómo HTML crea una página web utilizando un editor.

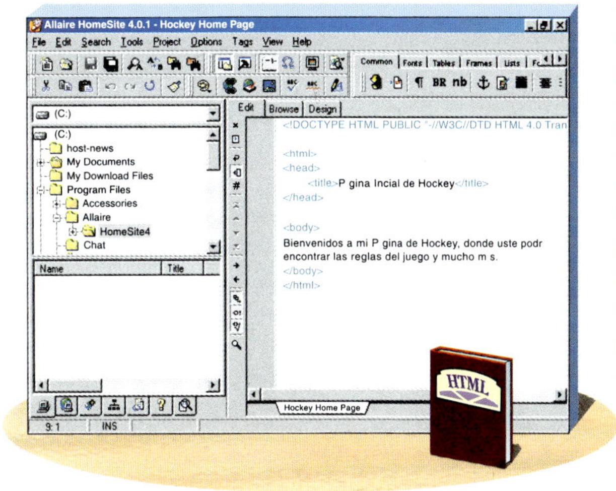

Algunos editores de HTML le permiten ver cómo las páginas web que crea aparecerán en la WWW, mientras otros requieren que usted utilice un explorador para visualizarlas.

Puede obtener editores de HTML en los siguientes sitios:

BBEdit
www.barebones.com

HomeSite
www.allaire.com

EDITOR VISUAL

Un editor visual es un programa que puede utilizar para crear páginas web geográficamente. Estos editores le facilitan crear las páginas porque le introducen las etiquetas de HTML. No necesita conocer el HTML para crear una página web utilizando el editor.

Los editores visuales le permiten ver instantáneamente cómo un cambio afectará la página web.

Puede obtener editores visuales en los siguientes sitios web:

HoTMetaL PRO
www.softquad.com

Microsoft FrontPage
www.microsoft.com/frontpage

PÁGINA DE INICIO

La página de inicio es la página principal de un sitio web. Usualmente es la primera página que las personas visualizan cuando visitan un sitio.

La página de inicio es a menudo llamada **index.html** o **index.htm.** Debe revisar con la compañía que hace sus páginas disponibles en la web qué nombre usar.

RESUMEN

Siempre incluya un breve resumen de sus páginas web en la página de inicio. Debe establecer si el propósito es entretener o informar a los lectores. No debe asumir que los lectores comprenderán el propósito de su página web con solo leer el título.

TABLA DE CONTENIDOS

Su página de inicio debe incluir una tabla de contenidos que enumere la información en su sitio. Debe incluir hipervínculos que le permitan a los lectores acceder rápidamente a información de interés.

RECORDATORIO DE FAVORITOS

Los exploradores de la Web tienen una opción llamada favoritos, que le permite a los lectores almacenar las direcciones de las páginas web que visitan. Puede incluir una imagen o frase en su página de inicio para recordarle a los lectores marcar como favorita su página web. Esto les permite regresar a su sitio.

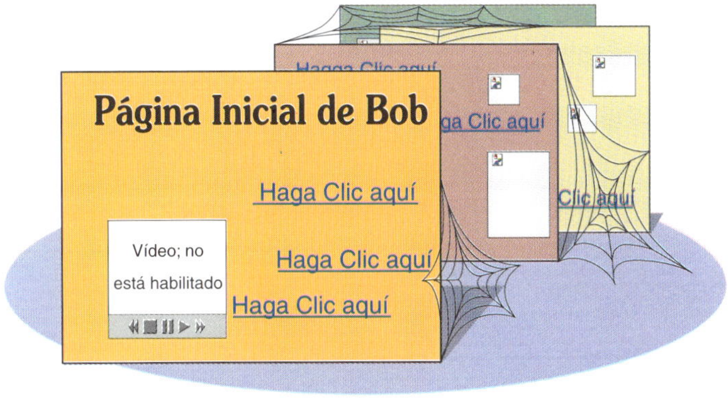

DEJAR UNA BUENA IMPRESIÓN

Su página de inicio deberá incluir información interesante y bien organizada. Asimismo, debe asegurarse de que cualquier vínculo o multimedia que haya agregado funcione perfectamente. Si los lectores encuentran su página desorganizada o difícil de utilizar, quizás no vean otras páginas en su sitio web.

MEJORAS

Puede agregar muchos tipos de mejoras para aumentar el interés de su página de inicio. Es posible agregar elementos como un contador de golpes que registra el número de visitantes, un reloj que despliega la hora actual en su ciudad o un libro de invitados donde los visitantes pueden registrar sus comentarios.

Cuando crea páginas web, debe considerar cuidadosamente su contenido.

EXAMINAR SUS PÁGINAS FAVORITAS EN LA WEB

Antes de crear sus páginas web, examine algunas de sus páginas favoritas. Determine qué le gusta sobre las páginas y considere cómo puede usar estas ideas en las suyas.

CORREGIR INFORMACIÓN

Revise cuidadosamente errores de ortografía y gramática en sus páginas web. Los errores harán pensar a sus lectores que usted es descuidado y que sus páginas son inexactas. Puede imprimirlas para corregir errores.

ENFATIZAR INFORMACIÓN IMPORTANTE

Si alguna parte de su página web es más importante que otra, use las características de formato disponibles para resaltar la información. No entierre ideas o conceptos importantes en párrafos largos.

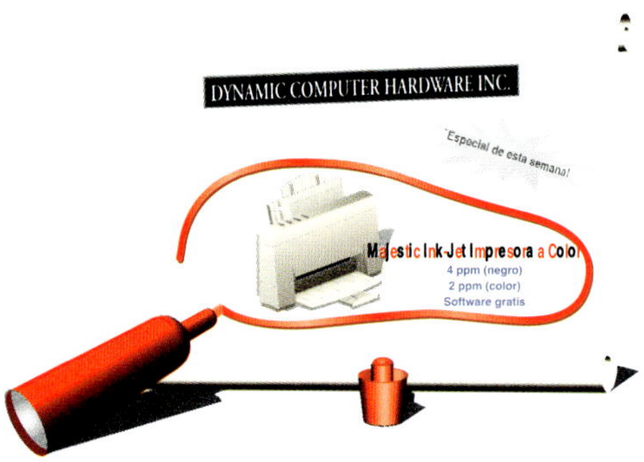

EVITAR ETIQUETAS "EN CONSTRUCCIÓN"

Debe evitar usar etiquetas "en construcción" para páginas en la Web que no están completas. Esto frustará a los lectores cuando visiten una página en la Web que no contiene información útil. Publique una página hasta que esté terminada.

ACTUALIZAR INFORMACIÓN

Debe actualizar sus páginas web regularmente. Si la información en sus páginas web nunca cambia, las personas solo leerán las páginas una vez y no las visitarán más en el futuro. Debe incluir la fecha en que realizó su última actualización para informar a los lectores.

INCLUIR INFORMACIÓN DE CONTACTO

Siempre incluya su nombre y dirección de correo electrónico en las páginas web que crea. Esto le permite a los lectores contactarlo si tienen preguntas o comentarios.

CONSIDERAR PÁGINAS EN LA WEB SIN IMÁGENES

Algunas personas desactivan el mostrar imágenes para navegar en la Web más rápidamente, mientras que otras personas usan navegadores de la Web que no pueden mostrar imágenes. Siempre diseñe sus páginas de manera que los lectores que no vean imágenes obtengan información importante.

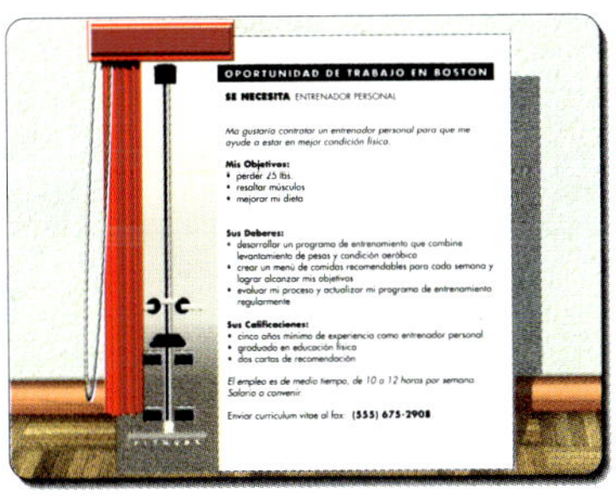

CONSIDERAR VELOCIDAD DE TRANSFERENCIA

Cuando cree sus páginas web, trate de mantener el tamaño del archivo de las páginas e imágenes tan pequeño como sea posible. Esto agilizará el mostrar sus páginas reduciendo el tiempo que toma transferir la información.

HIPERVÍNCULOS

Puede unir texto o una imagen en su página web a otra página en su sitio o a cualquier página en la Web.

Cuando visualiza sus páginas en la Web, los lectores pueden inmediatamente visualizar una página relacionada seleccionando un hiperenlace. Los hiperenlaces también se conocen como enlaces.

CREAR ENLACES DESCRIPTIVOS

Asegúrese de que el texto o imagen que usa para crear un hiperenlace indique claramente dónde llevará el enlace al lector. No use la frase “Haga Clic Aquí” para un hiperenlace, esta frase no es muy descriptiva y obliga a los lectores a examinar el texto alrededor del enlace para determinar hacia dónde los llevará.

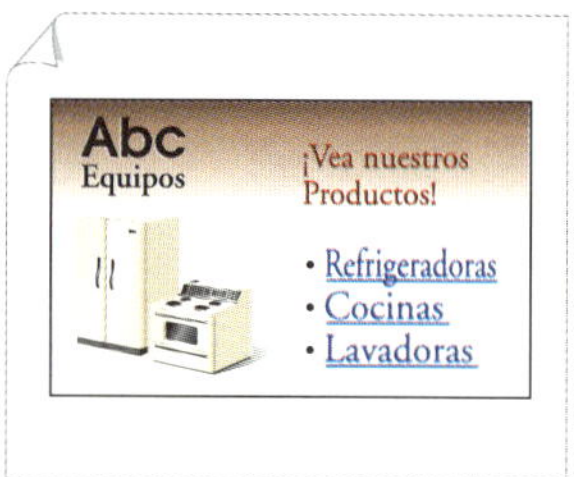

INCLUIR ENLACES DE TEXTO

Si su página web contiene enlaces de imágenes, debe también suministrar enlaces de texto correspondientes para sus lectores. Algunos lectores desactivan el mostrar imágenes para navegar más rápidamente, mientras que otros usan navegadores de la Web que no pueden mostrar imágenes.

RAZONES PARA HIPERENLACES

ENLACES NAVEGABLES

Debe incluir enlaces navegables para ayudar a los lectores a moverse a través de sus páginas. Los enlaces navegables pueden incluir hiperenlaces a una tabla de contenidos o a su página de inicio.

ENLACES A IMÁGENES MÁS GRANDES

Puede crear hiperenlaces que llevarán a los lectores a una imagen más grande. Por ejemplo, puede unir una versión pequeña de una imagen, llamada imagen de uña, a una versión más grande de la imagen. Esto le permite a los lectores decidir si desean visualizar la imagen más grande.

ENLACES DE DEFINICIÓN

Si su página web contiene términos técnicos que sus lectores pueden no entender, debe considerar incluir enlaces de definiciones que llevarán a los lectores a un pie de página o a una breve explicación.

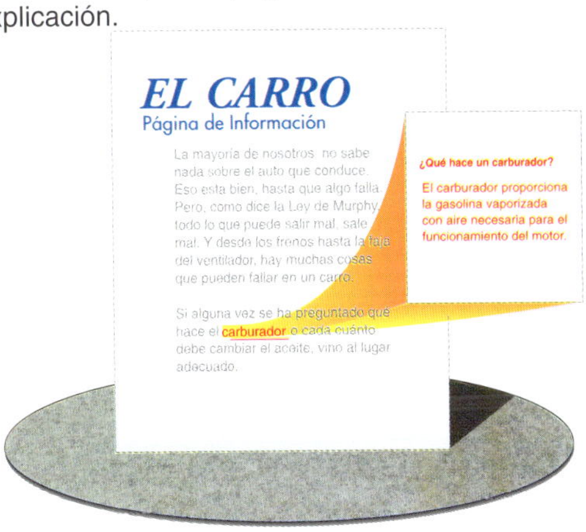

ENLACES DE CORREO ELECTRÓNICO

Puede crear un hiperenlace que le permita a los lectores enviarle rápidamente un mensaje de correo electrónico. Esta es una buena manera de reunir comentarios sobre sus páginas web. Muchas compañías muestran enlaces de correo electrónico para cada persona en la compañía. Esto ayuda a los lectores a contactar a la persona apropiada.

IMÁGENES

Puede agregar una imagen a su página. Una imagen que aparece en una página web se conoce como imagen en línea.

OBTENER IMÁGENES

Muchos sitios de la Web ofrecen imágenes que puede usar gratis en sus páginas web. Puede usar un escáner para escanear imágenes en su computadora o crear las suyas propias. También puede comprar una colección de imágenes listas para usar en una tienda de computación. Asegúrese de tener permiso para usar imágenes que no creó.

TIPOS DE IMÁGENES

Cuando agrega imágenes a sus páginas web, debe usar imágenes GIF o JPEG. Estos son los tipos de imágenes más populares en la Web.

Las imágenes GIF (Graphics Interchange Format) están limitadas a 256 colores y se usan para logos, banderines y arte generado por computadoras. Las imágenes GIF tienen la extensión .gif (por ejemplo: logo.gif).

Las imágenes JPEG (Joint Photographic Experts Group) pueden tener millones de colores y son usadas para fotografías e imágenes muy grandes. Las imágenes JPEG usualmente tienen la extensión .jpg (por ejemplo: racecar.jpg).

FORMAS DE USAR IMÁGENES

ARTE Y FOTOGRAFÍAS

Una página web puede mostrar dibujos, cuadros o arte generado por computadora.
Los artistas gráficos y compañías de diseño usualmente publican su trabajo en sus páginas web para. También puede mostrar fotografías de su familia, mascotas o celebridades favoritas en sus páginas.

EXPLICACIONES

Una imagen puede ayudar a aclarar un concepto que es difícil de explicar con palabras. Puede incluir un mapa para dar direcciones, un gráfico para mostrar tendencias financieras o un diagrama para resaltar partes esenciales de un producto.

IMÁGENES DE FONDO

Puede hacer que una imagen pequeña se repita hasta llenar toda su página web. Esto agrega un diseño interesante al fondo de su página. Debe asegurarse de que la imagen de fondo que selecciona no afecte la legibilidad de su página.

MAPA DE IMAGEN

Puede dividir una imagen en diferentes áreas y enlazar cada área a una página web diferente. Esto es llamado mapa de imagen. Cuando crea un mapa de imagen, debe usar una imagen que tiene varias áreas distintivas que los lectores pueden seleccionar. Las fotografías no siempre son buenos mapas de imagen pues no tienen áreas bien definidas.

HOJAS DE ESTILO

Puede usar hojas de estilo para definir el formato y diseño de sus páginas web.

Las hojas de estilo también son conocidas como Hojas de Estilo en Cascada (CSS).

Algunos navegadores muy viejos de la Web no pueden interpretar las hojas de estilo.

RAZONES PARA USAR HOJAS DE ESTILO

CARACTERÍSTICAS GENERALES

Las hojas de estilo le permiten formatear y diseñar páginas web de maneras que no puede lograr usando etiquetas HTML. Puede crear páginas sofisticadas que se visualizan como las páginas de una revista.

AHORRAR TIEMPO

Las hojas de estilo le permiten especificar en una localización central cómo desea que aparezca la información en la página web. Por ejemplo, puede especificar que desea que todos sus encabezados aparezcan con una fuente y color específico. Cualquier cambio que hace usando páginas de estilo afectará toda la página web.

PREPARACIÓN PARA PUBLICAR PÁGINAS WEB

Antes de publicar sus páginas en la Web, debe preparar la transferencia de sus páginas a un servidor de la Web.

REVISAR NOMBRES DE ARCHIVOS DE PÁGINAS WEB

Los nombres de archivos de sus páginas web deben tener la extensión .htm o .html (por ejemplo: garden.html) y no deben incluir espacios o caracteres especiales, como * o &.

ORGANIZAR ARCHIVOS DE PÁGINAS EN LA WEB

Debe colocar todas sus páginas web en una carpeta. Asegúrese de que la carpeta contiene todas las imágenes, sonidos, vídeos y otros archivos incluidos en sus páginas web. Si la carpeta contiene muchos archivos, puede colocar algunos de ellos en subcarpetas.

Por ejemplo, puede almacenar todas sus imágenes en una subcarpeta. Si cambia la localización de cualquier archivo, asegúrese de que actualiza todas las referencias a los archivos en sus páginas web.

OBTENER UN PROGRAMA FTP

Necesita un programa de Protocolo de Transferencia de Archivos (FTP) para transferir sus páginas a un servidor web. Puede encontrar dos de los más populares programas FTP en los siguientes sitios:

WS_FTP Pro (Windows)

www.ipswitch.com/products

Fetch (Macintosh)

www.macorchard.com/ftp.html

PROVEEDORES DE PRESENCIA EN LA WEB

Los proveedores de presencia en la Web son compañías que hacen las páginas disponibles en la Web. Ellos las almacenan en computadoras llamadas servidores de la Web.

PROVEEDORES DE ACCESO A INTERNET

Los proveedores de acceso a Internet usualmente ofrecen espacio en sus servidores de la Web donde sus clientes pueden publicar gratis sus páginas.

SERVICIOS GRATIS DE LA WEB

Existen muchas compañías en la Web que publicarán gratis sus páginas. Estas compañías ofrecen cantidades limitadas de espacio de almacenaje y pueden colocar publicidad en sus páginas web.

Puede encontrar compañías que publicarán gratis sus páginas web en los siguientes sitios:

www.geocities.com

www.tripod.com

xoom.com

PROVEEDORES DEDICADOS DE PRESENCIA EN LA WEB

Los proveedores dedicados de presencia en la Web son compañías que se especializan en publicar páginas. Estas compañías ofrecen características que otros proveedores no.

Puede encontrar proveedores dedicados de presencia en la Web en los siguientes sitios:

www.dreamhost.com

www.hostess.com

www.pair.com

CONSIDERACIONES DE PROVEEDORES DE PRESENCIA EN LA WEB

APOYO TÉCNICO

Un proveedor de presencia de la Web debe tener un departamento de apoyo técnico para responder a sus preguntas. Debe poder contactar el departamento por teléfono o correo electrónico.

ESPACIO DE ALMACENAJE

La mayoría de los proveedores de presencia en la Web limitan la cantidad de espacio disponible para almacenar páginas web. Un proveedor debe permitirle almacenar al menos 5 MB (megabytes) de información.

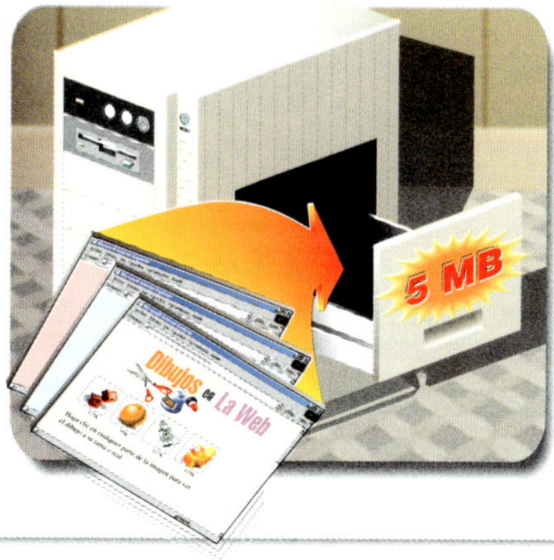

REGISTRO DE DOMINIO DE NOMBRE

Por una cuota, los proveedores de presencia en la Web le permiten escoger la dirección, o dominio que las personas digitan para acceder a sus páginas en la Web. Un dominio personalizado es fácil de recordar y no cambiará si cambia de proveedor de presencia en la Web.

LOGOS DE ACCESO

Un buen proveedor de presencia en la Web le proporcionará estadísticas sobre sus páginas web: sus visitantes y las horas y los días de la semana en que las personas visitan su página.

PROBAR SUS PÁGINAS EN LA WEB

Debe probar sus páginas en la Web para asegurarse de que se visualizan de la manera en que usted lo planeó

Pruebe sus páginas en la Web para ver qué tan fácilmente puede navegar a través de la información. Asegúrese de que sus páginas tengan diseños y estilo de escritura consistentes y que no contengan errores de formato o de diseño.

VISUALIZAR EN DIFERENTES NAVEGADORES DE LA WEB

Debe visualizar sus páginas en la Web en diferentes navegadores para asegurarse de que las páginas se visualizan como las planeó. Cada navegador de la Web mostrará sus páginas web en forma diferente. Pruebe sus páginas con los navegadores más populares: Microsoft Internet Explorer y Netscape Navigator.

Microsoft Internet Explorer

Netscape Navigator

VISUALIZAR EN DIFERENTES RESOLUCIONES

La resolución de un monitor determina la cantidad de información que aparecerá en una pantalla. Los lectores visualizarán sus páginas en la Web en diferentes resoluciones. Debe visualizar sus páginas con las dos resoluciones más populares: 640x480 y 800x600.

640x480

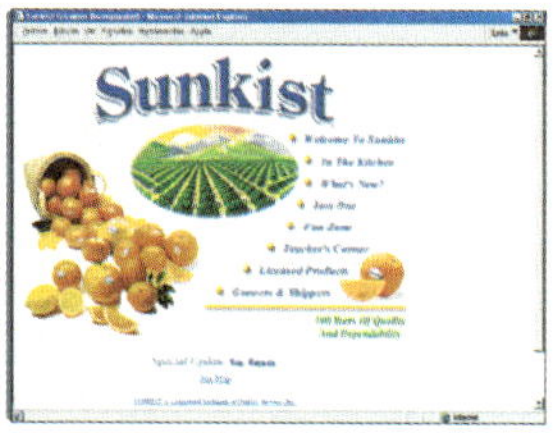

800x600

VISUALIZAR EN DIFERENTES COMPUTADORAS

Las páginas en la Web pueden visualizarse diferente cuando se ven en diferentes computadoras. Debe visualizar sus páginas en diferentes computadoras para asegurarse de que los sonidos, vídeos o cualquier otro multimedia que agregó a sus páginas funciona en la forma que lo desea.

REVISAR ENLACES

Debe revisar sus enlaces regularmente en sus páginas para cerciorarse de que llevarán a los lectores a los destinos deseados. Asegúrese de que las páginas web enlazadas existan y contengan información útil.

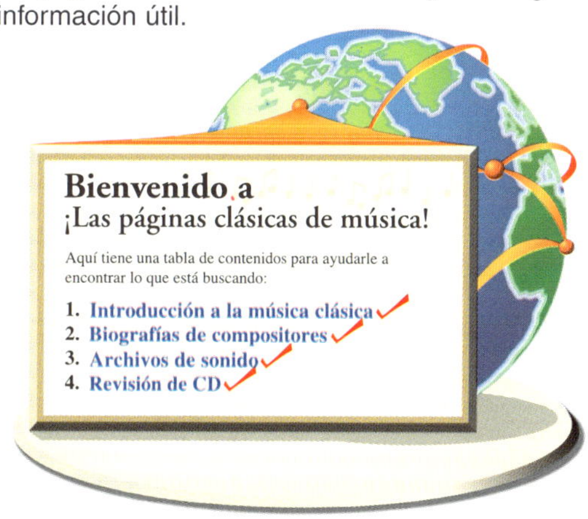

IMÁGENES DESACTIVADAS

Algunas personas desactivan el dispositivo que muestra imágenes, para navegar más rápidamente, mientras otras usan navegadores que no muestran imágenes. Debe visualizar sus páginas sin imágenes para asegurarse de que los lectores que no ven imágenes encontrarán información útil en sus páginas.

VELOCIDAD DE TRANSFERENCIA

Determine cuánto tiempo le toma a sus páginas aparecer en la pantalla a diferentes velocidades de transferencia. Muchas personas usan módems que transfieren la información a 56 Kbps, pero módems más lentos aún son comunes. Las páginas con tamaños de archivos muy grandes toman más tiempo en transferirse.

PUBLICAR SUS PÁGINAS WEB

Existen muchas maneras para enterar a las personas acerca de sus páginas.

MENSAJES DE CORREO ELECTRÓNICO

La mayoría de los programas de correo electrónico incluyen una característica llamada firma, que le permite agregar información al final de cada mensaje de correo electrónico que envía. Puede usar una firma para incluir información sobre sus páginas web en todos sus mensajes de correo electrónico.

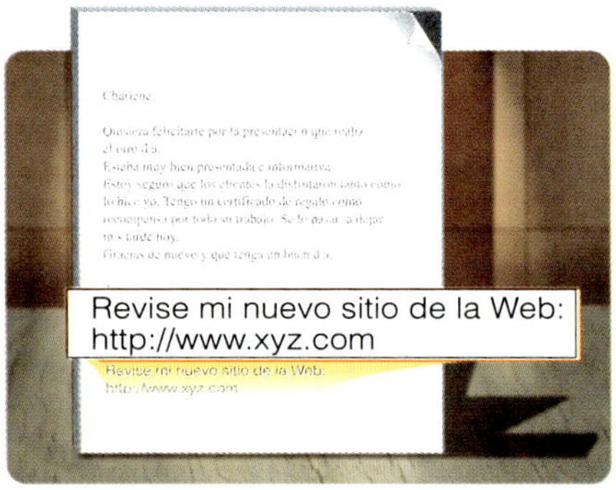

INTERCAMBIAR ENLACES

Si otra página web incluye información relacionada con su página, puede preguntarles si incluirían un enlace entre las páginas. Esto le permite a las personas que están leyendo la otra página en la Web visitar la suya.

PUBLICIDAD EN PÁGINAS WEB

Muchas compañías disponen de áreas en sus páginas donde anuncian otras páginas. El Intercambio de Enlace le ayuda a anunciar sus páginas gratis. Este Intercambio se localiza en el siguiente sitio: **adnetwork.linkexchange.com**

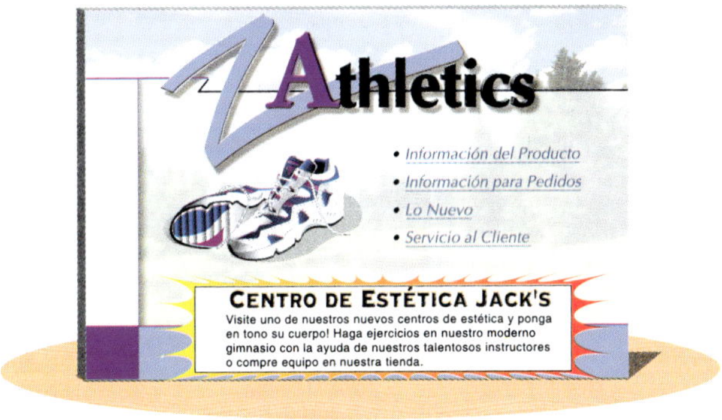

GRUPOS DE NOTICIAS

Puede enviar un anuncio sobre sus páginas a grupos de noticias. Asegúrese de escoger grupos de noticias que discuten temas relacionados con sus páginas. Puede anunciar páginas nuevas o actualizadas en el grupo **comp.infosystems.www.announce**.

LISTAS DE DISTRIBUCIÓN

Puede enviar un anuncio a listas de distribución cuidadosamente seleccionadas. Debe leer los mensajes en una lista de distribución por una semana antes de enviar un anuncio para asegurarse de que los miembros de la lista de distribución están interesados en sus páginas.

HERRAMIENTAS DE BÚSQUEDA

Puede enviar sus páginas a varias herramientas de búsqueda para que las personas puedan encontrar fácilmente sus páginas. Puede ver descripciones de las 100 mejores herramientas de búsqueda en el sitio: **www.mmgco.com/top100.html**. Puede enviar sus páginas a muchas herramientas de búsqueda a la vez al sitio: **www.submitit.com.**

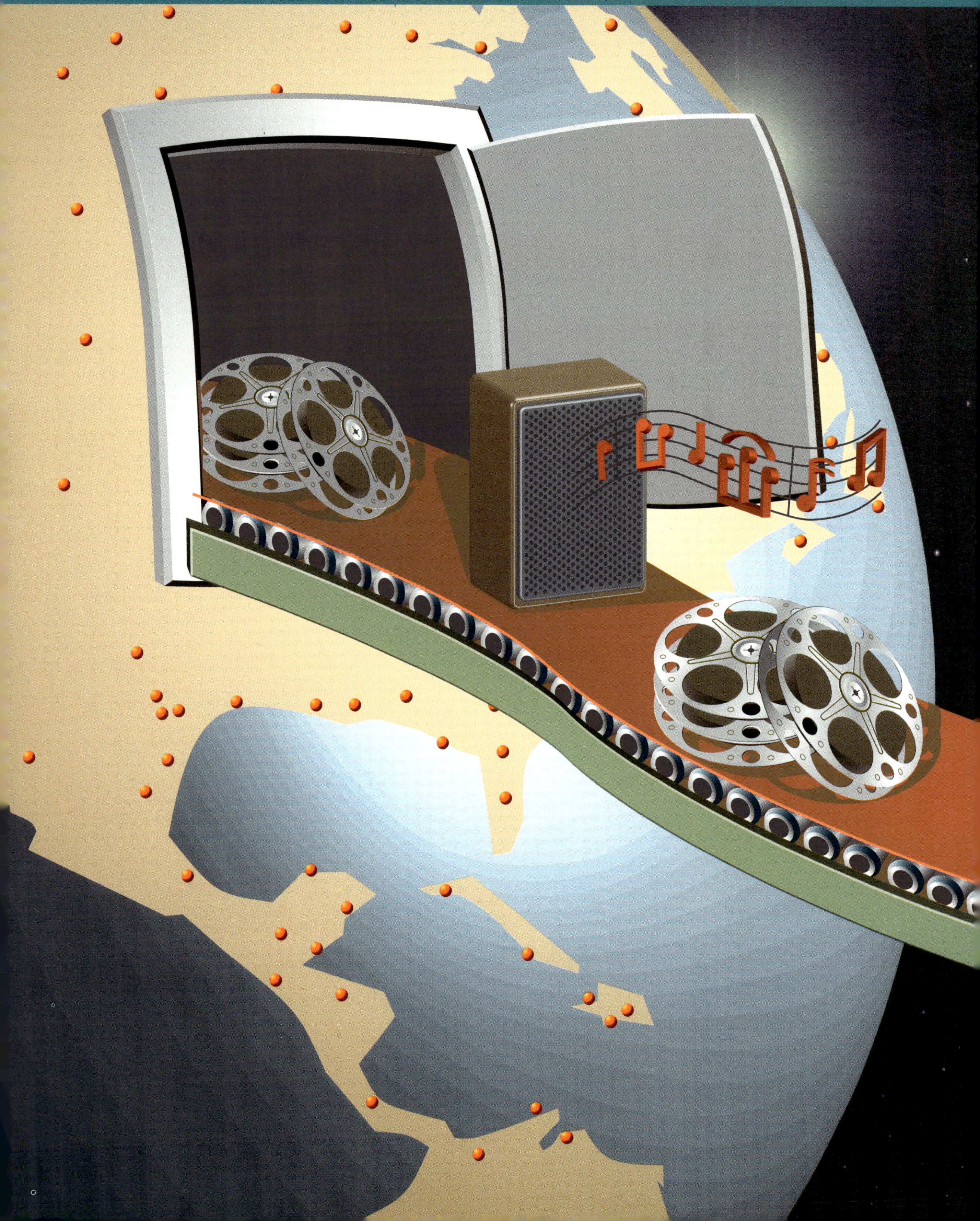

CAPÍTULO 7

Bajar información de la Internet

¿Está pensando cómo bajar archivos y programas de la Internet? Aprenda a hacerlo en este capítulo.

BAJAR ELEMENTOS DE LA INTERNET

Puede bajar o guardar elementos de interés desde una página en la Web. Puede también bajar una imagen desplegada, una página web entera o utilizar un hipervínculo para bajar un archivo.

Después de que baja un elemento a su computadora, puede usarlo en cualquier momento.

BAJAR UNA IMAGEN DESPLEGADA

La mayoría de los exploradores de la Web le permiten bajar una imagen desplegada en una página web a su computadora. Después de que la imagen es guardada, puede utilizarla en sus documentos. Asegúrese de tener permiso de utilizar cualquier imagen que baja.

BAJAR UNA PÁGINA WEB

La mayoría de los exploradores de la Web le permiten bajar una página entera a su computadora. Esto le permite visualizarla cuando no está conectado a la Internet o enviarla a un amigo o colega que utiliza un programa de correo electrónico.

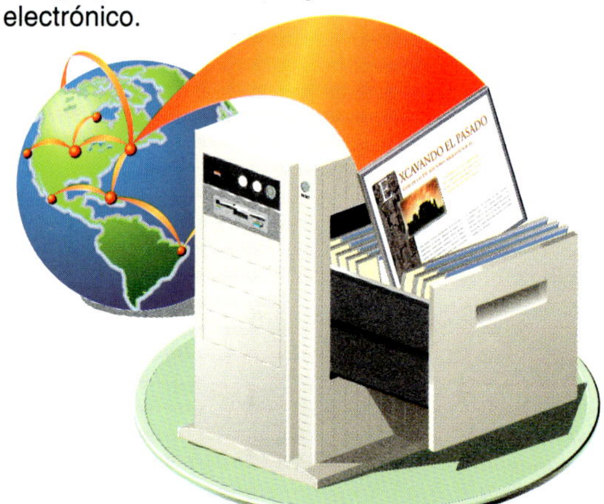

Las páginas web a menudo suministran hipervínculos que puede utilizar para bajar archivos. Existen muchos tipos diferentes de archivos que puede bajar.

BAJAR UN ARCHIVO UTILIZANDO UN HIPERVÍNCULO

BAJAR ARCHIVOS DE TEXTO

Puede obtener documentos interesantes para investigación y entretenimiento, así como libros, manuales de computadoras, documentos gubernamentales, resúmenes y trabajos académicos.

BAJAR ARCHIVOS DE IMAGEN

Puede bajar imágenes, como arte generado por computadora, pinturas de museos y cuadros de personas famosas. Los formatos de imagen populares en la Web incluyen Bitmap, GIF, JPEG y PNG.

BAJAR ARCHIVOS DE SONIDO

Puede bajar temas de canciones, efectos de sonido, cortos de discursos famosos y líneas de programas y espectáculos de televisión. Algunos de estos formatos populares incluyen MIDI, MPEG, RealAudio y Wave.

BAJAR ARCHIVOS DE VÍDEO

Puede bajar cortos de películas, caricaturas, vídeos educativos y animación generada por computadora. Los formatos populares de vídeo en la Web incluyen AVI, MPEG y QuickTime.

BAJAR PROGRAMAS

Puede bajar programas de la Web para utilizarlos en su computadora, como procesadores de palabras, hojas de cálculo, programas de correo electrónico, protectores de pantalla, juegos y mucho más.

DÓNDE ENCONTRAR PROGRAMAS EN LA WEB

Las compañías de software, como Microsoft y Netscape, por lo general le permiten bajar programas desde sus sitios web. Existen también sitios que le permiten buscar a través de grandes colecciones de programas para bajar. Los siguientes sitios suministran una gran variedad de estos programas:

www.shareware.com

www.tucows.com

www.jumbo.com

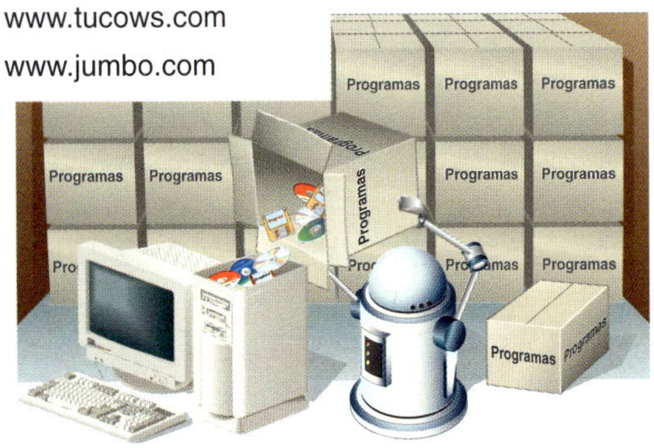

DESCRIPCIONES DEL PROGRAMA

La mayoría de los sitios web suministran una pequeña descripción de cada programa que puede bajar, incluyendo su tamaño y requerimientos del sistema que necesita para correrlo. Muchos sitios también suministran opiniones de personas que lo han utilizado.

TIPOS DE PROGRAMAS

FREEWARE

Los programas de Freeware están libres de restricciones de copyright. El autor puede requerir que usted siga ciertas reglas si desea cambiar o distribuir programas de este tipo.

SHAREWARE

Puede probar un programa de shareware libre de cargos por un tiempo limitado. Si le gusta y desea continuar utilizándolo, debe pagarle al autor. Los programas de shareware a menudo no le permiten utilizar todas las opciones hasta que lo pague.

VERSIÓN BETA

Una versión beta de un programa es una versión temprana que no está lista para su presentación. Muchas compañías de software le permiten a las personas utilizar y probar la versión beta de un programa en forma gratuita antes de lanzar la oficial.

VERSIÓN DE PRUEBA

Puede bajar una versión de prueba de un programa. Por lo general, estas versiones le permiten utilizar todas las opciones del programa por un tiempo limitado. Después del período de prueba, debe comprar el programa si desea utilizarlo.

BAJAR MÚSICA MP3

Puede bajar o copiar música con calidad de CD a su computadora desde la Web.

Su computadora debe tener capacidades de sonido para reproducir música con calidad de CD.

FORMATO MP3

El MP3 es un formato de sonido utilizado para transferir música con calidad de CD en la Internet. MP3 significa Motion Picture Experts Group Audio Layer 3. Este formato comprime archivos de sonido, de manera que ocupen pequeñas cantidades de espacio en disco. El tamaño pequeño de los archivos MP3 permite que los archivos se transfieran rápida y fácilmente en la Internet.

UTILIZAR MP3

Algunos artistas distribuyen su música en formato MP3 en la Web para promoverla. Hay muchos sitios web que le permiten bajar canciones individuales o CDs musicales enteros en el formato MP3 a su computadora. Algunos sitios ofrecen la música en forma gratuita y otros requieren que la compre. Puede encontrar archivos MP3 en los siguientes sitios:

www.emusic.com

www.mp3.com

www.mp3place.com

REPRODUCTOR MP3

Usted necesita software especial llamado reproductor MP3, instalado en su computadora para bajar y reproducir archivos MP3. La mayoría de los reproductores MP3 en la Web son gratuitos y ofrecen una versión de prueba.

Algunos reproductores MP3 se ven y actúan como un reproductor de CD. Cuentan con los botones de reproducir, pausa y detener, así como balance, volumen y controles de ecualizador. Puede encontrarlos en los siguientes sitios web:

Winamp (Windows)

www.winamp.com

MacAMP (Macintosh)

www.macamp.org

Media Player (Windows and Macintosh)

www.microsoft.com/windows/mediaplayer

REPRODUCTOR MP3 PORTÁTIL

Puede utilizar un reproductor MP3 portátil para escuchar sus archivos de MP3. Después de bajar canciones de la Web, es posible transferirlas desde su computadora hasta el reproductor portátil. La mayoría de estos reproductores pueden retener una hora de música con calidad de CD. Es posible encontrarlos en muchas tiendas de aparatos electrónicos.

La mayoría de los reproductores MP3 son dispositivos sólidos, lo que significa que no tienen partes movibles. Esto le permite escuchar música mientras se ejercita o trota sin preocuparse de que la música brinque.

BAJAR ARCHIVOS UTILIZANDO EL FTP

El FTP (File Transfer Protocol) le permite ver a través de archivos almacenados en computadoras de todo el mundo y bajar, o copiar los que le interesan.

SITIOS FTP

Un sitio FTP almacena archivos que las personas pueden bajar en forma gratuita o con un recargo. Algunos de estos sitios requieren que introduzca una contraseña antes de que pueda acceder a cualquier archivo. Los colegios parauniversitarios, universidades, agencias gubernamentales, compañías e individuos mantienen estos sitios. Puede encontrar una lista de sitios FTP en el siguiente sitio web:

hoohoo.ncsa.uiuc.edu/ftp-interface.html

BAJAR ARCHIVOS

Muchas personas utilizan su explorador de la Web para bajar archivos desde un sitio FTP. Puede también utilizar un programa FTP para bajar archivos. Utilizar un programa de este tipo es útil si desea bajar varios archivos a su computadora de una sola vez. Es posible encontrar dos de los programas populares FTP en los siguientes sitios:

WS_FTP Pro (Windows)

www.ipswitch.com/products

Fetch (Macintosh)

www.macorchard.com/ftp.html

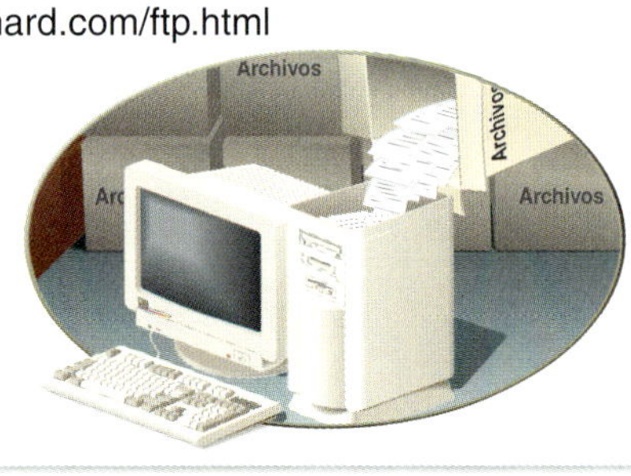

CÓMO LOS ARCHIVOS SON ALMACENADOS EN SITIOS FTP

DIRECTORIOS

Los archivos en sitios FTP están almacenados en directorios diferentes. Los directorios organizan información en un sitio FTP, al igual que las carpetas organizan documentos en una gaveta.

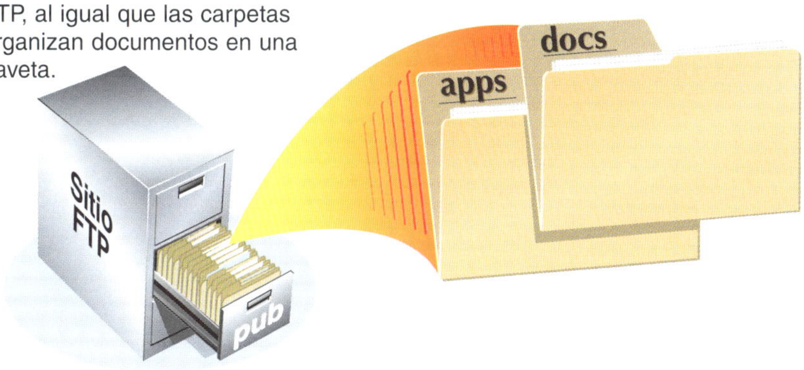

La mayoría de los sitios FTP tienen un directorio principal llamado "pub" una abreviación de público. Este directorio contiene subdirectorios y archivos. La mayoría de los nombres del subdirectorio indican qué tipo de archivos contiene el directorio. Los nombres de subdirectorios comunes incluyen "apps" para aplicaciones de software y "docs" para archivos y documentos de texto.

NOMBRES DE ARCHIVOS

Cada archivo almacenado en un sitio FTP tiene un **nombre** y una **extensión**, separados por un punto (.). El nombre describe el contenido y la extensión por lo general identifica el tipo de archivo.

ARCHIVOS README

La mayoría de los sitios FTP bien establecidos incluyen archivos que describen el resto de los archivos ofrecidos en él. Estos archivos por lo general se llaman "leame" o "índice" y a menudo se encuentran en el directorio principal en un sitio FTP.

CONSIDERACIONES AL BAJAR

Existen varios factores por considerar cuando baja archivos de la Internet.

COMPRESIÓN DE ARCHIVOS

Muchos archivos grandes en la Internet se comprimen para hacerlos más pequeños. Los archivos comprimidos se transfieren más rápidamente.

Después de que transfiere un archivo comprimido a su computadora, puede necesitar un programa de compresión para expandirlo antes de utilizarlo. Es posible encontrar programas de compresión en los siguientes sitios web:

WinZip (Windows)
www.winzip.com

StuffIt (Macintosh)
www.aladdinsys.com/products

COMPATIBILIDAD

Que usted pueda transferir un archivo a su computadora no significa que pueda utilizarlo. Asegúrese de obtener archivos que pueden trabajar con su tipo de computadora. Muchos sitios en la Internet tienen áreas separadas para computadoras compatibles con Macintosh e IBM.

Cuando baje un archivo debe asegurarse de que tiene un programa instalado que pueda reproducirlo o desplegarlo.

SITIOS DE LA WEB OCUPADOS

Cada sitio web sólo le permite un cierto número de personas utilizándolo simultáneamente. Si usted obtiene un mensaje de error cuando intenta conectarse, el sitio puede tener tantas personas conectadas como pueda manejar. Intente accederlo de nuevo fuera de horas laborales, como en la noche o fines de semana.

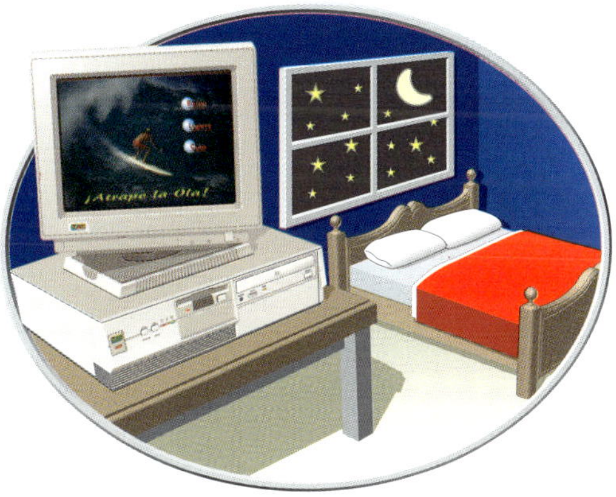

SITIOS ESPEJO

Algunos sitios web populares tienen sitios espejo. Un sitio espejo almacena la misma información que el original pero está generalmente menos ocupado. Puede también estar geográficamente más cercano a su computadora, lo que puede suministrar una conexión más rápida y confiable.

Los sitios espejo son actualizados regularmente para asegurarse de que los archivos disponibles en el original también están disponibles en el sitio.

VIRUS

Un virus es un programa de computación destructivo que puede interrumpir la operación normal de una computadora. Deberá utilizar un programa antivirus para revisar si hay alguno en archivos que baje de la Internet.

Puede encontrar herramientas antivirus populares en los siguientes sitios web:

www.mcafee.com

www.symantec.com/nav/index.html

housecall.antivirus.com

CAPÍTULO 8

Correo Electrónico

¿Quiere comunicarse con familiares, colegas y amigos en Internet? Este capítulo le mostrará cómo usar el correo electrónico.

INTRODUCCIÓN AL CORREO ELECTRÓNICO

Puede intercambiar correo electrónico (e-mail) con personas de todo el mundo.

Un correo electrónico es una manera rápida, económica y conveniente para enviar mensajes a su familia, amigos y colegas.

VELOCIDAD

El correo electrónico es mucho más rápido que el correo tradicional, llamado "correo caracol". Un mensaje por correo electrónico puede viajar alrededor del mundo en minutos.

COSTO

Una vez que paga a un proveedor de servicio para una conexión a Internet, no hay cargo extra para enviar o recibir correo electrónico. No importa si el mensaje es grande o si viaja alrededor del mundo.

Intercambiar correo electrónico puede ahorrarle dinero en llamadas de larga distancia. La próxima vez que vaya a levantar el teléfono, considere enviar un mensaje por correo electrónico.

CONVENIENCIA

Puede crear y enviar mensajes de correo electrónico al mismo tiempo. A diferencia de las llamadas telefónicas, los mensajes de correo electrónico no requieren que la persona que recibe el mensaje esté en la computadora cuando usted se lo envíe. El correo electrónico permite comunicarse con personas en zonas cuyo horario es distinto.

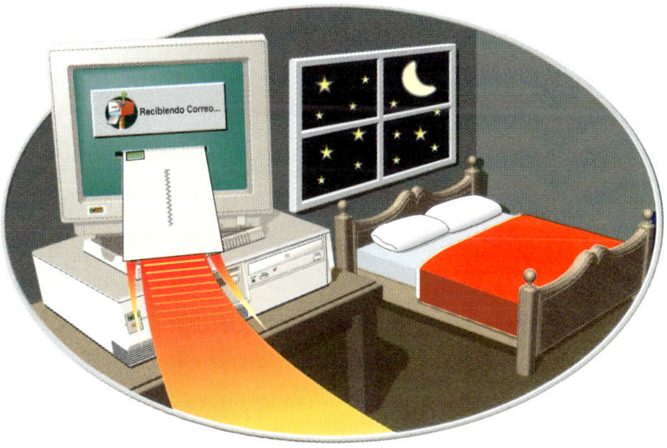

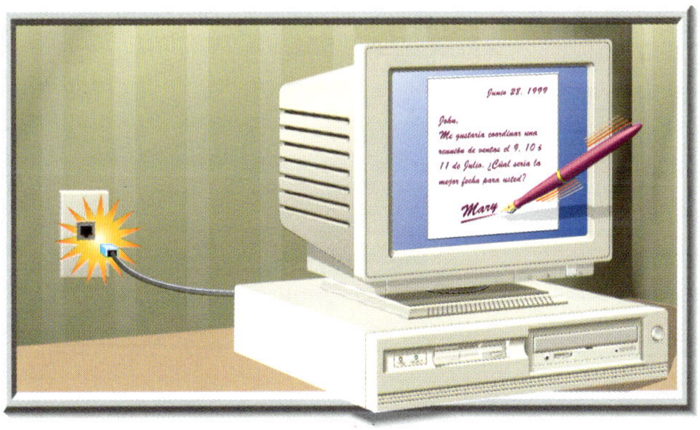

ESCRIBIR FUERA DE LÍNEA

Puede escribir mensajes cuando no está conectado. Esto es llamado trabajo fuera de línea. Cuando termina de escribir todos sus mensajes, puede conectarse a la Internet y enviar todo lo que escribió al mismo tiempo. Con esto ahorrará dinero.

ENCABEZADOS

Todo mensaje de correo electrónico contiene información llamada encabezado. Puede ver el encabezado para encontrar información como la fecha y la hora en que el mensaje fue enviado. También puede ver una lista de todas las computadoras por las cuales pasó el mensaje antes de llegar a la suya.

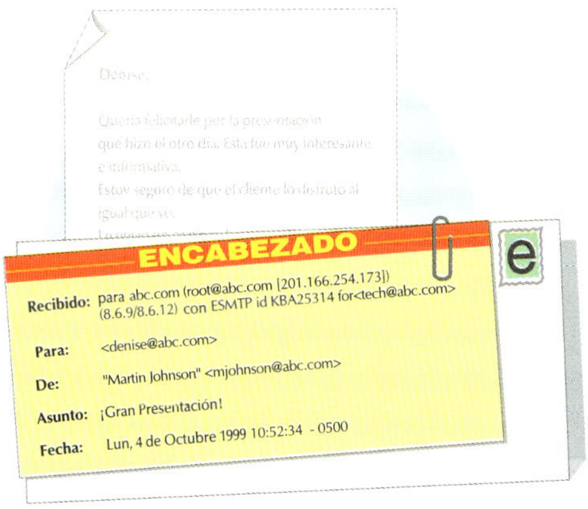

PROGRAMAS DE CORREO ELECTRÓNICO

Un programa de correo electrónico le permite enviar, recibir y administrar sus mensajes por correo electrónico.

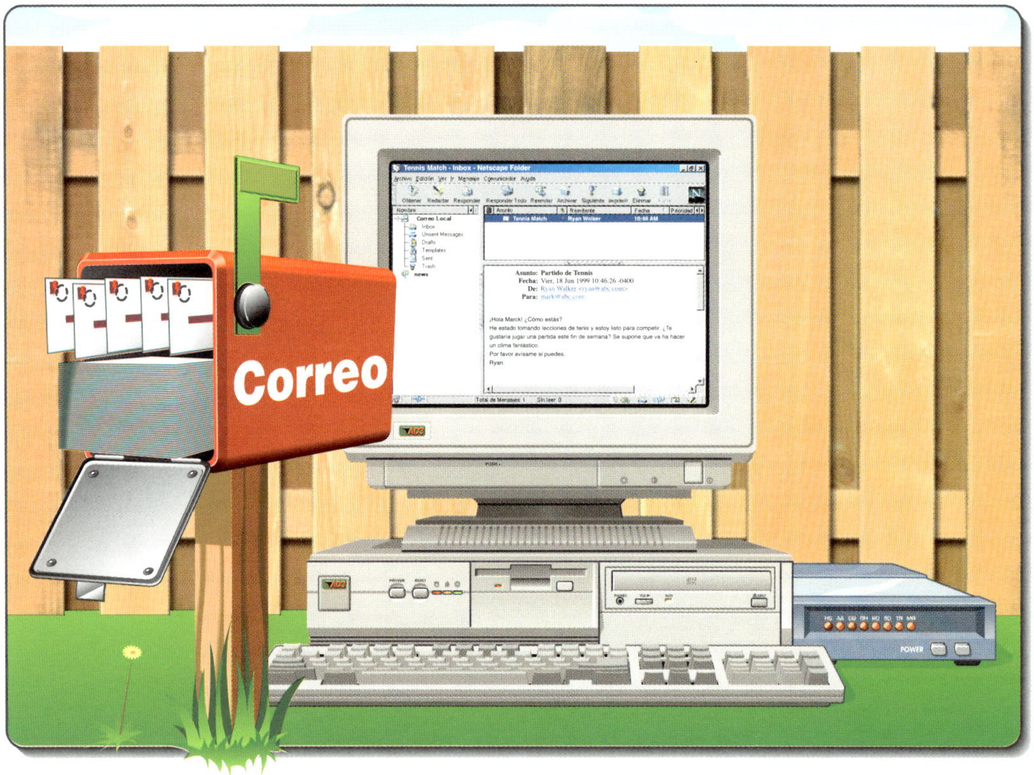

PROGRAMAS DE CORREO ELECTRÓNICO

Dos programas populares de correo electrónico son:

Eudora Light

eudora.qualcomm.com

Netscape Mail

www.netscape.com

Nota: Netscape Mail es parte de Netscape Communicator.

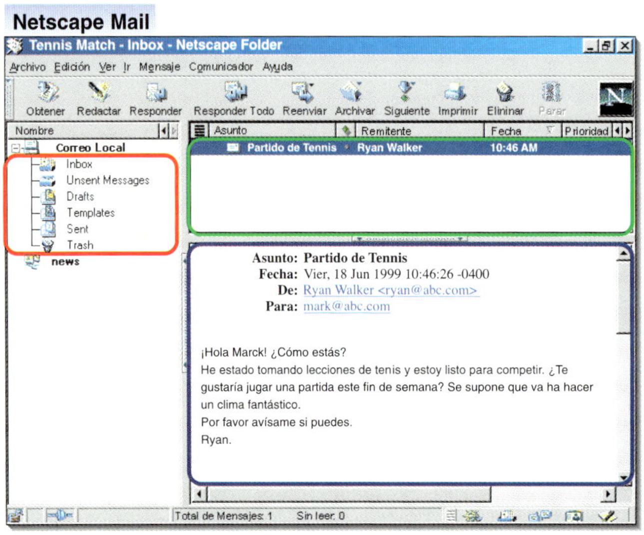

■ Esta área muestra las carpetas que contienen sus mensajes de correo electrónico.

■ Esta área muestra una lista de todos sus mensajes de correo electrónico.

■ Esta área muestra el contenido de sólo un mensaje de correo electrónico.

OPCIONES DEL PROGRAMA DE CORREO ELECTRÓNICO

ORGANIZACIÓN

Los programas de correo electrónico almacenan mensajes que ha enviado, recibido y eliminado en carpetas separadas. Esto le ayuda a mantenerlos organizados, de manera que pueda revisarlos más adelante. Puede también crear carpetas personalizadas para organizar mejor sus mensajes.

FILTROS

Algunos programas de correo electrónico pueden acomodar automáticamente sus mensajes en carpetas. Esto se llama filtrar. Puede crear un filtro sencillo para hacer que el programa de correo electrónico coloque todos los mensajes de una persona en una carpeta.

REVISIÓN ORTOGRÁFICA

La mayoría de los programas de correo electrónico incluyen la revisión ortográfica. Antes de enviar un mensaje, la revisión ortográfica compara cada palabra en él con las que tiene en su diccionario. Si una palabra no existe en ese diccionario, se considera mal escrita. La revisión ortográfica le preguntará si desea cambiar la ortografía y quizá le sugiera un reemplazo.

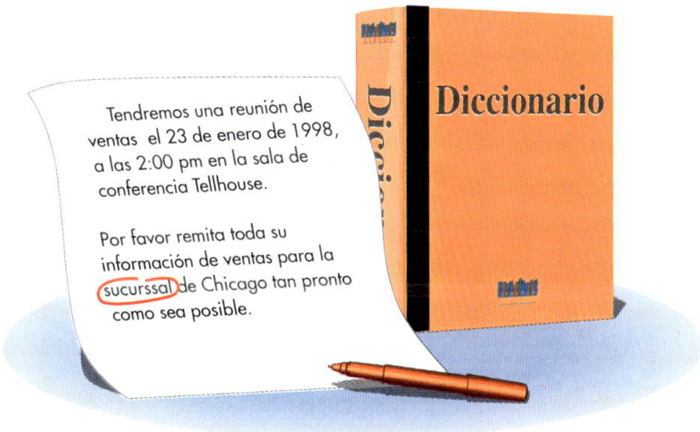

DIRECCIONES DE CORREO ELECTRÓNICO

Puede enviar un mensaje a cualquier parte del mundo si conoce la dirección de correo electrónico de la persona.

Una dirección de correo electrónico define la localización de la casilla de correo de un individuo en Internet.

PARTES DE UNA DIRECCIÓN DE CORREO ELECTRÓNICO

Una dirección de correo electrónico consiste de dos partes separadas por el símbolo de @ (arroba). Una dirección de correo electrónico no puede contener espacios.

■ El **nombre del usuario** es el nombre de la cuenta de la persona. Éste puede ser un nombre real o un seudónimo.

■ El **nombre de dominio** es la localización de la cuenta de la persona en Internet. Los puntos (.) separan las diferentes partes de un nombre de dominio.

DIRECCIONES FAMOSAS DE CORREO ELECTRÓNICO

NOMBRE	DIRECCIÓN
Bill Gates	askbill@microsoft.com
Brad Pitt	ciaobox@msn.com
Madonna	madonna@wbr.com
Presidente de EEUU	president@whitehouse.gov
Tom Brokaw	nightly@nbc.com

ORGANIZACIÓN O PAÍS

Los últimos caracteres en una dirección de correo electrónico usualmente indican el tipo de organización o país al cual pertenece la persona.

BUSCAR DIRECCIONES DE CORREO ELECTRÓNICO

La mejor manera de tener las direcciones de correo electrónico de amigos o colegas es llamarlos y preguntarles. Aunque no hay una lista central de direcciones de correo electrónico, existen varios lugares en la Web que lo ayudan a buscar direcciones.

Puede buscar direcciones de correo electrónico en los siguientes sitios:

people.yahoo.com

www.bigfoot.com

PARTES DE UN MENSAJE

De:

Dirección de la persona que envía el mensaje.

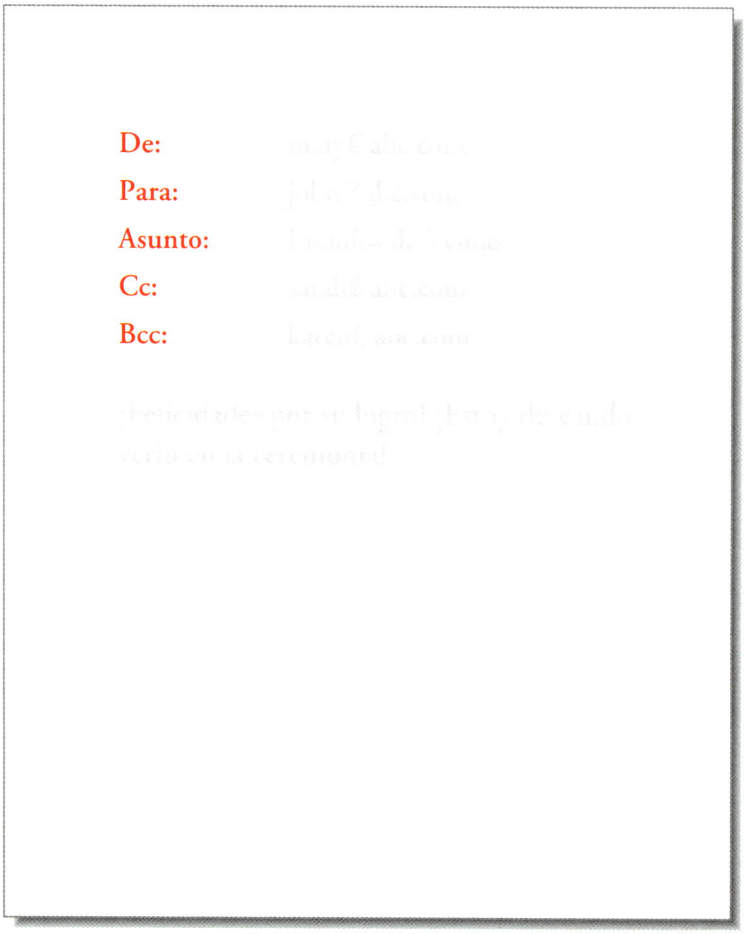

Para:

Dirección de la persona que recibe el mensaje.

Asunto:

Identifica el contenido del mensaje. Asegúrese de que su asunto es informativo. No use títulos de asunto tal como "Para su información" o "Leer esto ahora".

Cc:

Significa "copia carbón". Una copia carbón es una copia exacta de un mensaje. Puede enviar una copia carbón a una persona que no está directamente involucrada, pero sí interesada en el mensaje.

Bcc:

Significa "copia carbón ciega". Enviar una copia carbón ciega de un mensaje le permite enviar una copia exacta del mensaje a una persona sin que los demás tengan conocimiento de que dicha persona recibió el mensaje.

RECIBIR MENSAJES

Su computadora no tiene que estar encendida para recibir mensajes por correo electrónico. Su proveedor de acceso a Internet almacena los mensajes que recibe en su casillero de correo. Cuando revisa sus nuevos mensajes, está revisando su casillero de correo en la computadora de acceso de su proveedor.

Debe revisar sus mensajes regularmente. Si su casillero de correo se llena, su proveedor de acceso puede eliminar algunos de sus mensajes.

Puede usar muchas computadoras en Internet para conectarse a su proveedor de acceso y recibir sus mensajes. Esto le permite revisar sus mensajes mientras está de viaje.

REVISAR MENSAJES AUTOMÁTICAMENTE

La mayoría de los programas de correo electrónico revisan automáticamente los mensajes nuevos. Puede especificar qué tan seguido desea que el programa revise sus mensajes nuevos.

Debe de configurar su programa para que revise mensajes de correo electrónico cada 30 minutos. Si su programa de correo electrónico está revisando constantemente nuevos mensajes, puede disminuir la velocidad con que ejecuta otras tareas, como navegar en la Web.

ENVIAR MENSAJES

Puede enviar un mensaje para intercambiar ideas o requerir información.

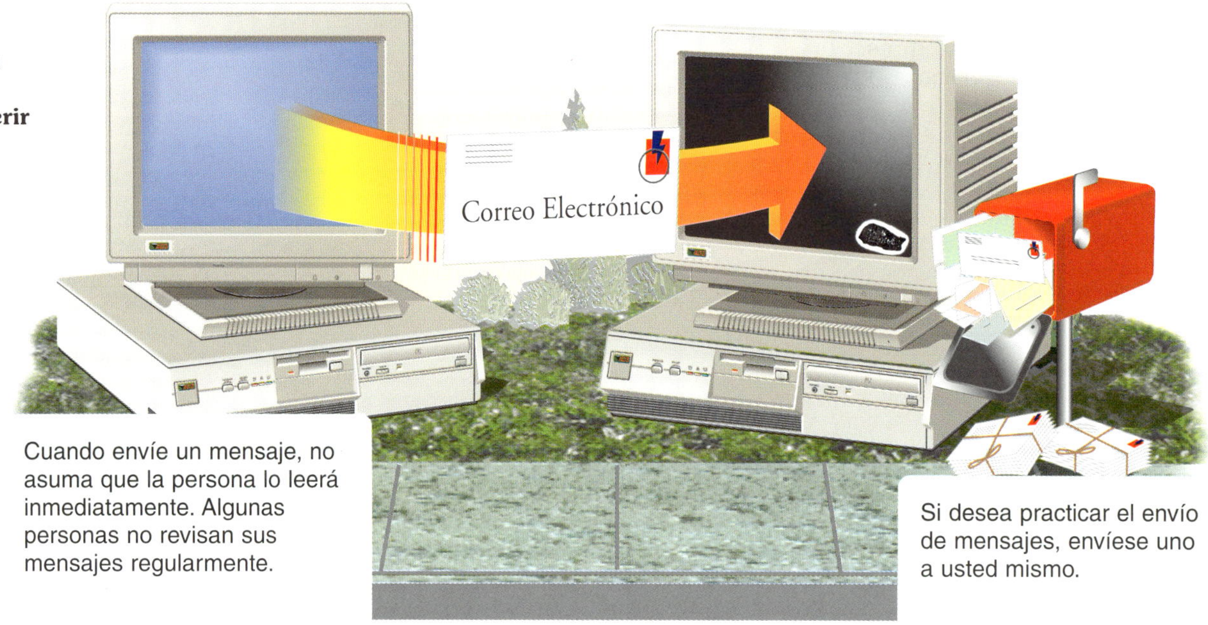

Cuando envíe un mensaje, no asuma que la persona lo leerá inmediatamente. Algunas personas no revisan sus mensajes regularmente.

Si desea practicar el envío de mensajes, envíese uno a usted mismo.

LIBRO DE DIRECCIONES

La mayoría de los programas de correo electrónico suministran un libro de direcciones donde puede almacenar las direcciones de personas a quienes envía mensajes frecuentemente. Un libro de direcciones le ahorra tener que escribir las mismas direcciones una y otra vez.

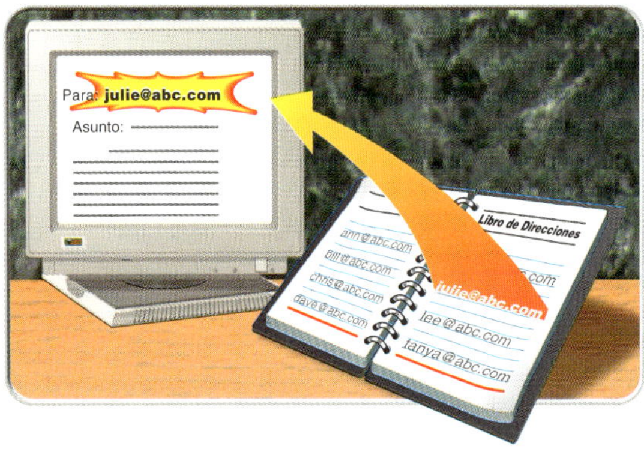

ESTILO DE ESCRITURA

Asegúrese de que cada mensaje que envía es claro, conciso y no contiene errores de gramática u ortografía. También cerciórese de que sus mensajes no vayan a ser mal interpretados. Por ejemplo, el lector puede no darse cuenta de que una oración tiene la intención de ser sarcástica.

SONRISAS

Puede usar caracteres especiales, llamados sonrisas o emociones, para expresar emociones en sus mensajes. Estos caracteres asemejan rostros humanos si les da vuelta.

ABREVIATURAS

Las abreviaciones son comúnmente usadas en mensajes para ahorrar tiempo escribiendo.

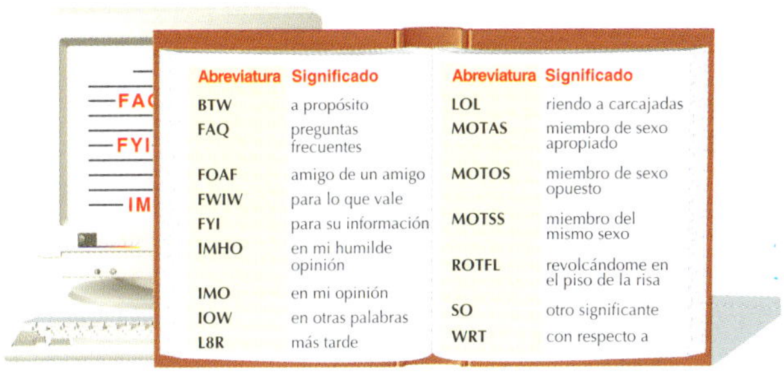

GRITAR

UN MENSAJE ESCRITO EN MAYÚSCULAS ES MOLESTO Y GROSERO. SE LE LLAMA GRITAR. Siempre use minúsculas cuando escriba sus mensajes.

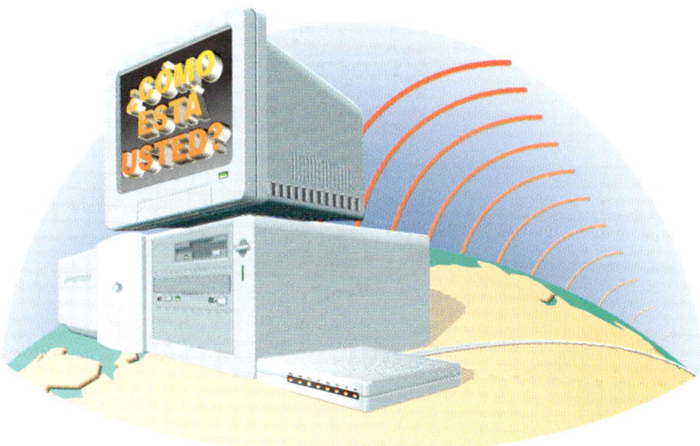

FIRMA

Puede hacer que un programa de correo electrónico agregue información sobre su persona al final de cada mensaje que envía. Esto le previene tener que enviar la misma información una y otra vez.

Una firma puede incluir su nombre, dirección de correo electrónico, ocupación o cita favorita. Puede usar caracteres simples para mostrar fotos simples.

ENVIAR MENSAJES

ENVIAR UN MENSAJE A MUCHAS DIRECCIONES

Puede enviar mensajes a muchas direcciones al mismo tiempo. Para hacerlo, primero debe asignar un nombre a un grupo de direcciones de correo electrónico. Cuando envía un mensaje el nombre asignado para el grupo, el mensaje será enviado a todas las direcciones de éste. Esto es útil si quiere enviar anuncios o cartas para todos en la lista de correo.

MENSAJES REBOTADOS

Un mensaje rebotado es un mensaje que regresa a su computadora porque no alcanzó su destino. Un mensaje usualmente rebota debido a errores de escritura en correo electrónico. Antes de enviar un mensaje, asegúrese de revisar la dirección de correo electrónico.

RESPONDER UN MENSAJE

Puede responder un mensaje contestando una pregunta, expresando una opinión o para suministrar información adicional.

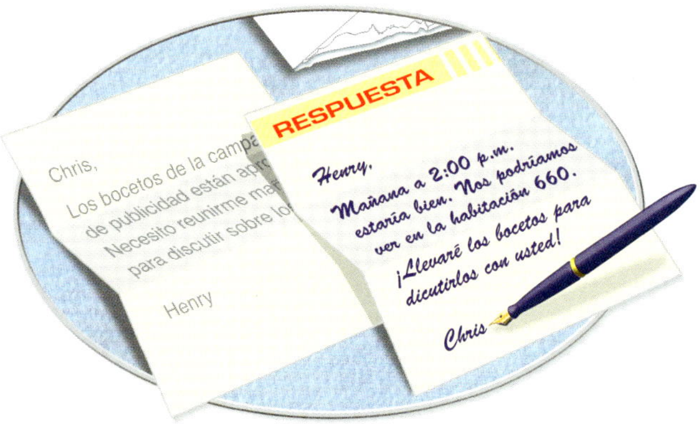

Citar

Cuando responda un mensaje, asegúrese de incluir parte del mensaje original. Esto se llama citar. Citar le ayuda al lector a identificar cuál mensaje está usted respondiendo. Para ahorrarle tiempo al lector, asegúrese de eliminar todas las partes del mensaje original que no se relacionan directamente con su respuesta.

REMITIR UN MENSAJE

Después de leer un mensaje, puede agregar comentarios y enviar el mensaje a un amigo o colega.

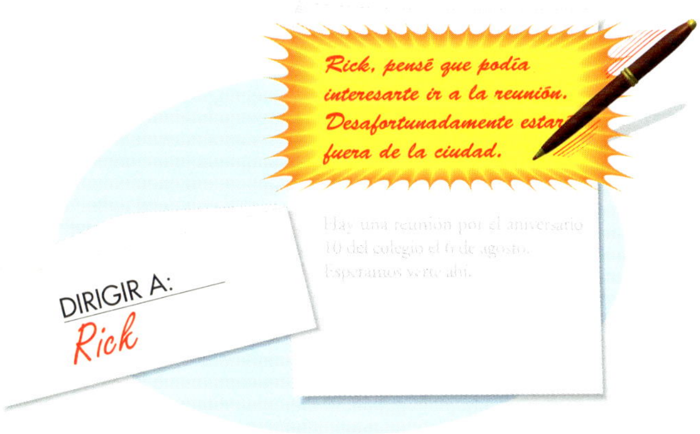

ADJUNTAR UN ARCHIVO A UN MENSAJE

Puede adjuntar un documento, foto, sonido, vídeo o programa a un mensaje que está enviando. La computadora que recibe el mensaje debe tener un programa que pueda visualizar o correr el archivo.

Debe tratar de mantener el tamaño de un archivo adjunto por abajo de los 150 KB (kilobytes), ya que a muchas computadoras en Internet les toma mucho tiempo el transferir mensajes con archivos adjuntos muy grandes.

Comprimir un archivo adjunto

Puede usar un programa para comprimir el tamaño de un archivo grande que desea adjuntar a un mensaje de correo electrónico. Comprimir un archivo le permite que este se transfiera más rápidamente en Internet. La persona que recibe el archivo comprimido también debe tener un programa de compresión para expandir el archivo a su tamaño original.

Puede encontrar programas para comprimir archivos en los siguientes sitios de la Web:

WinZip

www.winzip.com

StuffIt

www.aladdinsys.com/products

VIRUS POR CORREO ELECTRÓNICO

Los virus por correo electrónico son esparcidos por archivos adjuntos a mensajes de correo electrónico. El número de virus por correo electrónico se incrementa a medida que los archivos adjuntos se vuelven más comunes.

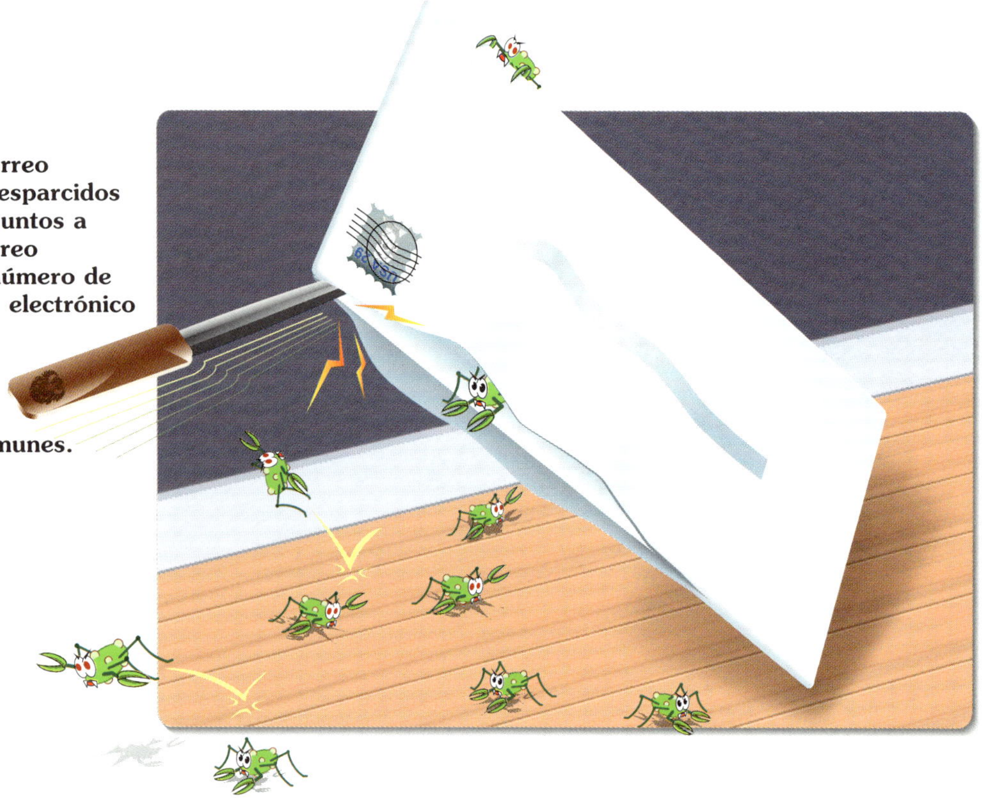

No puede obtener un virus por correo electrónico de un mensaje que sólo contiene texto.

VIRUS

Un virus es un programa que puede interrumpir la operación normal de una computadora. La mayoría de los virus son inofensivos, pero algunos son destructivos. Un virus puede causar problemas tal como la aparición de mensajes no usuales en su pantalla o la destrucción de información en su disco duro. Algunos virus pueden afectar su computadora inmediatamente, mientras que otros se activan en ciertas fechas.

CÓMO SE PROPAGAN LOS VIRUS

Cuando abre un archivo adjunto a un mensaje por correo electrónico que contiene virus, el virus se propaga a su computadora. Si usted remite el archivo adjunto a otras personas, sus computadoras también serán afectadas cuando abran el archivo. Muchos virus de correo electrónico también pueden acceder a su libro de direcciones y automáticamente enviarse a si mismo a las direcciones almacenadas ahí.

BOLA DE VIRUS

Una bola de virus es un rumor falso sobre un virus. Muchas advertencias de virus por correo electrónico en Internet son bolas de virus. Por ejemplo, el virus Good Times es una bola de virus famosa que le advierte a las personas que un virus va a infectar sus computadoras si leen un mensaje de correo electrónico con las palabras "good times" en el asunto del mensaje.

ESCÁNER DE VIRUS

Un escáner de virus es un programa antivirus que puede usar para revisar virus en los archivos adjuntos de sus mensajes de correo electrónico. Los manufacturadores de escáners de virus regularmente actualizan sus productos para que sus programas detecten los últimos virus conocidos. Siempre asegúrese de que su escáner de virus esté actualizado.

Puede encontrar escáner de virus en los siguientes sitios de la Web:

www.mcafee.com

www.symantec.com/nav

PREVENCIÓN DE VIRUS

Debe de abrir archivos adjuntos en mensajes de correo electrónico enviados por personas de confianza. Si su escáner de virus encuentra un virus, debe informar al remitente que su archivo está infectado. Esto ayuda a no propagar el virus.

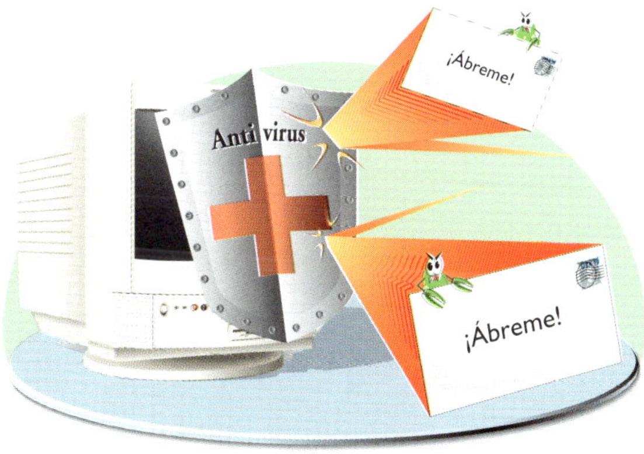

CORREO ELECTRÓNICO BASADO EN LA WEB

Existen muchos sitios web que le permiten enviar y recibir correo electrónico en forma gratuita.

FÁCIL DE CONFIGURAR Y UTILIZAR

Usted utiliza su explorador de la Web para enviar y recibir correo electrónico basado en la WWW. No necesita un programa de correo electrónico instalado en su computadora.

El correo electrónico basado en la Web es fácil de utilizar y funciona como cualquier programa de correo. Puede leer y escribir mensajes, reenviarlos a otras personas e incluso seguir la pista de sus contactos en un libro de direcciones.

SERVICIO POPULAR DE CORREO ELECTRÓNICO BASADO EN LA WEB

Existen varios servicios disponibles de correo electrónico basados en la Web. Puede encontrar algunos de estos servicios populares en los siguientes sitios:

www.hotmail.com

www.email.com

mail.yahoo.com

ACCESO MUNDIAL

Cuando utiliza un servicio de correo electrónico basado en la Web, puede acceder a su correo desde cualquier computadora que tenga acceso a la WWW. Este tipo de correo electrónico es ideal para las personas que necesitan consultar su correo mientras viajan.

DIRECCIÓN DE CORREO ELECTRÓNICO PERMANENTE

Utilizar un servicio de correo electrónico basado en la Web le permite obtener una dirección de correo que no cambiará. Esto le permite mantener la misma dirección aun cuando cambia a un nuevo proveedor de acceso en la Internet.

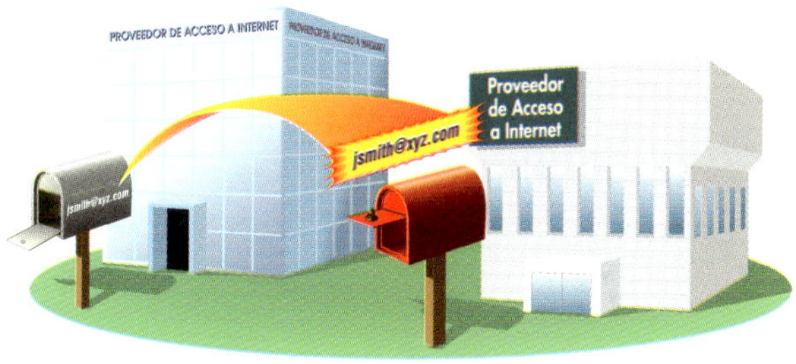

PRIVADO

Para acceder a sus mensajes de correo electrónico desde un sitio web, debe introducir un nombre de usuario y una contraseña del sitio. Ninguna persona puede ingresar a su cuenta de correo a menos que usted le de su contraseña.

ACCEDER SUS OTRAS CUENTAS

Muchos servicios de correo electrónico basados en la Web le permiten acceder a cualquier otra cuenta de correo que haya configurado. Por ejemplo, puede utilizarlo para revisar si hay nuevos mensajes en su cuenta de correo en el trabajo. Esto le permite revisar su cuenta de correo de negocios desde cualquier computadora que tenga acceso a la Internet.

LOS NIÑOS Y EL CORREO ELECTRÓNICO

El correo electrónico es a menudo la forma más sencilla para que los niños empiecen a utilizar la Internet. Debe vigilar discretamente los mensajes que ellos reciben y envían.

Los niños deben decirle a sus padres u otro adulto cómo se sienten acerca de los mensajes que han recibido.

SUPERVISIÓN ADULTA

La supervisión constante de adultos es la mejor forma de asegurarse de que los niños no se están comunicando con extraños por correo electrónico. Usted debe revisar cada mensaje que envían o reciben para asegurarse de que no se están comunicando con personas que no conoce.

La mayoría de los programas de correo electrónico ofrecen la escritura de mensajes cuando la computadora no está conectada a la Internet. Esto le permitirá leer los de sus hijos antes de conectarse a la WWW y enviarlos.

LIMITAR MENSAJES DE CORREO ELECTRÓNICO

Muchas escuelas ofrecen a los estudiantes el uso de sus computadoras para enviar y recibir mensajes de correo electrónico. Puede restringir a sus niños para que intercambien el correo con amigos y otros niños que han conocido en la escuela.

INFORMACIÓN PERSONAL

Los niños nunca deben revelar información personal en mensajes de correo electrónico, como la escuela donde asisten o donde viven. Tampoco deben mencionar la ubicación de ningún club u organizaciones donde participan. La mayoría de las organizaciones no tienen políticas de seguridad y pueden revelar su dirección a cualquier persona que los contacta.

PÁGINA WEB FAMILIAR

Muchas familias tienen sus propias páginas en la World Wide Web. Si la suya es una de ellas, no debe revelar su número de teléfono, dirección o fotografías de sus hijos. Tampoco debe colocar un hipervínculo a su página familiar que le permita a los visitantes enviar correo electrónico directamente a sus hijos.

REUNIONES FRENTE A FRENTE

No le permita a sus hijos conocer amigos que han hecho en la Internet sin su permiso. Si se organiza una reunión frente a frente, asegúrese de que sea en un lugar público y uno de los padres o adulto lo acompañe.

Listas de Correo

¿Está interesado en suscribirse en una lista de correo? Este capítulo le enseñará cómo trabajar con listas de correo.

INTRODUCCIÓN A LAS LISTAS DE CORREO

Una lista de correo es un grupo de discusión que usa correo electrónico para comunicarse.

Existen miles de listas de correo que cubren una amplia variedad de temas, desde terapias aromáticas hasta los mejores ZZ. Cada semana se crean nuevas listas de correo.

CÓMO FUNCIONAN LAS LISTAS DE CORREO

Cuando una lista de correo recibe un mensaje, una copia de éste va a cada persona en la lista.

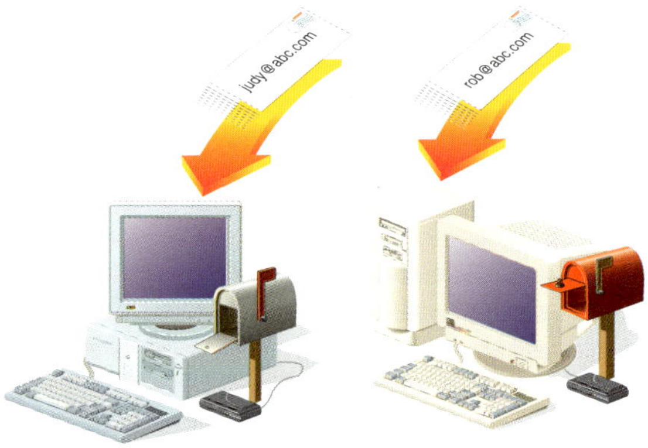

La mayoría de las listas de correo le permiten enviar y recibir mensajes. Algunas sólo le permiten recibirlos.

ENCONTRAR LISTAS DE CORREO

Puede encontrar un índice de listas de correo en el siguiente sitio:

www.neosoft.com/internet/paml

Puede buscar listas de correo que discuten un tema específico en el siguiente sitio:

www.liszt.com

COSTO

Puede unirse gratis a la mayoría de listas de correo. Las listas de correo que cobran por formar parte de ellas se usan para distribuir cartas y noticias electrónicas, como datos de la bolsa de valores.

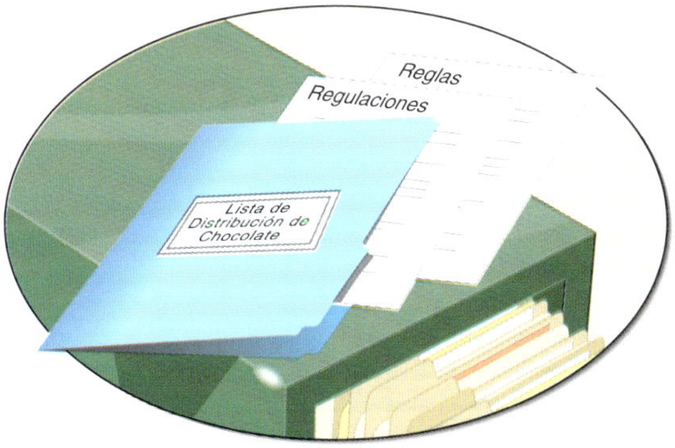

OBTENER INFORMACIÓN

Antes de unirse a una lista de correo, trate de conseguir tanta información como sea posible sobre la lista. La mayoría de las listas de correo tienen sus propias reglas y regulaciones. Las listas de correo usualmente suministran una dirección de correo electrónico donde puede enviar un mensaje para requerir información sobre la lista.

INICIAR UNA LISTA DE CORREO

Puede iniciar fácilmente su propia lista de correo. Si pocas personas usarán la lista, puede correr con un programa regular de correo electrónico en su propia computadora. La mayoría de los proveedores de acceso a Internet tienen programas dedicados a correr grandes listas de correo para sus clientes. Correr su propia lista de correo puede consumir mucho tiempo.

SUSCRIBIRSE EN UNA LISTA DE CORREO

De igual manera que se suscribe en un periódico o una revista, puede suscribirse en una lista de correo que le interese.

Al suscribirse agrega su dirección de correo electrónico a la lista general.

Retirar suscripción

Si ya no desea recibir mensajes de una lista de correo, puede retirar su suscripción en cualquier momento. Cuando lo hace, su dirección de correo electrónico es eliminada de la lista.

DIRECCIONES DE LISTAS DE CORREO

Cada lista de correo tiene dos direcciones. Asegúrese de enviar sus mensajes a la dirección correcta.

DIRECCIONES DE LISTAS DE CORREO

La dirección de la lista de correo recibe mensajes para ser enviados a toda la lista de correo. Ésta es la dirección que usa para enviar mensajes a todas las personas de la lista. No envíe requisitos de suscripción o comunicados para retirar una suscripción de la lista de correo.

DIRECCIÓN ADMINISTRATIVA

La dirección administrativa recibe mensajes que tienen que ver con temas administrativos. Ésta se usa para suscribirse o retirar la suscripción de una lista de correo.

CONSEJOS DE SUSCRIPCIÓN

MENSAJE DE BIENVENIDA

Cuando se suscribe en una lista de correo, usualmente recibe un mensaje de bienvenida para confirmar que su dirección de correo electrónico ha sido agregada a la lista. Este mensaje también puede explicar reglas acerca del envío de mensajes a la lista.

REVISAR MENSAJES

Después de suscribirse en una lista de correo, asegúrese de revisar su casilla de correo con frecuencia. Puede recibir docenas de mensajes en un período corto de tiempo.

RESÚMENES

Si recibe muchos mensajes de una lista de correo, averigüe si la lista está disponible en un resumen. Un resumen agrupa los mensajes y los envía como uno solo.

VACACIONES

Cuando salga de vacaciones, asegúrese de retirar su suscripción temporalmente de todas sus listas de correo. Esto previene que su casilla de correo se llene de mensajes.

TIPOS DE LISTAS DE CORREO

LISTAS CON MANTENIMIENTO MANUAL

Una lista con mantenimiento manual es administrada por una persona, a quien se le refiere como el administrador de la lista.

Antes de suscribirse en una lista con mantenimiento manual, asegúrese de la información que necesita el administrador y de incluirla en su mensaje.

Después de suscribirse en una lista de correo con mantenimiento manual, empezará a recibir mensajes de la lista de correo en unos días.

LISTAS AUTOMATIZADAS

Una lista de correo automatizada es administrada por un programa de computación. Los tres programas más populares para administrar listas de correo automatizadas son listproc, listserv y majordomo.

El nombre del programa que administra la lista de correo usualmente aparece en la dirección de correo electrónico que usa para suscribirse en la lista (por ejemplo: majordomo@apk.net).

Antes de suscribirse en una lista automatizada, asegúrese de encontrar la información que el programa necesita e incluir la información en su mensaje. Si el programa no entiende su mensaje, puede rechazar su requisito de suscripción.

RESTRICCIONES EN LISTAS DE CORREO

LISTAS DE CORREO RESTRINGIDAS

Algunas listas de correo restringen el número de personas para suscribirse en la lista. Si desea suscribirse en una de estas listas, tiene que esperar a que alguien se retire de ella.

Otras listas de correo requieren ciertas calificaciones para suscribirse en la lista. Por ejemplo, una lista de correo sobre cirugías puede estar reservada sólo para doctores.

LISTAS DE CORREO MODERADAS

Algunas listas de correo son moderadas. Cuando un mensaje es enviado a una lista de correo moderada, un voluntario, llamado moderador, lee el mensaje y decide si es apropiado para la lista. Si el mensaje es apropiado, el moderador lo envía a cada persona en la lista de correo.

En una lista de correo no moderada, todos los mensajes son automáticamente enviados a todos en la lista. Tendrá que revisar entre publicidad y mensajes no importantes para encontrar los mensajes de interés.

ETIQUETA DE CORREO

La etiqueta de las listas de correo se refiere a la manera apropiada de comportarse cuando se envían mensajes a una lista de correo.

LEER MENSAJES EN LA LISTA DE CORREO

Lea los mensajes en una lista de correo durante una semana antes de enviar un mensaje. Esta es una buena forma de aprender cómo se comunican las personas en una lista de correo y le previene de enviar información inapropiada o que ya ha sido discutida.

REVISE SU MENSAJE

Cientos de personas pueden leer un mensaje que envió a una lista de correo. Antes de enviar un mensaje, revise cuidadosamente errores gramaticales y ortográficos.

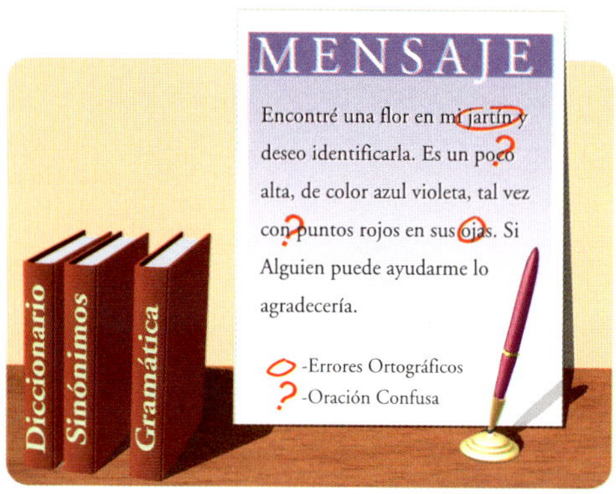

También asegúrese de que su mensaje no será mal interpretado. Por ejemplo, no todos los lectores saben cuándo una oración tiene sentido sarcástico.

ESCOJA UN TEMA INFORMATIVO

El asunto de un mensaje es lo primero que las personas leen. Asegúrese de que el asunto identifique claramente los contenidos de su mensaje. Por ejemplo, el asunto “Leer ahora” o “Para su Información” no es muy informativo.

RESPONDER UN MENSAJE

Puede responder a un mensaje para contestar una pregunta, expresar una opinión o suministrar información adicional. Responda un mensaje sólo cuando tiene algo importante que decir. Una respuesta tal como “Yo también” o “Estoy de acuerdo” no es muy útil.

Citar

Cuando responda un mensaje, asegúrese de que incluye parte del mensaje original. Esto se llama citar. Las citas ayudan al lector a identificar cuál mensaje está respondiendo. Para ahorrarle tiempo a los lectores, asegúrese de eliminar todas las partes del mensaje original que no se relacionan directamente con su respuesta.

Respuestas Privadas

Si su respuesta no es de interés para otros en una lista de correo o si desea enviar una privada, mande una respuesta sólo al autor del mensaje.

Equipo para Expertos en Pesca
En realidad disfruto la pesca, pero todo el equipo para realizarlo es relativamente indispensable. Mis carnadas de pesca no siempre son muy efectivas para pescar. Hoy en día se nota una diferencia con el tipo de carnada que se usa y las técnicas para pescar. ¿Cree necesario pagar por clases de pesca?
B.J. Wilson
Bellas Montañas en Arkansas
Mi esposa y yo estamos planeando hacer un viaje a lo largo de Arkansas.
Hemos escuchado que hay lindas montañas en ese estado, pero no sabemos dónde. ¿Podría alguien darnos alguna recomendación?
Gracias, Mark Court
Zapatos para Ejercicios
Estoy pensando en unirme a un club de gimnasia de mi localidad. ¿Existe algún tipo de zapato especial que deba comprar para empezar la rutina? Me preocupa que mis zapatos ya usados y viejos no sean a ser muy útiles.
Gracias, J.Martin
Afinaciones para Bicicletas de Montaña
Este es mi primer año en ciclismo de montaña, y hasta el momento yo he hecho las afinaciones de mi bicicleta. Pero últimamente mi bicicleta no funciona igual. Por ejemplo, la cadena se suelta cuando cambio de velocidad. Me pregunto si debo pagarle a un mecánico para que haga mis afinaciones. ¿Vale la pena?
Gracias, Ronald Hill
¡Inscríbase ahora!
Matrimonio Real
Príncipe y Princesa
alt.matrimonio
¡Gratis!
Domingo 22 de Agosto, 1999
La carnada que un pez no puede resistir
rec.pesca.diversión
¡Gratis!
Domingo 22 de Agosto, 1999
Científicos buscan eslabones perdidos
sci.arqueología

Grupos de Noticias

¿Le interesa comunicarse con gente en la Internet que comparte sus mismos intereses? En este capítulo aprenderá cómo usar los grupos de noticias para lograr la comunicación que desea.

INTRODUCCIÓN A GRUPOS DE NOTICIAS

Un grupo de noticias es un grupo de discusión que le permite a las personas que comparten intereses comunicarse entre sí.

Existen miles de grupos de noticias en cada tema imaginable. Cada grupo de noticias discute un tema particular tal como ofertas de trabajo, rompecabezas o medicina.

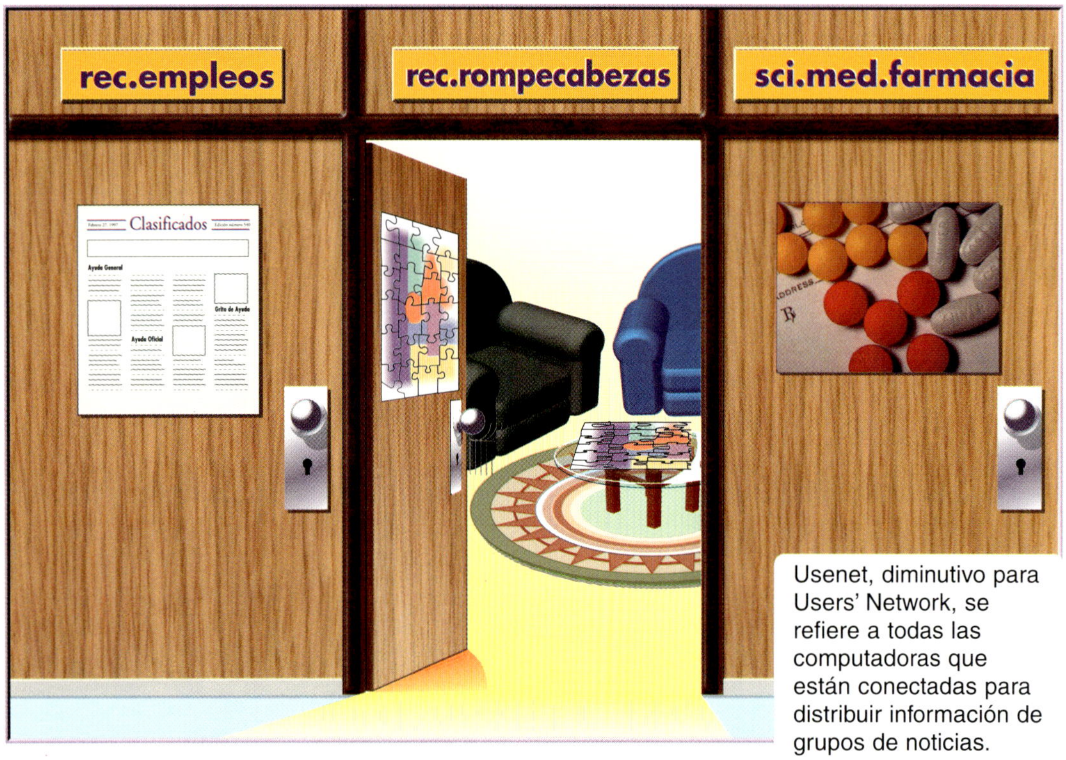

Usenet, diminutivo para Users' Network, se refiere a todas las computadoras que están conectadas para distribuir información de grupos de noticias.

MENSAJES

Un grupo de noticias puede contener cientos de miles de mensajes.

Mensaje

Un mensaje es información que un individuo envía a un grupo de noticias. Un mensaje puede tener unas cuantas líneas de texto o ser tan largo como un libro. Los mensajes también se llaman artículos.

Hilo

Un hilo es un mensaje y todas las respuestas a ese mensaje. Un hilo puede incluir una pregunta inicial y las respuestas de otros lectores. Además puede ayudarle a mantener el rastro de todas las respuestas a un mensaje.

NOMBRES DE GRUPOS DE NOTICIAS

El nombre de un grupo de noticias describe el tipo de información que se discute en él. Un nombre consiste de dos o más palabras separadas por puntos.

La primera palabra describe el tema principal (por ejemplo: rec, para recreación). Cada una de las siguientes palabras limita el tema.

CATEGORÍAS DE GRUPOS DE NOTICIAS

Los grupos de noticias están divididos en secciones o categorías. Los grupos de noticias en cada categoría discuten el mismo tema general.

Categorías de Grupos de Noticias

Categoría	Tema
alt	Interés General
biz	Negocios
comp	Computadoras
rec	Recreación y Pasatiempos
sci	Ciencia
soc	Social (cultura y política)
misc	Misceláneos
talk	Debates

Puede encontrar categorías de grupos de noticias que se enfocan en temas específicos, como compañías o ubicaciones geográficas. Por ejemplo, puede encontrar grupos de noticias que discuten sólo de productos Microsoft (como: microsoft.public.win98.internet) u otros que discuten temas sobre su ciudad o estado (como: nyc.politics).

LECTORES DE NOTICIAS

Un lector de noticias es un programa que le permite leer y colocar mensajes en grupos de noticias.

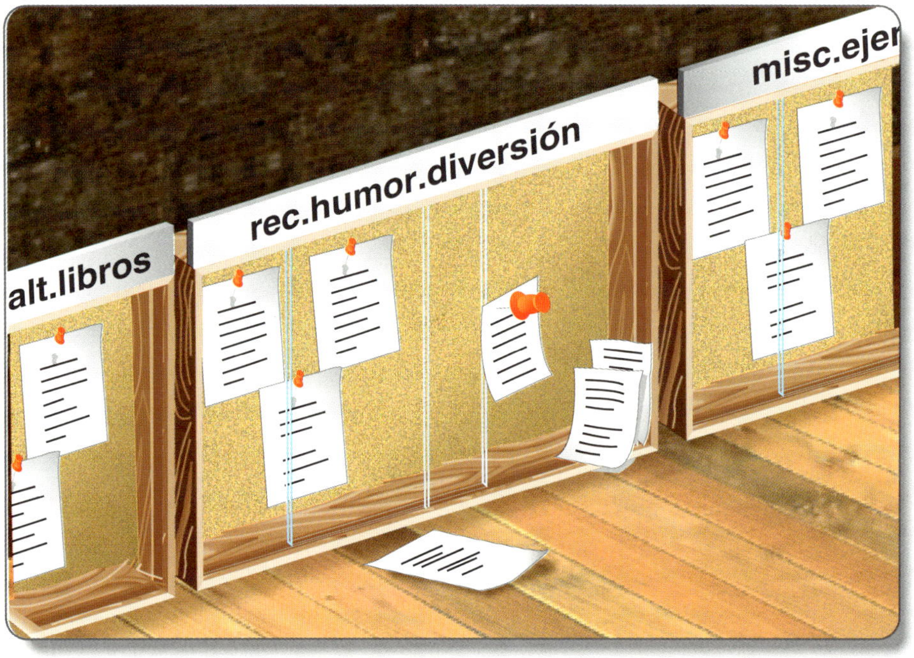

Algunos navegadores de la Web vienen con un lector de noticias integrado. Los lectores de noticias construidos en los navegadores de la Web no tienen tantas opciones como los programas por separado.

LECTORES DE NOTICIAS POPULARES

Algunos lectores de noticias populares son los siguientes:

Free Agent (Windows)
www.forteinc.com/agent

Gravity (Windows)
www.microplanet.com

NewsWatcher (Macintosh)
www.macorchard.com/usenet.html

Gravity

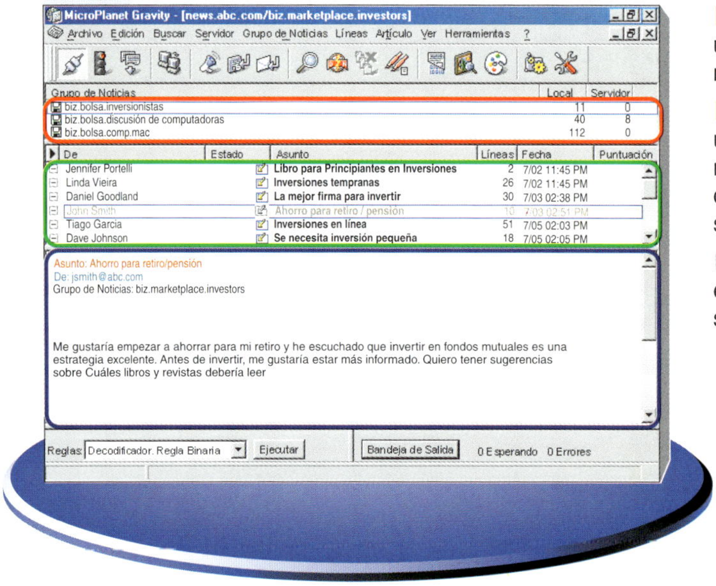

■ Esta área muestra una lista de grupos de noticias.

■ Esta área muestra una lista de todos los mensajes en el grupo de noticias seleccionado.

■ Esta área muestra el contenido de un solo mensaje.

CARACTERÍSTICAS DE LECTORES DE NOTICIAS

ARCHIVOS MUERTOS

La mayoría de los lectores de noticias le permiten crear un archivo muerto que almacena los nombres de personas cuyos mensajes no desea leer. El lector de noticias eliminará cualquier mensaje enviado por una persona en la lista de los archivos muertos. Esto es útil cuando alguien envía frecuentemente mensajes a un grupo de noticias.

CLASIFICAR MENSAJES

Cuando muestra los mensajes en un grupo de noticias puede visualizar información como el nombre del autor del mensaje, el tema del mensaje y la fecha en que fue enviado al grupo de noticias. La mayoría de los lectores de noticias automáticamente clasifican los mensajes por fecha, pero puede clasificarlos por medio de otro tipo de información para ayudarle a encontrar los mensajes de su interés.

FILTROS

Muchos lectores de noticias proveen filtros que le permiten mostrar sólo el tipo de mensajes que desea leer. Esto le permite encontrar la información que necesita sin tener que leer cada mensaje en el grupo de noticias.

PRIVACIDAD

Existen muchas compañías que indexan todos los mensajes enviados a Usenet. Esto le permite a las personas en Internet buscar los mensajes indexados y monitorear cuáles grupos de noticias han enviado y qué tan seguido se han enviado. Para mantener sus mensajes en privado, algunos lectores de noticias le permiten automáticamente marcar un mensaje para que las compañías de búsqueda no puedan indexar su mensaje.

SUSCRIBIRSE EN GRUPOS DE NOTICIAS

Usted se suscribe en un grupo de noticias que desea leer regularmente. Si ya no desea leer los mensajes, puede cerrar su suscripción en cualquier momento.

GRUPOS DE NOTICIAS NUEVOS

Todos los días se crean nuevos grupos de noticias. Un lector de noticias le permite mostrar una lista de todos los grupos de noticias que han sido creados desde la última vez que lo revisó. Una vez que tiene la lista de los nuevos grupos de noticias, puede suscribirse en uno de su interés.

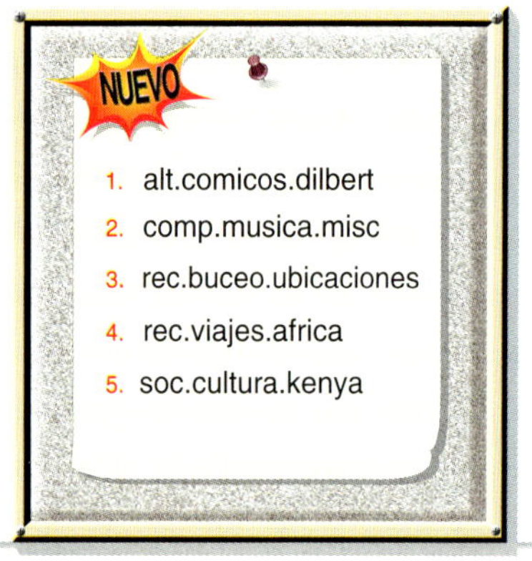

GRUPOS DE NOTICIAS SIMILARES

Existe más de un grupo de noticias para un solo tema. Por ejemplo, el tema que se discute en el grupo de noticias **alt.books.reviews** es similar al que se discute en **rec.arts.books**. Si está interesado en un tema específico, puede suscribirse a todos los grupos de noticias que discuten el tema.

GRUPOS DE NOTICIAS MODERADOS

Algunos grupos de noticias son moderados. En estos, un voluntario lee cada mensaje y decide si es apropiado para el grupo de noticias. El voluntario envía los mensajes aprobados para que todos los lean.

Los grupos de noticias moderados tienen la palabra "moderado" al final del nombre del grupo de noticias (por ejemplo: misc.taxes.moderated).

SERVIDORES DE NOTICIAS

Un servidor de noticias es una computadora que almacena mensajes de grupos de noticias.

Los servidores de noticias son mantenidos por proveedores, o sea, compañías que le dan acceso a Internet. Los grupos de noticias disponibles para usted dependen de su proveedor de servicios, el cual puede limitar los grupos de noticias disponibles para ahorrarle espacio de almacenamiento valioso.

Cuando envía un mensaje a un grupo de noticias, el servidor de noticias al que está conectado mantiene una copia del mensaje y luego lo distribuye a otros servidores del mundo. Los servidores de noticias en la Internet a menudo intercambian mensajes del grupo de noticias para asegurarse de que todos los servidores tengan siempre disponibles todos los mensajes.

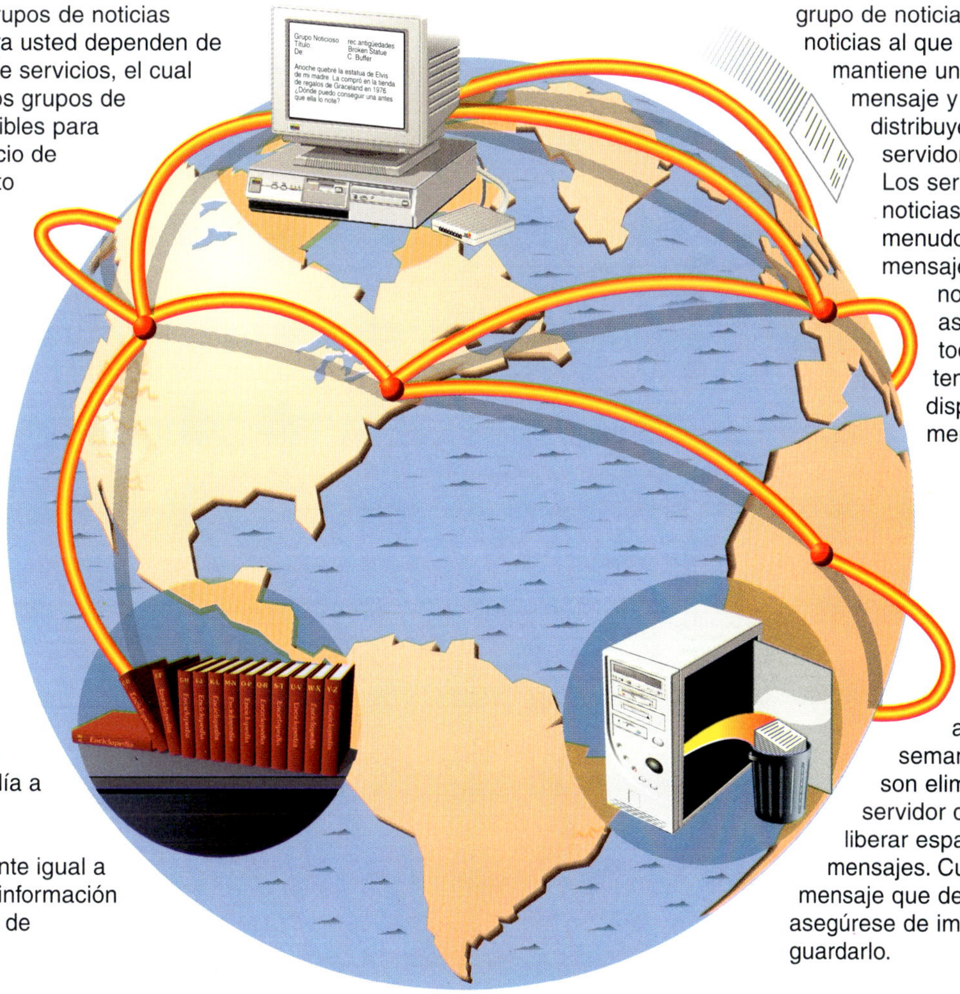

La cantidad de información enviada cada día a los grupos de noticias es aproximadamente igual a la cantidad de información en un conjunto de enciclopedias.

Después de algunos días o semanas, los mensajes son eliminados de un servidor de noticias para liberar espacio para nuevos mensajes. Cuando vea un mensaje que desee mantener, asegúrese de imprimirlo o guardarlo.

RESPONDER UN MENSAJE

Puede responder un mensaje para contestar una pregunta, expresar una opinión o suministrar información adicional. Una respuesta que envía a un grupo de noticias se llama seguimiento.

Citar Mensaje Original

Cuando responde un mensaje, asegúrese de incluir parte del mensaje original. Esto le ayuda a los lectores a identificar cual mensaje está respondiendo. Para ahorrarle tiempo a los lectores, asegúrese de eliminar todas las partes del mensaje original que no se relacionen directamente con su respuesta.

Enviar una Respuesta Privada

Puede enviar una respuesta al autor de un mensaje, al grupo de noticias en general o a ambos. Si su respuesta no es de interés para otros en un grupo de noticias o si desea enviar una respuesta privada, envíe el mensaje solamente al autor de éste.

Verifique la dirección del correo electrónico

Para evitar recibir correos electrónicos de publicidad, algunas personas hacen pequeños cambios a sus direcciones en sus mensajes de grupos de noticias, como digitar "at" en vez del símbolo arroba @. Antes de enviar una respuesta privada al autor de un mensaje, asegúrese de corregir los cambios intencionados en la dirección de correo electrónico del autor.

COLOCAR UN MENSAJE

Puede colocar un mensaje o enviar un mensaje nuevo a un grupo de noticias para hacer una pregunta o expresar una opinión. Miles de personas alrededor del mundo pueden leer un mensaje que usted coloca.

Si desea practicar en envío de mensajes, mande uno al grupo de noticias **alt.test.** Recibirá una respuesta automatizada para hacerle saber que su mensaje fue colocado correctamente. No envíe mensajes de práctica a otros grupos de noticias.

ADJUNTAR FOTOS Y PROGRAMAS

Puede compartir fotos y programas con otras personas en un grupo de noticias. Cuando adjunta una foto o programa a un mensaje que coloca, su lector de noticias automáticamente cambiará la foto o programa a un archivo binario. Los archivos binarios se transfieren fácilmente en Internet.

Existen muchos grupos de noticias disponibles para personas que desean intercambiar archivos binarios. La mayoría de los grupos de noticias que aceptan archivos binarios tienen la palabra “binaries” en el nombre (por ejemplo: alt.binaries.clip-art). Antes de adjuntar una foto o programa a un mensaje de un grupo de noticias, revise el FAQ del grupo de noticias para ver si hay restricciones para archivos binarios.

ETIQUETA DE GRUPOS DE NOTICIAS

LEER MENSAJES

Lea los mensajes en un grupo de noticias durante una semana antes de colocar un mensaje. Esto es llamado husmear. Husmear es una forma para aprender cómo las personas en un grupo de noticias se comunican y las previene de colocar información que otros ya han leído.

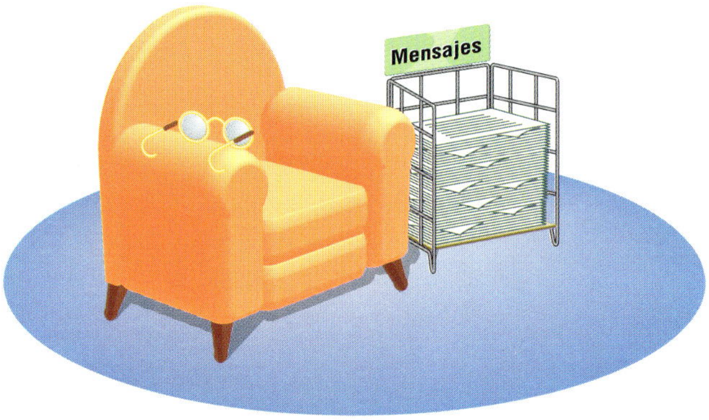

LEER EL FAQ

El FAQ (Preguntas Frecuentemente Formuladas) es un documento que contiene una lista de preguntas y respuestas que aparecen con frecuencia en un grupo de noticias. El FAQ está diseñado para prevenir que los nuevos lectores hagan las mismas preguntas que ya han sido contestadas. Asegúrese de leer el FAQ antes de colocar cualquier mensaje en un grupo de noticias.

ESCOGER UN TEMA INFORMATIVO

El tema de un mensaje es lo primero que las personas leen. Asegúrese de que su tema identifica claramente los contenidos de su mensaje. Por ejemplo, el título “Lea esto ahora” o “Para su información ” no es muy informativo.

REVISAR SUS MENSAJES

Miles de personas alrededor del mundo pueden leer un mensaje que usted coloca en un grupo de noticias. Asegúrese de que el mensaje sea claro, conciso y que no tenga errores de ortografía antes de colocarlo. También cerciórese de que no sea mal interpretado. Por ejemplo, no todos los lectores saben cuando una oración tiene la intención de ser sarcástica.

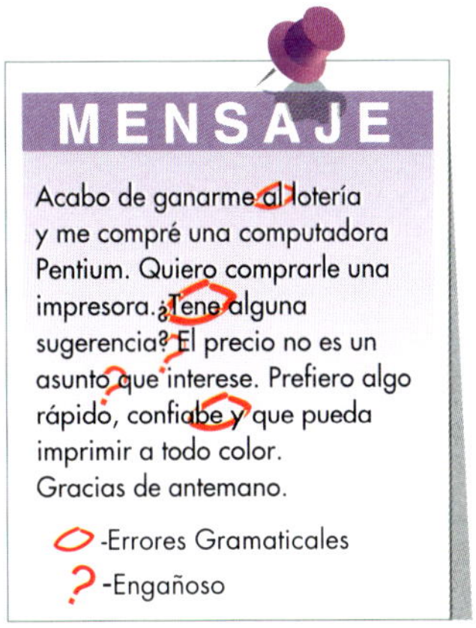

EVITAR LLAMAS

Una llama es un mensaje con tono insultante dirigido a una persona. Una guerra de llamas es una discusión que continúa por un tiempo. Evite iniciar o participar en guerras de este tipo.

COLOCAR EN EL GRUPO DE NOTICIAS APROPIADO

Asegúrese de colocar un mensaje en el grupo de noticias apropiado. Esto le asegura que las personas interesadas en sus preguntas y comentarios verán su mensaje.

No coloque un mensaje en varios grupos de noticias no apropiados. Esto se llama spamming. Spamming es poco agradable cuando el mensaje tiene un propósito comercial, tal como vender un producto o servicio.

ENCONTRAR MENSAJES DE GRUPOS DE NOTICIAS

Deja.com es un sitio de la Web que facilita la búsqueda de mensajes que las personas colocan en los grupos de noticias.

Puede encontrar Deja.com en el siguiente sitio:

www.deja.com

MENSAJES DISPONIBLES

Deja.com usa una base de datos para almacenar mensajes que son colocados en más de 45.000 grupos de noticias. La base de datos actualmente contiene más de 300 millones de mensajes que datan de marzo de 1995.

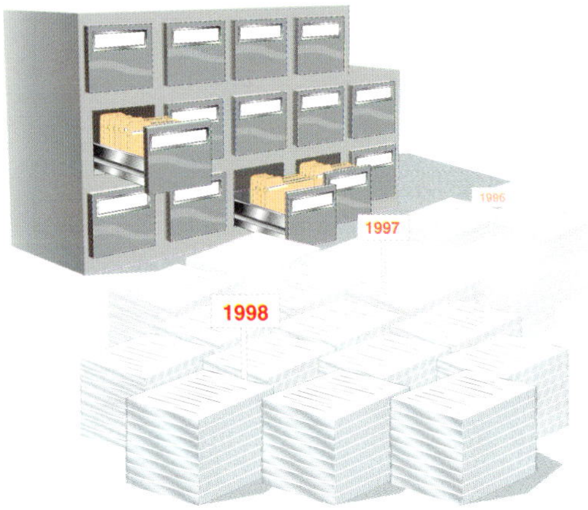

MANTENER MENSAJES PRIVADOS

Cuando un mensaje es almacenado en la base de datos de Deja.com, cualquiera que la usa puede encontrar y leer el mensaje. Si no desea que las personas que usan Deja.com encuentren los mensajes que coloca en un grupo de noticias, puede evitar que se almacenen sus mensajes. Antes de enviar un mensaje a un grupo de noticias, escriba **x-no-archive: yes** en la primera línea del mensaje.

BÚSQUEDA SIMPLE

Ejecutar una búsqueda simple es la manera más rápida y fácil de buscar mensajes en Deja.com. Cuando introduce palabras en el área de búsqueda, Deja.com busca en su base de datos y muestra una lista de mensajes que contienen todas las palabras que especificó.

Puede leer mensajes mostrados en la lista y enviar un correo electrónico al autor de un mensaje. Las búsquedas simples sólo rastrean mensajes colocados en grupos de noticias en las últimas semanas.

BÚSQUEDA DE PODER

La Búsqueda de Poder provee muchas opciones que puede usar para limitar su búsqueda. Puede buscar a través de todos los mensajes almacenados en la base de datos de Deja.com. También puede buscar mensajes específicos escritos por una persona específica o indicar cómo desea clasificar los resultados de la búsqueda.

HISTORIAL DEL CORREO

Puede usar Deja.com para encontrar información sobre personas que han colocado mensajes en grupos de noticias. Después de leer un mensaje que ha encontrado, puede mostrar la historia de los mensajes colocados por el mismo autor. Esto le permite ver en qué grupos de noticias el autor ha colocado mensajes y revisar los otros mensajes.

GRUPOS DE DISCUSIÓN BASADOS EN LA WEB

Muchos sitios de la Web ofrecen grupos de discusión en los cuales puede participar. Estos grupos de discusión, también llamados foros no son parte de los grupos de noticias de Usenet.

Puede usar su navegador de la Web para participar en grupos de discusión basados en la Web. No necesita de un programa lector de noticias.

CLAVE Y NOMBRE DE USUARIO

Quizá necesite introducir un nombre de usuario y una clave para acceder a grupos de discusión basados en la Web. Esto le permite a las personas que crearon el grupo de discusión monitorear las discusiones. Una persona que usa mensajes ofensivos puede ser expulsada de un grupo de discusión.

IMÁGENES Y ANIMACIÓN

A diferencia de los programas de lector de noticias, los navegadores de la Web pueden mostrar multimedia, lo cual le permite incluir imágenes y animación para los mensajes en los grupos de discusión.

DÓNDE ENCONTRAR GRUPOS DE DISCUSIÓN BASADOS EN LA WEB

SITIOS DE GRUPOS DE DISCUSIÓN EN LA WEB

Existen varios sitios en la Web que ofrecen acceso a muchos grupos de discusión. Los grupos de discusión están agrupados por categorías, como salud, entretenimiento o viajes. Puede buscar los temas de su interés.

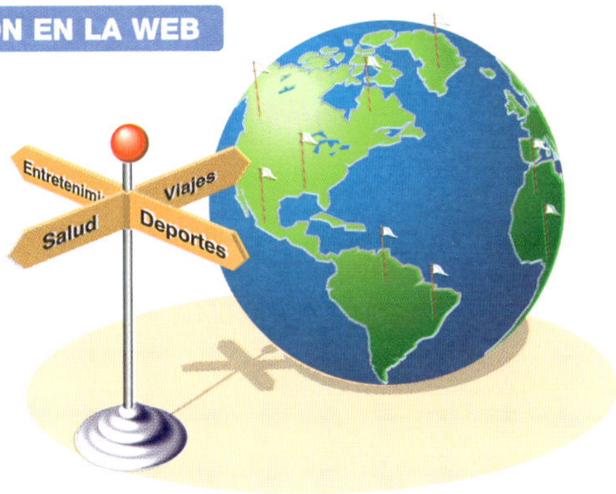

Los siguientes sitios web ofrecen acceso a muchos grupos de discusión:

www.deja.com

www.delphi.com

www.forumone.com

SITIOS DE COMPAÑÍAS DE LA WEB

Las compañías usualmente establecen grupos de discusión en sitios de la Web para promover sus productos, apoyo técnico y recibir respuestas de sus clientes. Las compañías también establecen grupos privados de discusión para sostener reuniones con participantes en diferentes localidades.

SITIOS GENERALES EN LA WEB

Muchos sitios de interés general en la Web tienen sus propios grupos de discusión que permiten a los visitantes discutir el tema del sitio. Por ejemplo, un sitio de ejercicios puede proveer un grupo de discusión que invita a los visitantes a hacer preguntas y a discutir las últimas tendencias de ejercicios.

Algunos sitios de revistas y periódicos también proveen grupos de discusión para visitantes, para tratar temas actuales como política o deportes.

LOS NIÑOS Y LOS GRUPOS DE NOTICIAS

Existen muchos grupos de noticias en que los niños pueden participar para discutir temas como mascotas, deportes y pasatiempos. Debe vigilar muy de cerca cualquier grupo en que sus niños se suscriban.

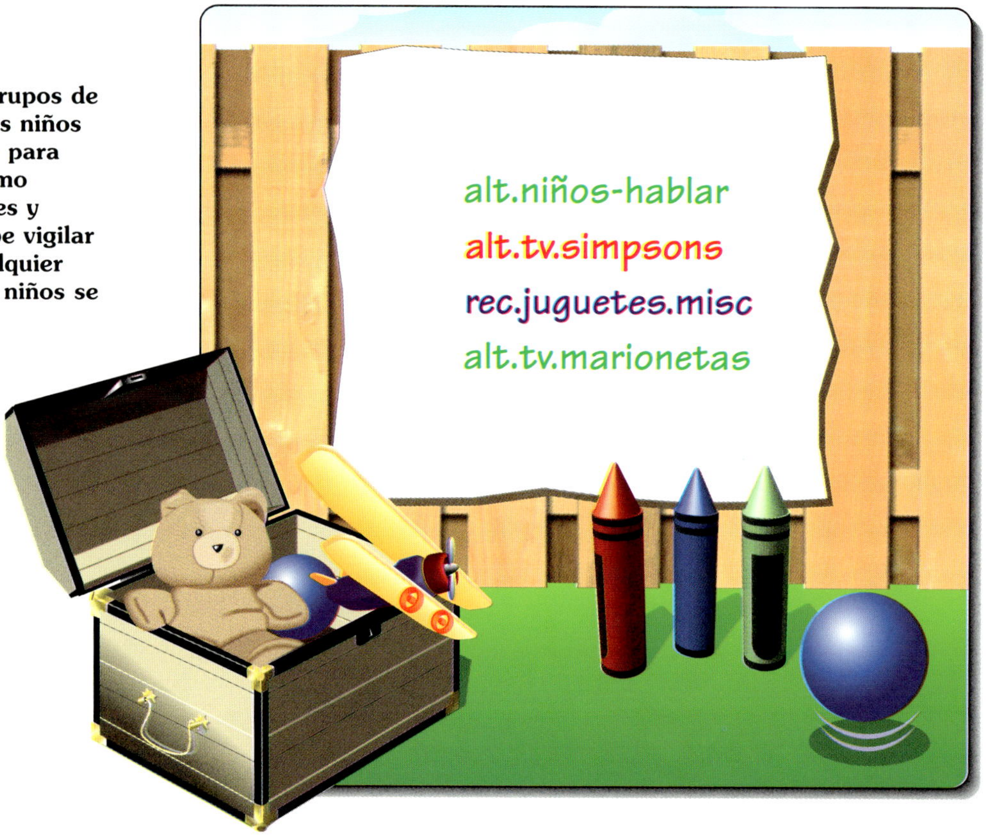

SUPERVISIÓN ADULTA

La supervisión constante de los adultos es la mejor manera de asegurarse de que sus hijos no accedan a información inadecuada en los grupos de noticias. Usted debe leer todos los mensajes en un grupo de noticias por una o dos semanas antes de permitirles tener acceso.

SELECCIONAR GRUPOS DE NOTICIAS

Si su lector de noticias le permite leer y componer mensajes fuera de línea, puede controlar cuáles grupos de noticias pueden acceder sus hijos y cuáles mensajes responder. Es posible obtener mensajes solamente de los grupos que usted sienta que son adecuados para sus hijos. Luego de que hayan leído los mensajes y respuestas escritas, usted puede leerlos antes de conectarse a la Internet y enviarlos.

INFORMACIÓN PERSONAL

Los niños nunca deben incluir información personal en un mensaje que colocan en un grupo de noticias, como nombre, dirección o la escuela a la que asisten. Tampoco deben mencionar la ubicación de ningún club u organización donde participan. La mayoría de las organizaciones no tienen políticas de seguridad y pueden revelar la dirección de sus hijos a cualquier persona que las contacte.

MANTENERSE ANÓNIMO

Muchos lectores de noticias le permiten utilizar un sobrenombre y tomar una dirección de correo electrónico al colocar mensajes en un grupo de noticias. Si los niños desean participar en un grupo de noticias que no es específicamente para niños, deberán utilizar un nombre y dirección de correo electrónico falsa, de manera que no revelen su identidad verdadera.

RESPUESTAS DE CORREO ELECTRÓNICO

Cuando usted coloca un mensaje en un grupo de noticias, a menudo recibe mensajes de correo electrónico de personas que comentan sobre él. Los niños deben ignorar cualquier información en un mensaje que no se relacione directamente con la información en el mensaje que usted envió. Si un niño recibe un mensaje inadecuado, no debe responderlo.

#animales
#política
#música
#comedia
#surfing
#robótica
#adolescentes
#tiburones
#jardines
#póker
#fútbol
#disney

Chat

¿Quiere platicar con otras personas en Internet? Este capítulo le brindará información sobre chat y FTP.

INTRODUCCIÓN AL CHAT

Puede comunicarse instantáneamente con personas de todo el mundo, con tan sólo escribir. Esto se llama Chatear.

Chatear es una de las características más populares de Internet.

TIPOS DE CHAT

BASADO EN TEXTO

El chat basado en texto es el tipo más viejo y popular en Internet. Puede tener conversaciones con una o más personas. Cuando chatea, el texto que digita inmediatamente aparece en la pantalla de cada persona participando en la conversación. No necesita una conexión de alta velocidad, ya que el texto se transfiere rápidamente en Internet.

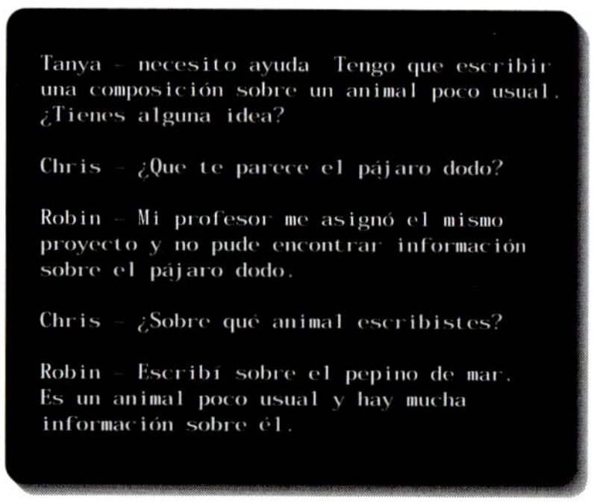

MULTIMEDIA

El chat multimedia le permite tener conversaciones con voz y comunicarse a través de vídeo en vivo por Internet. Debe tener una conexión de alta velocidad ya que sonido y vídeo se transfieren despacio en Internet.

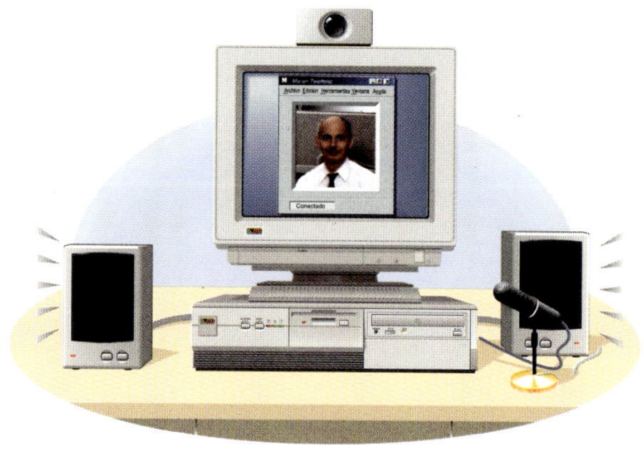

RAZONES PARA CHATEAR

EDUCACIÓN

Muchos estudiantes usan el chat para discutir asignaciones y obtener ayuda por parte de instructores y otros estudiantes. Esto es particularmente útil para las personas que viven muy lejos de los colegios y se les hace difícil asistir a clases regularmente.

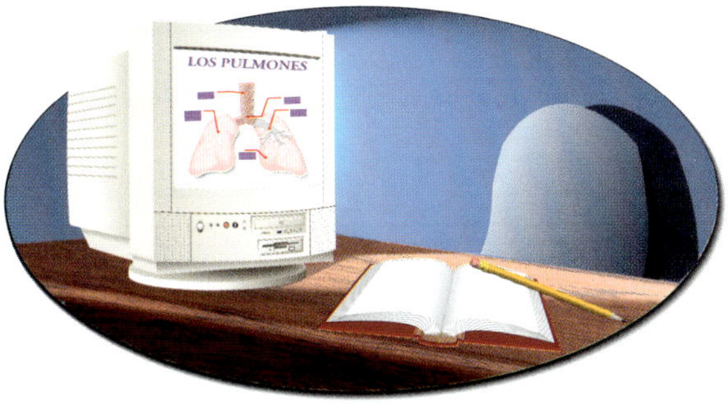

ENTRETENIMIENTO

La mayoría de las personas usan el chat como una forma de entretenimiento. Puede usar un chat para conocer nuevos amigos de todo el mundo.

MANTENER CONTACTO

Chatear es una forma barata de mantenerse en contacto con amigos o familiares que tienen acceso a Internet. Muchas personas usan el chat para comunicarse con familiares, amigos y colegas en otras ciudades, estados o países sin tener que pagar llamadas telefónicas de larga distancia.

APOYO DE PRODUCTO

Algunos manufacturadores de productos usan el chat para proveer apoyo técnico a sus clientes. Las personas de apoyo técnico se hacen disponibles para chatear, así los clientes pueden hacer preguntas y obtener respuestas instantáneamente.

Internet Relay Chat (IRC) es un sistema que le permite chatear con otras personas en Internet.

Para usar IRC, debe conectarse en una computadora llamada servidor IRC. Cada servidor IRC está conectado a una red de otros servidores IRC alrededor del mundo.

NOMBRE Y DIRECCIÓN DE CORREO ELECTRÓNICO

Antes de conectarse a IRC, debe introducir su nombre y dirección de correo electrónico. La mayoría de los servidores IRC, no le permitirán conectarse a menos que introduzca una dirección válida. Puede introducir un nombre falso si desea permanecer anónimo, pero otras personas pueden descubrir su nombre verdadero.

SOBRENOMBRE

Debe escoger un apodo antes de usar IRC. Si otra persona tiene el mismo, debe escoger uno diferente. Algunos servidores de IRC limitan el número de caracteres que puede tener el sobrenombre. Puede registrar el suyo de manera que nadie más pueda usarlo.

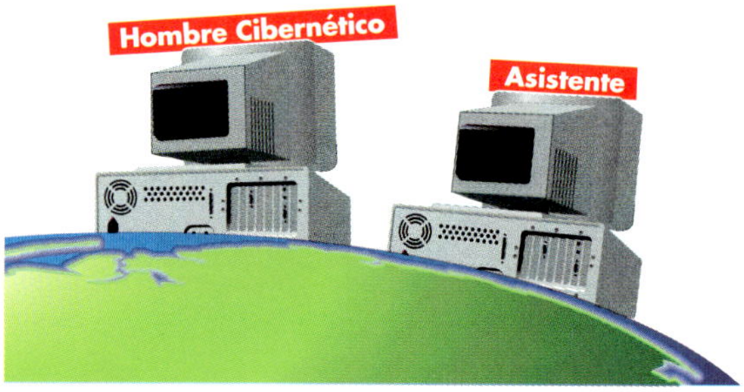

CANALES IRC

Hay muchos canales o grupos de chat a los que puede unirse en IRC. Cada canal está enfocado en un tema específico. El nombre de un canal le dice el tema de la discusión.

Un símbolo # en frente de un canal significa que el canal está disponible para personas de todo el mundo.

Adicionalmente a la gran cantidad de canales disponibles en IRC, puede crear su propio canal e invitar otra gente a chatear con usted en el.

PROGRAMAS IRC

Necesita un programa IRC para poder conectarse a un servidor IRC. La mayoría de los programas IRC son muy fáciles de usar y suministran muchas características que puede personalizar para sus necesidades. Por ejemplo, algunos programas IRC le permiten cambiar la fuente y el color del texto que aparece en su pantalla para hacer el texto más fácil de leer.

Puede encontrar versiones de prueba gratis de programas de IRC en los siguientes sitios:

mIRC (Windows)
www.mirc.com

Ircle (Macintosh)
www.ircle.com

CHAT BASADO EN LA WEB

Un chat basado en la Web es una característica popular de Internet. Estos chats son divertidos y fáciles de usar.

NAVEGADOR DE LA WEB

La mayoría de las redes de chats en la Web Mundial requieren que tenga tan sólo un navegador de la Web para participar. Algunas redes de chat basadas en la Web usan Java para mostrar la discusión en el chat en su pantalla. Si tiene problema participando en una red de chat basada en la Web, asegúrese que tiene la versión más nueva de su navegador.

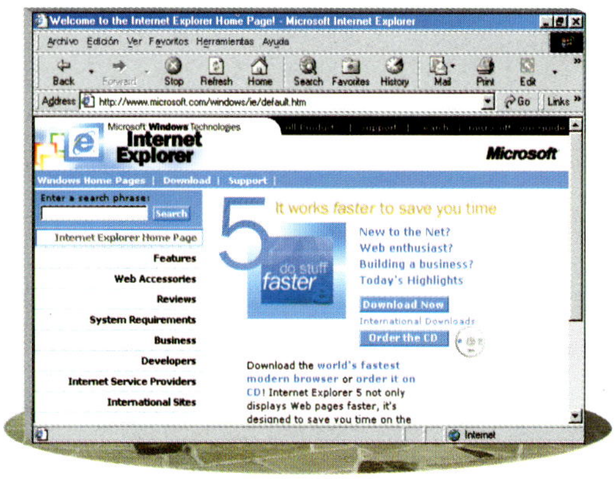

REGISTRARSE

Puede usar la mayoría de los servicios de chat gratis. Muchas redes de chats basados en la Web requieren que se registre con el sitio web antes de ingresar en los cuartos de chat. Para registrarse, debe introducir información tal como su nombre y dirección de correo electrónico. También se le puede pedir que introduzca un nombre de usuario y una palabra clave cada vez que usa la red del chat.

CHATS EN SITIOS DE LA WEB

WBS

WBS (WebChat Broadcasting System) alude ser la red de chat basada en la Web más grande en Internet. WBS ofrece cuartos de chat en muchos temas, incluyendo romance, música, deportes y educación. Puede acceder la red de chat de la WBS en el siguiente sitio:

www.wbs.net

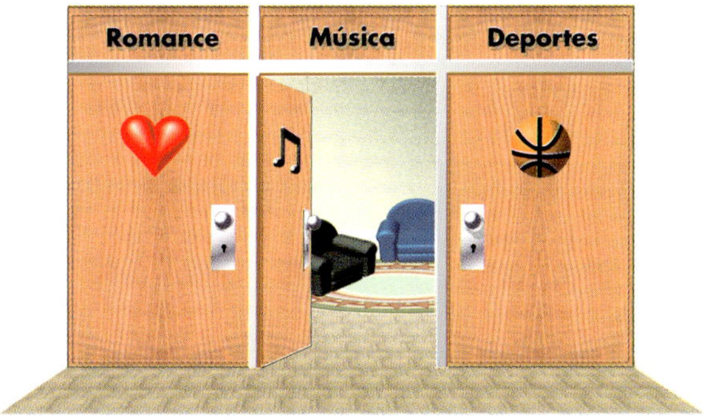

TALK CITY

Talk City es una red de chat muy popular basada en la Web. Los cuartos de chat de Talk City están bien organizados, lo que le permite rápidamente encontrar cuartos de chat con temas que le interesan. Talk City también ofrece chats programados con invitados especiales tal como celebridades, autores y atletas. Puede acceder a la red de chat de Talk City en el siguiente sitio:

www.talkcity.com

CHAT EN TERCERA DIMENSIÓN

WORLDS ULTIMATE 3D CHAT PLUS

Worlds Ultimate 3D Chat Plus lo ayuda a caminar y hablar con otras personas en un mundo tridimensional. Objetos como piezas de ajedrez o pingüinos representan a la gente en un cuarto de chat en tercera dimensión. Estos objetos son llamados avatares.

Debe tener el Worlds Ultimate 3D Chat Plus antes de participar en un chat de tercera dimensión. Puede encontrar una versión gratuita del World Ultimate 3D Chat Plus en el siguiente sitio:

www.worlds.net

CHAT CON SONIDO Y VÍDEO

En un chat con sonido y vídeo puede escuchar y ver a amigos, familiares y colegas, aun si están al otro lado del mundo.

El chat con sonido y vídeo en Internet le permite comunicarse con otras personas sin pagar llamadas telefónicas de larga distancia.

EQUIPO

Para hablar con otras personas por Internet, debe tener una tarjeta de sonido instalada en su computadora con parlantes y un micrófono.

Si desea que otras personas lo vean mientras está chateando, debe conectar una cámara de vídeo a su computadora. Puede comprar una cámara de vídeo de bajo costo que se adapta a la parte superior de su monitor. También puede usar una cámara de vídeo regular si tiene una tarjeta de captación de vídeo en su computadora.

PROGRAMAS DE CHAT CON SONIDO Y VÍDEO

Si necesita un programa especial para escuchar y observar a las personas mientras chatea en Internet, puede obtenerlo en los siguientes sitios:

Create & Share
www.intel.com/createshare

Internet Phone
www.vocaltec.com/products

CU-SeeMe
www.wpine.com

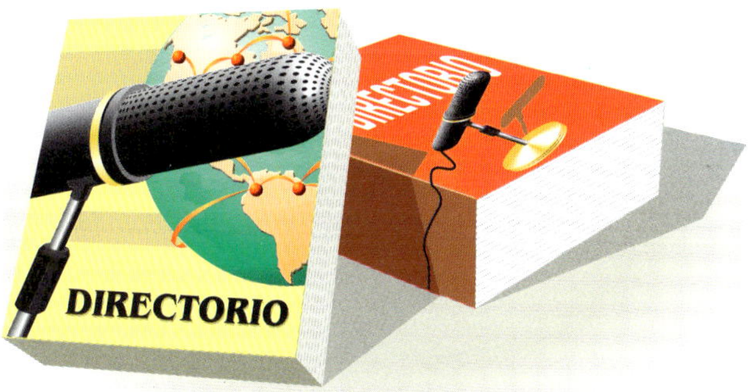

CONTACTAR OTRAS PERSONAS

Si desea comunicarse con otra persona usando chat con vídeo y sonido, ambos necesitarán usar el mismo tipo de programa de chat con vídeo y sonido. Puede encontrar un directorio de personas que usan su programa en el sitio donde obtuvo el programa. Puede buscar el directorio para encontrar personas con las que desea chatear.

CALIDAD DE IMAGEN

Si usa un módem para transferir imágenes de vídeo, la calidad de las imágenes puede ser baja. Algunos programas de chat de vídeo pueden ayudar a incrementar la calidad de imágenes de vídeo. Si es posible, debe usar un programa de chat de vídeo para ver la calidad de las imágenes antes de comprar el programa.

ETIQUETA EN LOS CHATS

Como ocurre con un cóctel, hay una forma adecuada de comportarse al platicar con personas en la Internet.

Si no respeta las reglas en un cuarto de chat, podría ser expulsado de allí en el futuro.

RESPETAR EL IDIOMA

Las personas de diferentes países utilizan la chat para comunicarse. Esto quiere decir que muchos cuartos de chat pueden ser utilizados por gente que no habla el mismo idioma que usted. Cuando se une a un cuarto de chat, respete el idioma que se está hablando. Si desea discutir el tema en su propio idioma, puede iniciar un nuevo cuarto para personas que lo hablan.

EVITAR LENGUAJE OFENSIVO

Tenga presente que personas de todas las edades y orígenes utilizan los cuartos de chat. Al platicar, no utilice lenguaje ofensivo o moleste a ninguna persona en ese cuarto. Si alguien lo está molestando o utilizando lenguaje ofensivo, ignórelo.

ESTILO DE REDACCIÓN

No tiene que utilizar la puntuación correcta o letras mayúsculas cuando platica, pero asegúrese de no escribir todo en MAYÚSCULAS. Esto se conoce como griterío y se considera grosero. Intente también mantener su mensaje corto, como lo haría en una conversación verdadera. Los mensajes más cortos lo ayudan a mantener la conversación fluida.

LEER LA CONVERSACIÓN ANTES DE PARTICIPAR

Cuando entra en un cuarto de chat, lea la conversación en proceso por un momento. Esto le permite comprender qué está ocurriendo antes de participar.

UTILIZAR EL SENTIDO COMÚN

Cuando converse, no revele demasiada información sobre usted, como su dirección de correo electrónico, número telefónico, contraseña o número de tarjeta de crédito. Recuerde que las personas en un cuarto de chat no son siempre quienes dicen ser.

NO PUBLICAR

Nunca entre en un cuarto de chat con la intención de promocionar su negocio, producto o servicios. En la mayoría de los casos, las personas en un cuarto de estos están interesadas en conversar con otras personas, sin leer anuncios.

LOS NIÑOS Y EL CHAT

Existen muchos cuartos de chat disponibles donde los niños pueden discutir temas como programas de televisión, música y escuela. Usted debe vigilar de cerca cualquier cuarto en que participan sus hijos.

SUPERVISIÓN ADULTA

La supervisión constante de los adultos es la mejor forma de asegurarse de que sus hijos no participen en conversaciones inadecuadas. Quizá desee mantener la computadora en la sala familiar o cerca de la cocina, de manera que pueda ejercer control.

ESTABLECER LAS DIRECTRICES

Antes de que un niño dedique tiempo en un cuarto de chat, discuta qué tipo de información es aceptable y cuál no. Ellos deberán decirle a sus padres u otro adulto si no se sienten cómodos acerca de cualquier conversación en un cuarto en el que participan.

PLATIQUE EN FORMA ANÓNIMA

Cuando platiquen en la Internet, los niños deben utilizar un sobrenombre para no revelar su propia identidad. Nunca deben suministrar información como su nombre verdadero, dirección de correo electrónico o número de teléfono a nadie. Tampoco deben revelar la información personal, como la escuela a la que asisten o dónde viven.

SEA CUIDADOSO

Los niños deben tener presente que las personas pueden no ser quienes dicen ser en un cuarto de chat. Por ejemplo, alguien que dice ser una niña de 12 años puede ser un hombre de 40 años. Los niños deben siempre tener cuidado de con quién platican y la información que brindan.

CUARTOS DE CHAT POPULARES BIEN BASADOS

Existen muchos cuartos de chat en la Internet en que los niños pueden participar. Puede encontrar algunos diseñados especialmente para niños y adolescentes en los siguientes sitios:

chat.freezone.com

www.headbone.com/chat

MENSAJES INSTANTÁNEOS

Puede intercambiar mensajes instantáneos para tener una conversación privada en Internet con amigos, colegas o familiares.

Cada mensaje que envía aparecerá inmediatamente en la pantalla de la otra persona.

PROGRAMAS DE MENSAJES INSTANTÁNEOS

Necesita instalar un programa de mensajes instantáneos en su computadora para intercambiar mensajes instantáneos con otras personas. Debe usar el mismo programa de mensajes que las personas con las cuales desea intercambiar información. Puede encontrar programas de mensajes instantáneos en los siguientes sitios:

ICQ
www.icq.com

AOL Instant Messenger
www.aol.com/aim

Yahoo! Messenger
messenger.yahoo.com

Lista de Contacto

Los programas de mensajes instantáneos proveen una lista de contactos donde puede guardar las identidades de personas con las que frecuentemente intercambia mensajes. Después de agregar una persona a su lista de contacto, su programa le notificará cuando la persona está en línea.

RAZONES PARA MENSAJES INSTANTÁNEOS

AHORRAR DINERO

Enviar mensajes instantáneos es una excelente forma para comunicarse con su familia y amigos de todo el mundo sin cargos por llamadas internacionales.

COMUNICARSE CON COLEGAS

Enviar mensajes instantáneos es ideal para compañías que tienen empleados localizados en diferentes oficinas o empleados que trabajan desde su hogar. Los empleados pueden usar mensajes instantáneos para averiguar cuándo otros están en línea y fácilmente comunicarse con ellos. Usar mensajes instantáneos es más conveniente que dejar mensajes en el teléfono.

BUSCAR NUEVOS AMIGOS

Puede hacer amigos que usan el mismo programa de mensaje instantáneo que usted. Cuando las personas se registran en un programa de estos, pueden introducir información personal. Puede usar esta información para encontrar y comunicarse con personas que comparten sus intereses.

Salida

Juegos Multiusuario

¿Está interesado en participar en juegos en Internet? Este capítulo le enseñará cómo hacerlo.

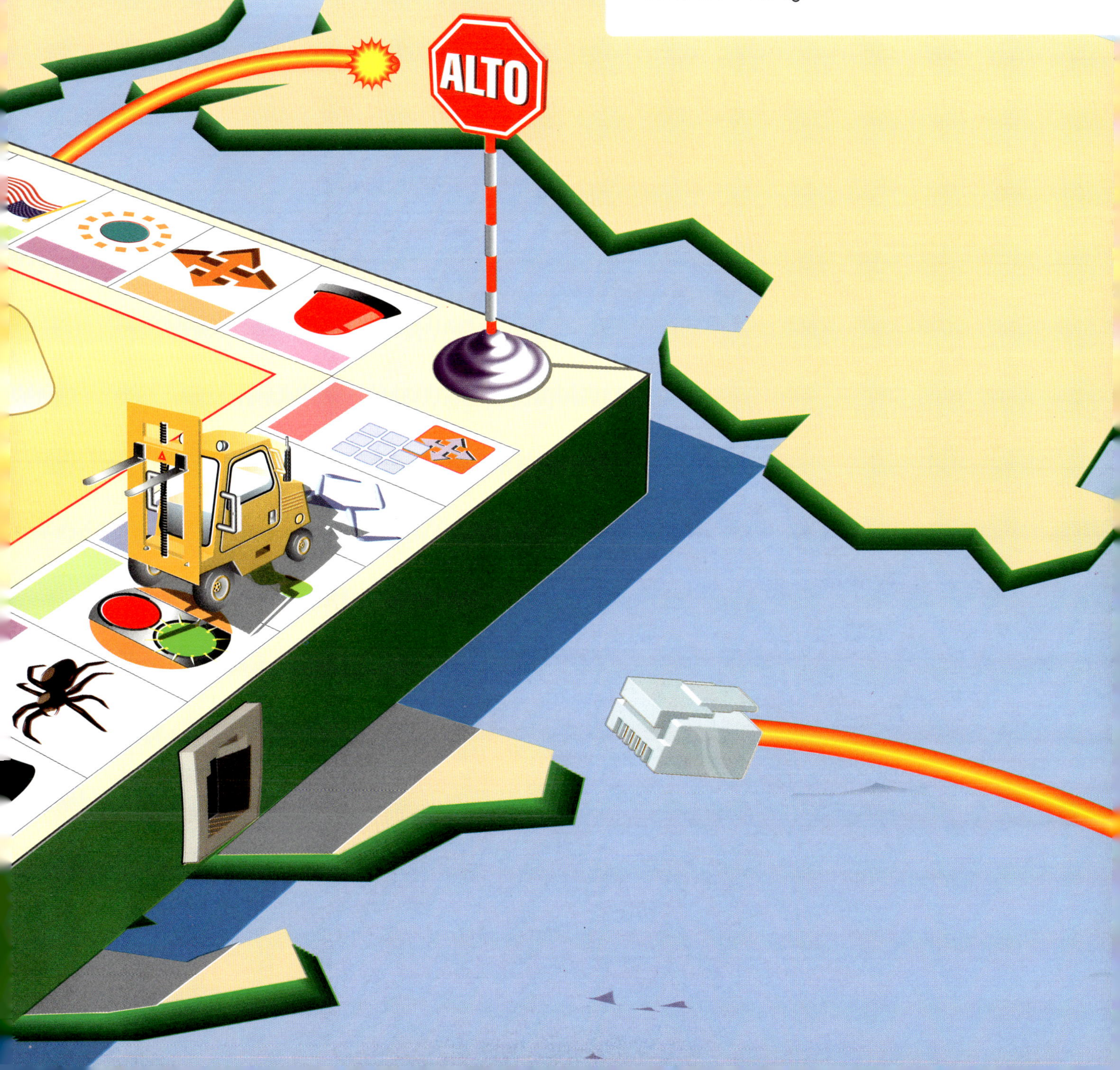

INTRODUCCIÓN A JUEGOS MULTIUSUARIO

Un juego multiusuario le permite usar una computadora para jugar contra uno o más oponentes. Los juegos multiusuario se han convertido en los más usados en Internet.

Puede jugar juegos de tablero, cartas, trivia, y de acción y aventura.

REQUISITOS DE SOFTWARE

Algunos juegos multiusuario en Internet requieren que tenga instalado en su computadora un software para el juego. Puede bajar software para muchos juegos de Internet gratis. Para jugar algunos juegos en Internet, debe primero comprar la versión de CD-ROM del juego.

SITIOS WEB

Hay muchos sitios en la Web de juegos multiusuario disponibles, donde puede jugar con otras personas en Internet, chatear sobre su juego favorito y aprender sobre los últimos trucos.

Algunos sitios de juegos son:

www.zone.com

www.won.net

VENTAJAS DE JUEGOS MULTIUSUARIO

FLEXIBLES

Hay cientos de juegos multiusuario que puede jugar en Internet. Puede encontrar juegos que duran varias horas al día o algunos minutos a la semana. Puede escoger desde un simple juego de cartas hasta juegos complejos que requieren habilidades matemáticas y científicas.

INTERACTIVOS

Jugar juegos multiusuario en Internet le permite interactuar y comunicarse con personas de todo el mundo. Algunos juegos tienen sus propias asociaciones en las cuales los jugadores pueden conocerse.

RETADORES

Aún cuando puede jugar la mayoría de los juegos contra una computadora, muchos son mejores cuando los juega contra otras personas. La mayoría de las computadoras reaccionan de la misma manera cada vez que juega un partido o juego. Cuando juega contra una persona, el juego será diferente cada vez.

COMPETITIVOS

Jugar en Internet puede ser muy competitivo. Casi cada juego tiene un sitio en la Web Mundial que muestra una lista de ganadores. Algunos juegos tienen competencias para los mejores jugadores.

JUEGOS DE CORREO ELECTRÓNICO

Los Juegos de Correo Electrónico (PBEM) son una manera conveniente y sencilla de participar en juegos para varios jugadores. Para jugar, necesita una cuenta de correo electrónico configurada en su computadora.

TIPOS DE JUEGOS

Existen varios tipos de juegos de correo electrónico. Para jugar el más sencillo, como ajedrez o damas chinas, usted intercambia movidas con su oponente por medio del correo. En tipos más complejos, todos los jugadores envían sus movidas por medio del correo a una computadora, la cual las procesa y controla el flujo del juego.

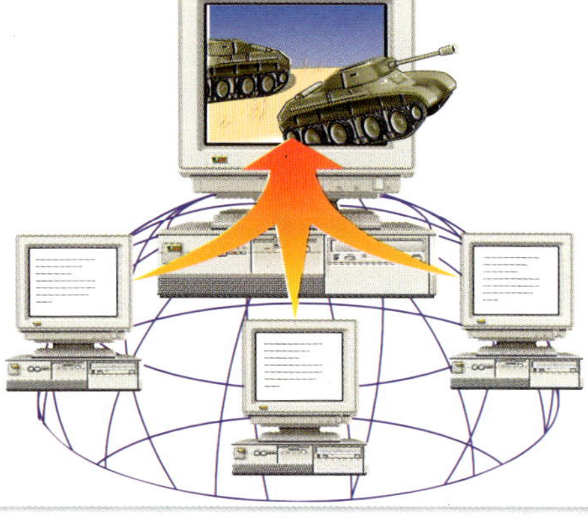

BENEFICIOS

Los juegos de correo electrónico le permiten a cada jugador jugar en un momento conveniente, de manera que no tenga que estar constantemente en su computadora. Puede también encontrar fácilmente un oponente cuyo nivel de destrezas coincide con el suyo. Jugar contra personas con nivel similar por lo general hace el juego más entretenido.

JUEGOS DE CORREO ELECTRÓNICO POPULARES

DIPLOMACIA GLOBAL

La Diplomacia Global es un juego de estrategia donde intentará conquistar el mundo negociando con otros jugadores. Puede encontrarlo en el siguiente sitio:

www.islandnet.com/~dgreenin/emg-game.htm#GD

CADENA ALIMENTICIA

Este juego basado en matemáticas le permite diseñar una especie de animal y luego liberarlo en la selva, donde sobrevivirá o se extinguirá. Puede encontrarla en el siguiente sitio:

www.pbm.com/~lindahl/fchain.html

PONCHADA ELECTRÓNICA

En este juego, usted es el representante del boxeador. Envía a su boxeador a pelear contra otros boxeadores y controla sus características. Puede encontrarlo en el siguiente sitio:

www.boxinggame.com

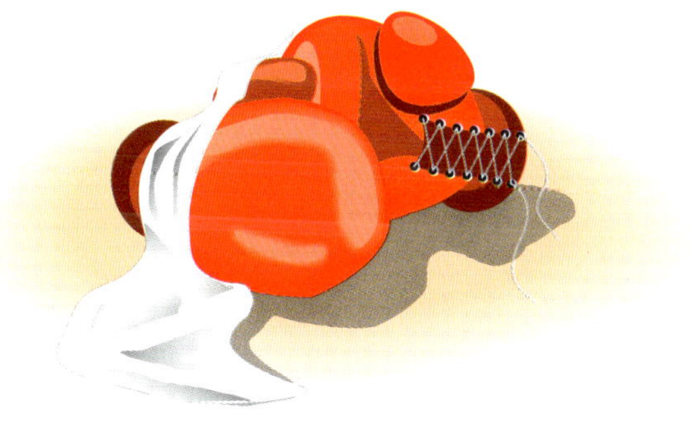

GUERRA DE SECESIÓN ELECTRÓNICA

En este juego de estrategia, usted se comunica con otros jugadores para planear ataques e intentar derrotar a su oponente en la Guerra de Secesión. Puede encontrarla en el siguiente sitio:

www.teleport.com/~stank

Algunos de los primeros juegos en Internet fueron juegos tradicionales de cartas y tablero tal como, backgammon y bridge.

JUGADORES

Cuando toma partido en juegos tradicionales de mesa o cartas en Internet, puede encontrar rápidamente oponentes e iniciar un juego. Quizá encuentre un oponente cuyas habilidades en el juego son iguales a las suyas. También puede organizar juegos con amigos o familiares, aunque estén al otro lado del mundo.

JUEGOS DE MESA

Muchas personas encuentran difícil un juego de mesa cuando el tablero es mostrado en el monitor de una computadora. Para evitar este problema, configure el tablero en frente de su computadora. Puede mover las piezas del juego en el tablero de acuerdo con lo que aparece en la pantalla de su computadora.

JUEGOS TRADICIONALES

BACKGAMMON

Hay muchos lugares en Internet donde puede jugar backgammon. Muchos sitios de la Web ofrecen información sobre backgammon, como las reglas, dónde jugar con otras personas y más. Puede encontrar información en el siguiente sitio:

www.bkgm.com

BRIDGE

Bridge es uno de los juegos de cartas más populares del mundo. Puede usar Internet para aprender y practicar el juego. Cuando está listo para jugar contra otra persona, es fácil encontrar un oponente en Internet. Puede hallar información sobre bridge en el siguiente sitio:

www.bridgeplayer.com

AJEDREZ

Es uno de los juegos más antiguos en el mundo. El Club de Ajedrez de Internet provee información sobre el juego y patrocina alrededor de 60.000 juegos al día. El Club está localizado en el siguiente sitio:

www.chessclub.com

CORAZONES

Corazones es uno de los juegos de cartas más populares en Internet. Existen muchos sitios de la Web que le permiten jugar Corazones con otras personas. Puede encontrar información en el siguiente sitio:

www.pagat.com/reverse/hearts.html

SOFTWARE DE JUEGOS COMERCIALES

Puede comprar un software de juegos comerciales en cualquier tienda de computación y en Internet. Muchos softwares le permiten jugar contra otras personas en Internet.

REQUISITOS DE SOFTWARE

Cuando juegue con otra persona con un software de juegos comerciales en Internet, cada persona deberá tener su propia copia del juego. Estos softwares pueden ser muy caros, pero los manufacturadores usualmente ofrecen una versión de prueba gratis del software. Esto le permite probar un juego antes de comprarlo.

REQUISITOS DE HARDWARE

Algunos juegos requieren un hardware que le permite interactuar con el juego tal como un joystick. Puede necesitar un hardware que le ayude a correr mejor el juego. Por ejemplo, muchos softwares de juegos comerciales corren mejor en computadoras con tarjetas de gráficos 3-D. Antes de comprar un juego, revise los requisitos del sistema del juego para asegurarse que obtendrá la mejor ejecución en su computadora.

CONECTARSE

Conectarse con otras personas en Internet para jugar con un software de juegos comerciales es muy simple. Puede conectarse a una computadora que le permita contactar y jugar con otras personas.

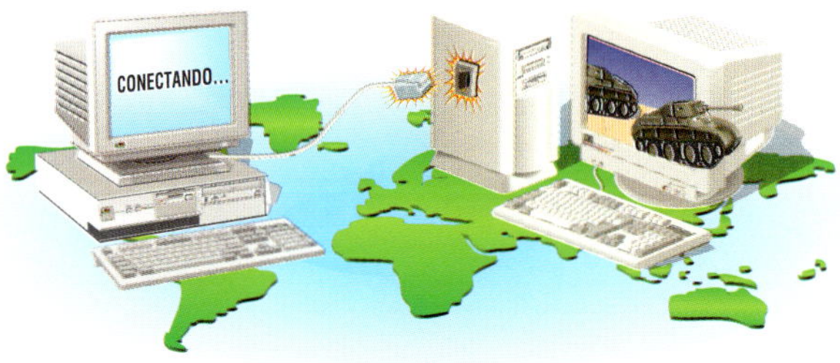

JUEGOS COMERCIALES POPULARES

EDAD DE LOS IMPERIOS

La Edad de los Imperios es un juego de estrategia que se remonta a diez mil años y le permite volver a escribir la historia de la civilización. Puede encontrar más información sobre la Edad de los Imperios en el siguiente sitio de la Web:
www.microsoft.com/games/empires

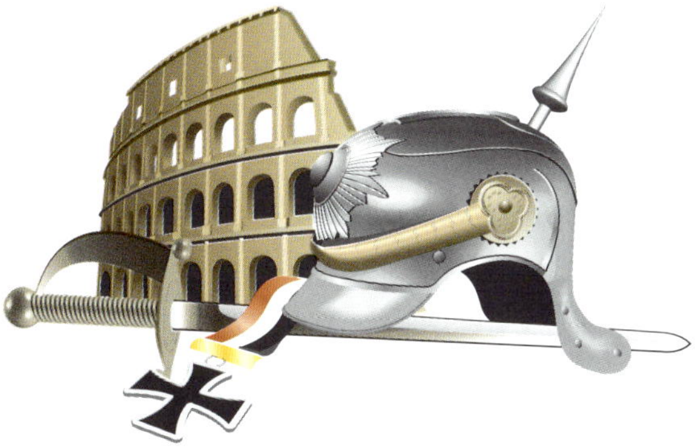

COMMAND & CONQUER

Command & Conquer es un juego de estrategia militar que puede jugar con otra persona en Internet. Puede encontrar más información en el siguiente sitio:
www.westwood.com

JEDI KNIGHT: DARK FORCES II

En este juego de Star Wars, puede usar su espada láser para pelear contra el mal. Puede jugar hasta con cuatro personas más en Internet. Puede encontrar más información en el siguiente sitio:
www.lucasarts.com/static/jk

NEED FOR SPEED: HIGH STAKES

Need for Speed: High Stakes le permite escoger el auto de sus sueños y correr en una variedad de cursos realísticos. Puede correr contra otro jugador o escoger ser un policía que persigue a un ladrón. Encontrará información sobre Need for Speed en el siguiente sitio:
www.needforspeed.com

ABC Incorporado
Próximos Eventos
Días especiales
Picnic anual
ABC Corporación
Departamento de
ABC Corporación
Proyectos Vigentes
• Fusión ABC
• Conexión Internacional
• Proyecciones Financieras
Presidente

Intranets

¿Le gustaría aprender sobre intranets? Lea este capítulo para descubrir las opciones de intranet, seguridad y más.

INTRODUCCIÓN A REDES

Una red es un grupo de computadoras conectadas que permite compartir información y equipo.

TIPOS DE REDES

RED DE ÁREA LOCAL

Una Red de Área Local (LAN) conecta computadoras dentro de un área geográfica reducida, como un edificio.

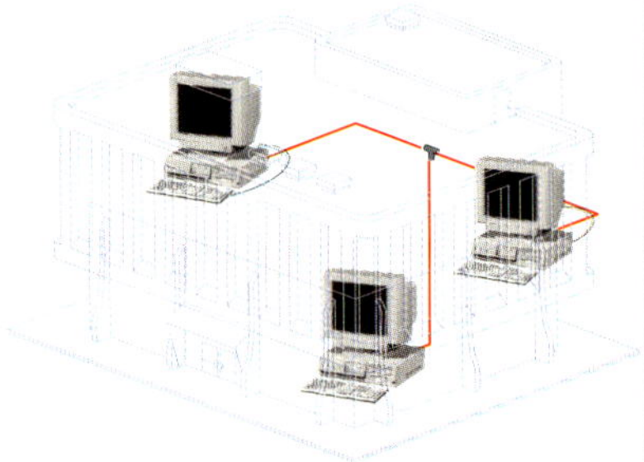

RED DE ÁREA AMPLIADA

Una Red de Área Ampliada (WAN) conecta computadoras a través de un área geográfica extensa, como una ciudad o país. La Internet es una WAN.

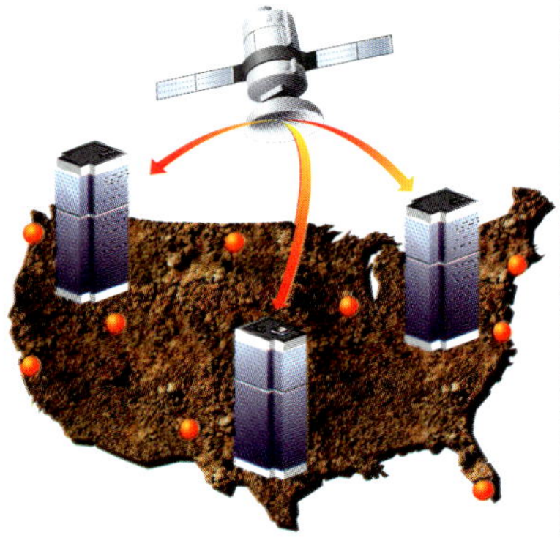

SISTEMA OPERATIVO DE LA RED

Un Sistema Operativo de la Red (NOS) está diseñado para computadoras poderosas, llamadas servidores, para asegurarse de que todas las partes de una red trabajen juntas en forma adecuada y eficiente. También permite que un servidor almacene programas e información, para que otras computadoras en la red tengan acceso a él.

VENTAJAS DE LA RED

TRABAJAR LEJOS DE LA OFICINA

Cuando viaja o está en la casa, puede conectarse a la red de su oficina para intercambiar mensajes y archivos.

ELIMINAR LA SNEAKERNET

La sneakernet se refiere a llevar información físicamente desde una computadora a otra para intercambiar información. Una red de computadoras elimina la necesidad de una sneakernet.

COMPARTIR INFORMACIÓN

Las redes le permiten compartir información y programas. Puede intercambiar documentos, correo electrónico, vídeo, sonido e imágenes.

COMPARTIR EQUIPO

Las computadoras conectadas a una red pueden compartir equipo, como una impresora o módem.

ADMINISTRADOR DE LA RED

Un administrador de la red administra la red y se asegura de que ésta corra adecuadamente. También se le llama gerente de la red, gerente de sistemas de información o administrador del sistema.

INTRODUCCIÓN A INTRANETS

Una intranet es una red, similar a la Internet, dentro de una compañía u organización.

TECNOLOGÍA DE INTERNET

Las intranets transfieren información en una red utilizando la misma tecnología empleada para transferir información en la Internet. Esto le permite a las intranets intercambiar información rápida y fácilmente en diferentes tipos de redes sin tener que considerar los sistemas operativos utilizados en cada una.

SERVIDORES

Las intranets utilizan computadoras especiales, llamadas servidores, para controlar la distribución de la información. En la mayoría de las intranets, un servidor está conectado a la red para cada opción requerida, como correo electrónico o sistema web. Muchos servidores de la intranet son similares a los utilizados en la Internet.

SOFTWARE

El software utilizado para intercambiar información en una intranet, como un explorador de la Web o un lector de correo electrónico, es el mismo que el empleado para intercambiar información en la Internet. La mayoría del software requerido está disponible en tiendas de computación o en Internet.

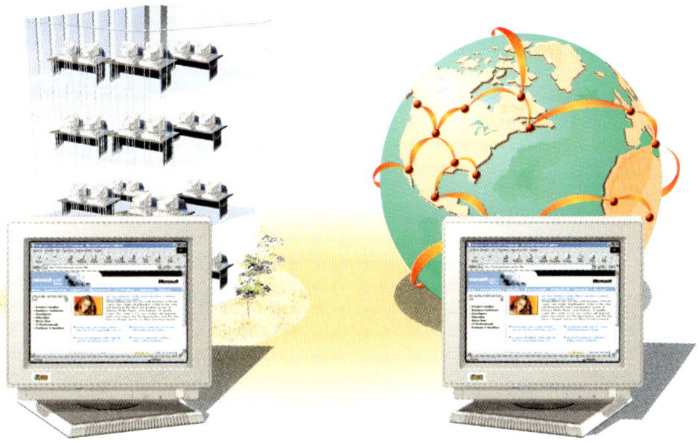

INFORMACIÓN

Muchos programas de software le permiten a las personas suministrar información desde sus propias computadoras a otras personas en la intranet. Por ejemplo, antes de irse de vacaciones, un empleado podría crear una página web personal para que otros la lean. La información en la página podría incluir contactos de emergencia y los días que estará ausente.

EFICIENCIA

Las intranets le permiten a los empleados de una compañía u organización acceder a información rápida y eficientemente. Cuando la información es fácil de acceder, a menudo aumenta la productividad de los empleados. Por ejemplo, es posible acceder a un directorio telefónico en la intranet en lugar de buscar a la recepcionista para pedirle los números.

OPCIONES DE INTRANET

Las intranets ofrecen muchas de las opciones y servicios que están disponibles en la Internet.

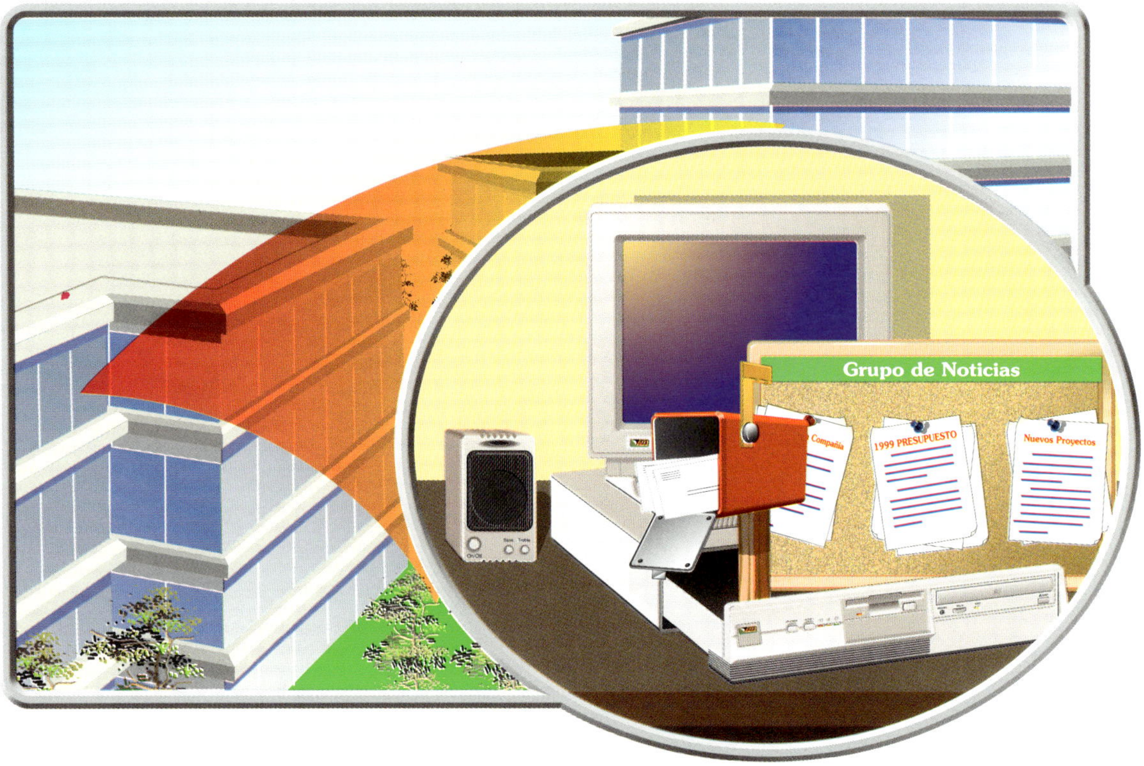

MULTIMEDIA

La información se transfiere mucho más rápido en una intranet que en la Internet. Esto facilita enviar archivos de sonido y vídeo que tomarían mucho tiempo en la Internet. Puede utilizar una intranet para distribuir fácilmente demostraciones de productos y vídeos para capacitar a cualquier persona conectada a ella.

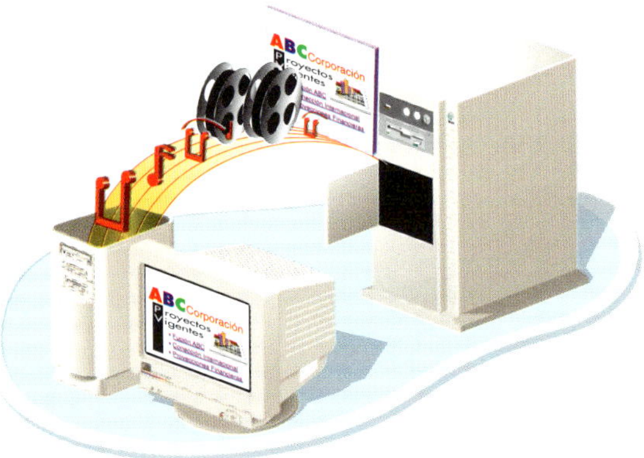

COMPARTIR ARCHIVOS

Compartir archivos es una de las principales razones por las que una empresa u organización tendría una intranet. Puede colocar documentos en una intranet que no mostraría en la Internet, como procedimientos del lugar de trabajo o boletín de la compañía.

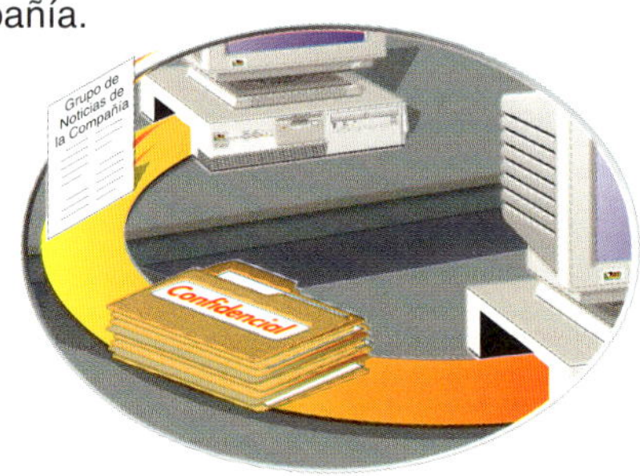

Los empleados pueden también utilizar una intranet para actualizar o instalar nuevos programas de software. Transferir el software desde una intranet a su computadora es mucho más fácil que utilizar disquetes o discos de CD-ROM.

CORREO ELECTRÓNICO

Algunas compañías utilizan sistemas de correo electrónico que solamente le permiten a los empleados intercambiar texto sencillo. Las intranets autorizan a las compañías a utilizar el mismo tipo de sistema de correo electrónico encontrado en la Internet. Esto le permite a los empleados enviar mucha más información en un mensaje de correo electrónico, como una hoja de cálculo o un documento de procesador de palabras.

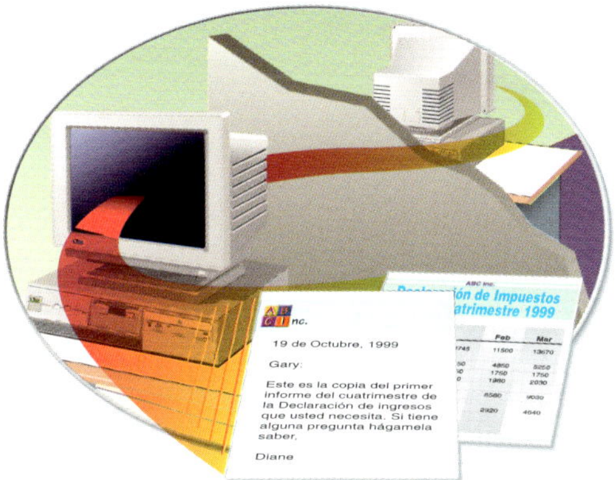

GRUPOS DE NOTICIAS

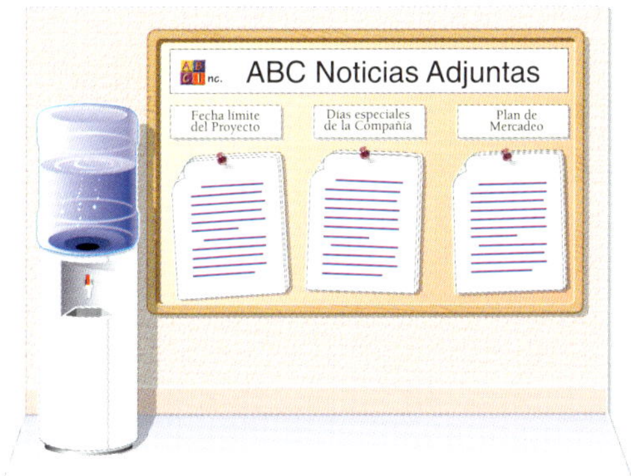

Muchas organizaciones utilizan grupos de noticias similares a los de Usenet encontrados en la Internet. Los empleados pueden utilizarlos para compartir información de la compañía o de un proyecto específico. Las personas pueden hacer preguntas o actualizaciones a los grupos de noticias, de manera que los colegas pueden visualizar la información.

CHAT

Las compañías pueden configurar canales o grupos, como los encontrados en la Internet para permitirle a los empleados discutir los proyectos en forma eficiente. Utilizar el chat con vídeo hace posible tener reuniones con personas en otra oficina o edificio.

SITIOS WEB DE INTRANET

Los sitios en un sistema web en una intranet son similares a los de la World Wide Web.

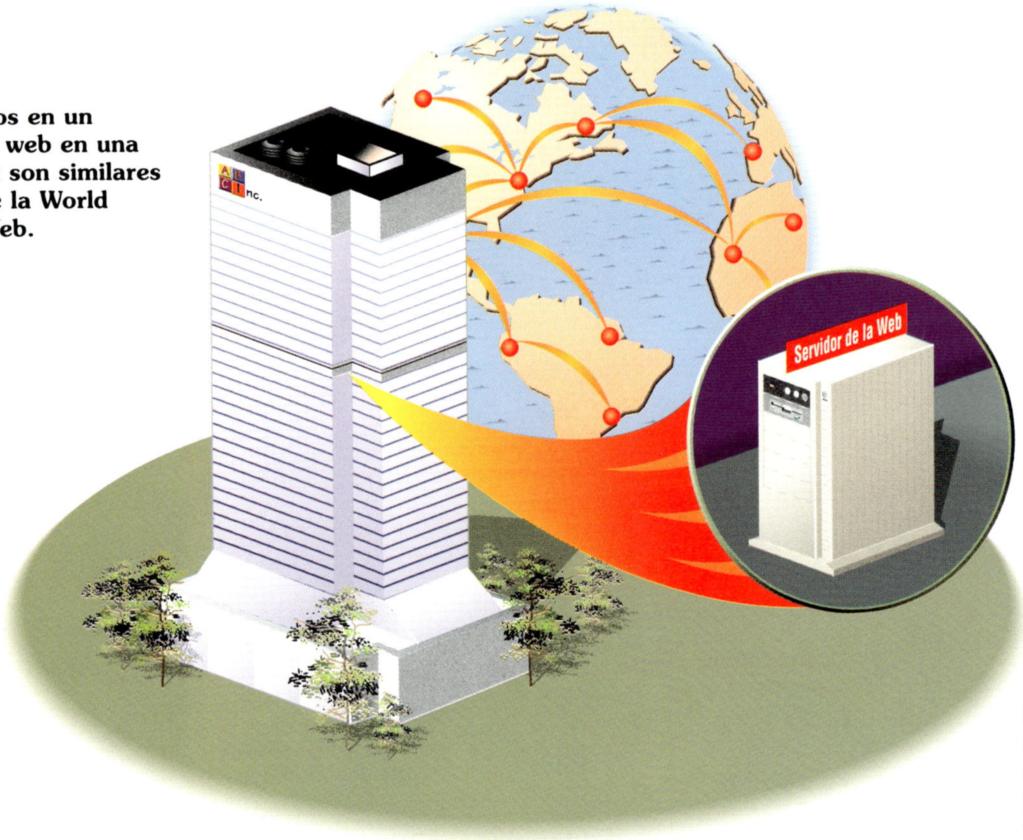

Los servidores de la Web conectados a una red almacenan los sitios web y administran el sistema web de la intranet.

COMPATIBILIDAD

Las intranets son muy útiles para compañías que tienen diferentes tipos de computadoras, como las compatibles con IBM y Macintosh. Cualquier computadora que pueda correr un explorador de la Web puede acceder a la información disponible en el sitio web.

SEGURIDAD

Muchas compañías que tienen una intranet están también conectadas a la Internet. La mayoría de las empresas utilizan una computadora dedicada a mantener la seguridad en la intranet para evitar que las personas en la Red accedan a información en la intranet. Si alguien intenta acceder a la intranet desde cualquier punto fuera de ella, la computadora de seguridad alertará al administrador de la red.

PÁGINAS WEB DE LOS EMPLEADOS

Si los empleados están conectados a una intranet, pueden fácilmente publicar sus propias páginas web. Estas páginas pueden contener información como números telefónicos de la oficina, proyectos actuales o cualquier otra información que podría ser importante para ellos.

DEPARTAMENTO DE PÁGINAS WEB

Si una compañía tiene una intranet, cualquier departamento en la empresa puede mostrar información en su propio grupo de páginas web. Por ejemplo, el departamento de recursos humanos puede mostrar políticas y programaciones. El departamento de ventas podrían publicar páginas web que suministran las últimas cifras de ventas.

CREAR PÁGINAS WEB

Puede crear una página web para una intranet utilizando el mismo software que utilizaría para crear una página web para la World Wide Web. La mayoría de los procesadores de palabras, hojas de cálculo y programas de bases de datos tienen una opción que hace posible guardar documentos como páginas web. Existen también muchos programas diseñados especialmente para crear páginas web.

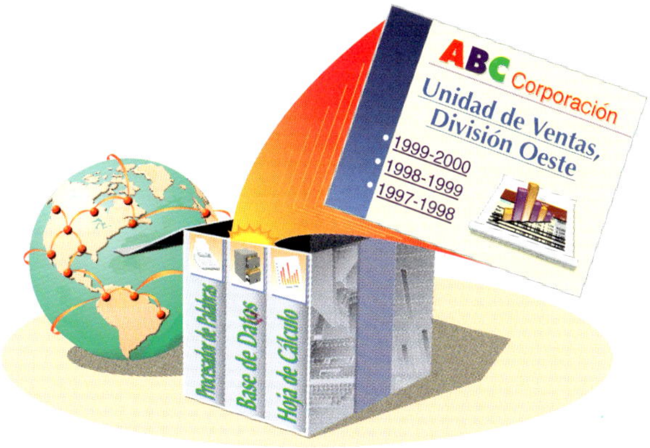

SOFTWARE DE INTRANET

Para configurar una intranet, una compañía debe tener el software correspondiente. Existen muchos tipos de software disponibles.

SOFTWARE GRATUITO

El software disponible para la Internet, como exploradores de la Web, lectores de noticias y programas de correo electrónico, puede ser usado en la intranet de una compañía. Muchas de estas aplicaciones están disponibles en la Internet sin costo alguno.

PILAS DE INTRANET

La mayoría del software de intranet está disponible como una colección de diferentes aplicaciones vendidas juntas en un solo paquete, llamado pila. Las pilas de intranet por lo general consisten en correo electrónico, publicación en la Web, base de datos y aplicaciones de seguridad. Cuando instale una pila de intranet, decida cuáles aplicaciones desea utilizar e instalar sólo esas.

PILAS POPULARES DE INTRANET

BACKOFFICE DE MICROSOFT

Microsoft ofrece un conjunto de software de Intranet llamado BackOffice, que incluye opciones de Intranet populares, así como una aplicación que le ayuda a organizar fácilmente y administrar sitios web grandes. Puede encontrar información sobre BackOffice en el siguiente sitio:

www.microsoft.com/backoffice

NETWARE FOR SMALL BUSINESS, DE NOVELL

NetWare for Small Business es una pila de software ofrecida por Novell. Esta pila incluye aplicaciones que le permiten crear bases de datos e intercambiar correo electrónico de la red. Puede encontrar información sobre NetWare for Small Business en el siguiente sitio:

www.novell.com/products/smallbiz/prodinfo.html

LOTUS DOMINO

Lotus Domino, anteriormente llamado Lotus Notes, es una pila de intranet popular. Suministra muchas aplicaciones que facilitan comunicar y compartir información en una intranet. Puede encontrar información sobre Lotus Domino en el siguiente sitio:

www.lotus.com/domino

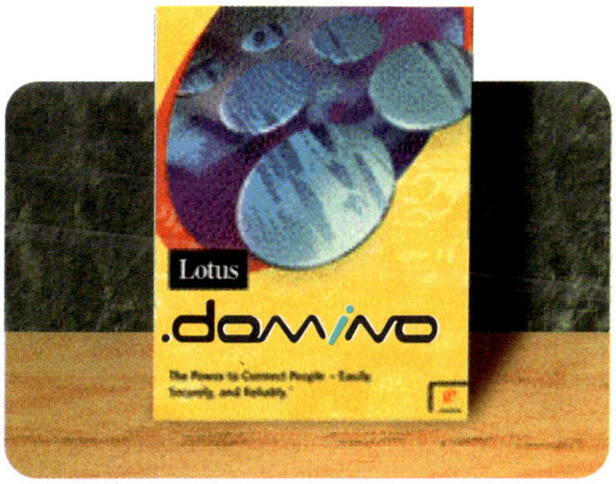

SEGURIDAD DE INTRANET

Muchas compañías que tienen intranets también están conectadas a la Internet. Debe tomar precauciones al conectar cualquier computadora o red a la Internet.

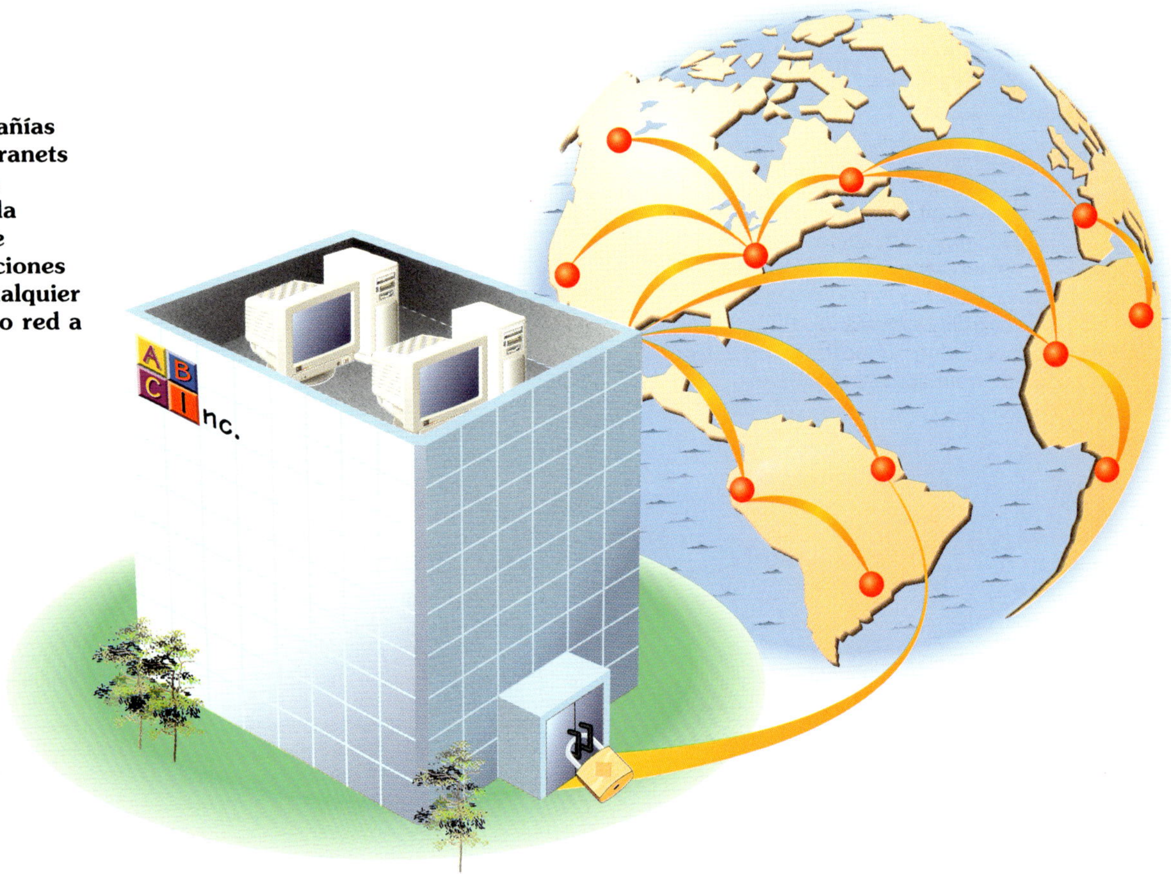

FIREWALLS

Una firewall es un software o computadora que restringe la información que pasa entre una intranet privada y la Internet. Muchas empresas la utilizan para evitar que individuos no autorizados accedan a la intranet.

RESTRICCIONES DE ACCESO

Algunas compañías restringen el acceso de las personas en la intranet a ciertas partes de la Red, como los cuartos de chat. Aun cuando ocurra esta restricción, los empleados podrán visualizar información en el sitio web de la intranet.

CONTRASEÑAS

Algunos servicios de intranet, como grupos de noticias le piden introducir un nombre para registrarse y una contraseña para visualizar información. Los nombres de registro y las contraseñas aseguran que los empleados no autorizados no tengan acceso a información confidencial de la compañía.

ACTUALIZACIONES DEL SISTEMA OPERATIVO

El sistema operativo utilizado en una intranet a menudo tiene opciones de seguridad incorporadas para proteger la información en ella. Los sistemas operativos son frecuentemente actualizados para protegerse de los últimos aspectos de seguridad. El administrador de la red deberá asegurarse de que las últimas actualizaciones al sistema operativo estén instaladas en cada computadora en la intranet.

VIRUS

Un virus es un programa que interrumpe el funcionamiento normal de una computadora. Puede causar una variedad de problemas, como la aparición de mensajes molestos en la pantalla o la destrucción de información en el disco duro. Las compañías frecuentemente revisan si hay virus en cada computadora conectada a una intranet.

EXCAVANDO EL PASADO
UNA GUÍA A EXCAVACIONES ARQUEOLÓGICAS
"Proveemos las fuentes más educativas y comprensibles de información sobre estudios arqueológicos. Excavando el pasado para descubrir el futuro."
Historia
OSERVADORES DE AVES
PÁGINA DE INICIO
¡Dedicada a las personas que aman observar aves!
PASO UNO: PREPARACIÓN
CONSIDERACIONES DE TAMAÑO
Animales
Planee sus vacaciones con Nosotros
En Vacaciones de Sol siempre hacemos que sean inolvidables. Llámenos hoy para planear su próximo viaje.
Reservaciones
Programas
Consejos
Popular Destinos
Agua Adversarios
Contactos
Viajes
Grandes Viajes al Aire Libre
ADVENTURE TRIPS INC.
Pesca en Colorado
Acampar en la Montaña de Rockies
Los Rápidos en Costa Rica
Deportes
Bienvenido a
Página Web d
amilia S
omputadoras:

Sitios Web Interesantes

¿Quiere visitar algunos de los mejores sitios? Este capítulo incluye una recopilación de sitios interesantes que puede visitar.

ART (ARTE)

ArtMecca

Portal del arte mundial. Busque trabajos de sus artistas favoritos o enlaces a museos famosos.

URL www.artmecca.com

Artelatinoamericano

Este sitio difunde y ofrece los trabajos pictóricos de maestros y pintores de América Latina.

URL artelatinoamericano.com

Arterealidad

¿Desea adquirir una pintura o una escultura? Aquí encontrará piezas de arte que puede comprar a los artistas a través de correo electrónico.

URL www.arterealidad.com

ArtScape Gallery

¿Le gusta el arte contemporáneo? Aquí puede revisar las obras más recientes de artistas de todo el mundo.

URL artscapegallery.com

Kspace

Este sitio ofrece una gran variedad de trabajos de artistas independientes.

URL kspace.com

Museum of Bad Art

Un sitio que presenta obras de arte deficientes que es imposible ignorar.

URL www.glyphs.com/moba

Museum of Modern Art

Navegue a través de la gran colección de arte que ofrece este sitio y adquiera obras de arte desde su computadora.

URL www.moma.org

Nuvisystem

Si quiere visitar un museo en particular, en este sitio hay una sección que lo enlaza a los museos de todo el mundo.

URL www.nuvisystem.es

Smithsonian American Art Museum

Visualice casi 1.000 trabajos de arte provenientes de todo Estados Unidos.

URL www.nmaa.si.edu

Una foto necesaria

Visite este sitio y visualizará el mundo a través de una perspectiva diferente. Allí encontrará la foto del día y podrá comprar las que necesite.

URL www.tssphoto.com/potd.html

ASTRONOMY (ASTRONOMÍA)

Bradford Robotic Telescope Observatory Site

Esta gran guía de las estrellas y las galaxias es tomada de un CD-ROM multimedia.

URL www.todoelsistemasolar.com.ar

NASA

La NASA presenta fotos, información y enlaces a todas las localizaciones principales de investigación espacial en Estados Unidos.

URL www.nasa.gov

NASA Human Spaceflight

Reportes de la NASA que lo mantienen al día sobre las actividades del transbordador espacial.

URL shuttle.nasa.gov

National Space Science Data Center

Este sitio contiene información y fotos relacionadas con el mundo espacial.

URL nssdc.gsfc.nasa.gov

Planetary Society

Explore el sistema solar y busque vida en el universo con este increíble sitio.

URL www.planetary.org

SpaceDaily

Viaje años luz con un clic del mouse.

URL spaceart.com

B

BIOLOGY (BIOLOGÍA)

Biología en Internet

Foros y enlaces de biología en Internet.

URL www.biologia-en-internet.com

Bio Online

Uno de los principales sitios de información sobre biotecnología.

URL www.bio.com

Cell Online

Una colección de investigaciones en biología.

URL www.cell.com

Diccionarios y glosarios de biología

Aquí puede buscar las definiciones que necesite para su investigación en biología.

URL biblioteca.uam.es/paginas/bio-dicc.html

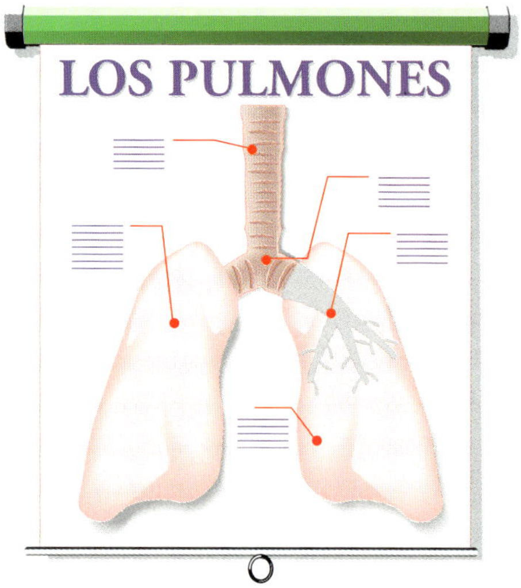

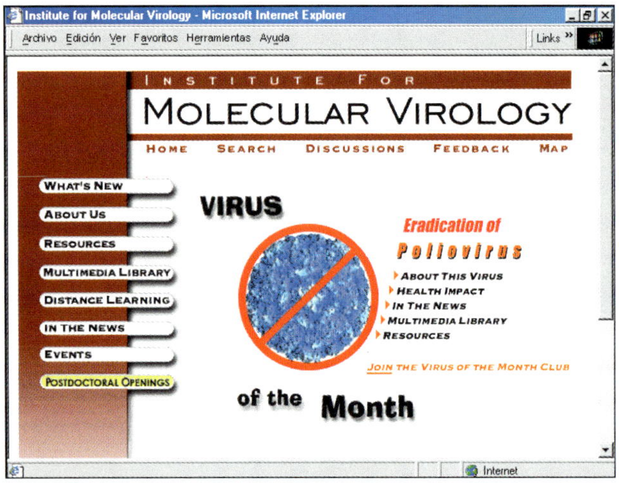

Entomología

Sitio en español que integra a la Comunidad Virtual de Entomología, tanto de España como de América.

URL entomologia.rediris.es

Institute for Molecular Virology

Artículos, fotos e información relacionada con diferentes virus.

URL www.bocklabs.wisc.edu/Welcome.html

Medicamento en la Red

Si desea información sobre medicamentos, tratamientos y ciencias de la salud, visite este sitio.

URL www.pharminfo.com

RIBLAC

Sitio sobre ciencias biológicas en Latinoamérica.

URL cbb.ivic.ve/simbio/rib1.html

BIZARRE (CURIOSIDADES)

Anagramas en español

En esta página web encontrará un generador de anagramas en español.

URL freespace.virgin.net/martin.mamo

Bad Fads Museum

Desde botones hasta cómo teñir camisetas. Dé un paseo por el tiempo de las modas que han ido y venido a través de los años.

URL www.badfads.com

Bad Movie Night

¿Quién dice que una película tiene que ser buena para poder disfrutarla? Éste es un sitio divertido donde puede leer sobre las peores películas de Hollywood.

URL www.hit-n-run.com

Bizarre Links

¿Quiere diversión? Este sitio le ofrece enlaces a los sitios más extraños, anormales y misteriosos.

URL www.logiko.com/links/bizarre.html

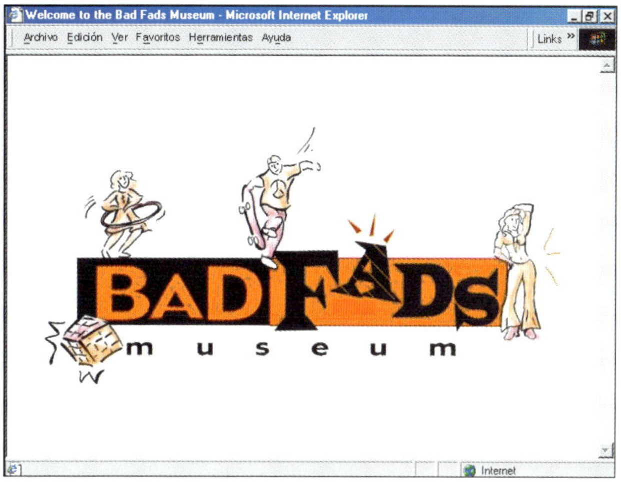

Blue Dog

Un perro ladrará la respuesta correcta a la pregunta matemática que usted le haga.

URL www.forbesfield.com/bdf.html

Center for the Easily Amused

¿Aburrido? Visite este sitio de la Web donde podrá entretenerse por horas.

URL www.amused.com

Coloring.com

A colorear los dibujos que ofrece este sitio.

URL www.coloring.com

Curiosidades Latinas

Datos curiosos de varios países de Latinoamérica.

URL www.civila.com/curiosidades

Contortion Home Page

Una página dedicada a individuos muy flexibles.

URL www.contortionhomepage.com

International Museum of Toilets

En este museo virtual de inodoros podrá encontrar lo que siempre quiso saber sobre inodoros, y algunas otras COSAS que no querrá saber.

URL www.sulabhtoiletmuseum.org

Seeing Stars in Hollywood

Aquí sabrá dónde viven, comen y hacen sus compras las estrellas más famosas.

URL www.seeing-stars.com

Useless Facts

Obtenga una dosis diaria de trivia inútil o navegue a lo largo de los extensos archivos de hechos inútiles.

URL www.uselessfacts.net

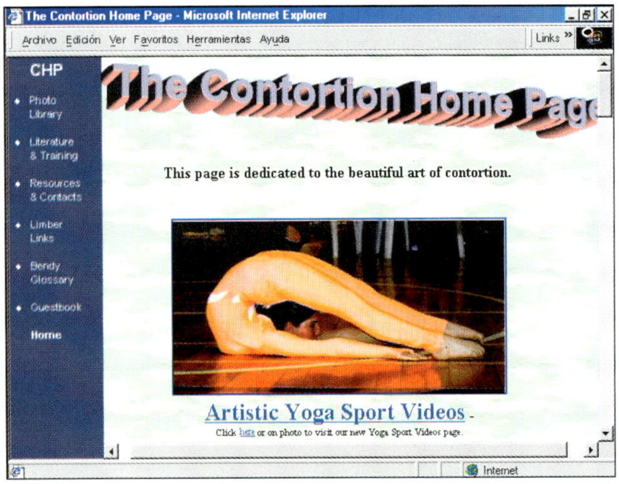

Mr. Edible Starchy Tuber Head

Un muñeco en línea que se parece al muñeco Mr. Potatohead.

URL winnie.acsu.buffalo.edu/potatoe

Optical Illusions

Permita que sus ojos le hagan trucos en este sitio interesante de la Web. Hay 27 ilusiones ópticas que harán trabajar su mente.

URL members.aol.com/Ryanbut/optical.html

Postales Digitales Gratis

Envíe una tarjeta a alguien a través de este sitio.

URL elalmanaque.com/postales/postales.htm

Toilet Paper Online

Las noticias de este sitio lo harán reír.

URL www.thetp.com

T.W.I.N.K.I.E.S.

Pruebas con Kakes Nocivos Inorgánicos en Situaciones Extremas.

URL www.owlnet.rice.edu/~gouge/twinkies.html

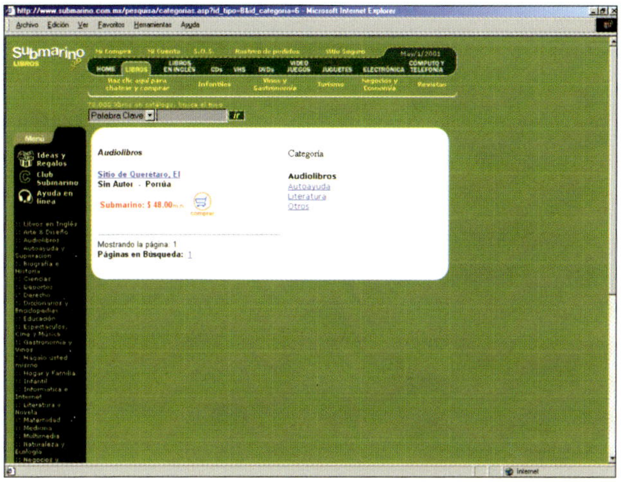

BOOKS AND LANGUAGE (LIBROS E IDIOMAS)

Amazon.com

El popular Amazon.com ofrece más de 4.7 millones de títulos todos los días hasta con un 40% de descuento.

URL www.amazon.com

Audiolibros

En la sección Libros de este sitio puede encontrar un gran número de audiolibros.

URL www.submarino.com

barnesandnoble.com

Este sitio le dice: "¡Si no tenemos su libro, nadie lo tiene!" Su colección es de libros de éxito, especiales, raros y descontinuados.

URL www.barnesandnoble.com

Best Book Buys

¡No pague más! Este sitio le ayuda a comprar el libro que desea al precio más bajo.

URL www.bestbookbuys.com

Books@Random

Una de las empresas editoriales más grandes del norte de América. Aquí encontrará datos sobre sus libros, el horóscopo diario y más.

URL www.bdd.com

Books.com

Si desea conversar sobre sus libros favoritos y autores, visite este sitio y participe en foros de discusión o encuentre un libro para cualquier categoría.

URL www.books.com

LibrosenRed.com

Excelente sitio para comprar o, si es escritor o editor, para negociar libros digitales.

URL www.librosenred.com

B BOOKS AND LANGUAGE (LIBROS E IDIOMAS)

Elements of Style

Utilice esta obra de consulta, y otras más que se encuentran en este sitio, si desea escribir correctamente en inglés.

URL http://www.bartleby.com/reference

English Server

La Universidad de Carnegie Mellon usa este sitio para distribuir investigaciones, novelas, críticas y muchas obras más.

URL english-www.hss.cmu.edu

IDG Books

IDG publica las series de Dummies, las series de Guías visuales y mucho material más.

URL www.idgbooks.com

Internet Public Library

Una biblioteca de referencia que que está a su alcance con el clic del mouse.

URL www.ipl.org

Library of Congress

Aunque no es posible leer libros en línea, puede buscar los que más le interesen.

URL lcweb.loc.gov

Literatura infantil

Una guía sobre libros para pequeños. Este sitio lo enlaza a otros sitios del mismo género y a cuentos e historias interactivas.

URL www.portaldellibro.com/escritores

maranGraphics

Encuentre un poco más sobre los libros de computación más usados en el mundo.

URL www.maran.com

On-line Books

Una voluminosa colección de libros de la Universidad de Carnegie Mellon.

URL www.cs.cmu.edu/Web/books.html

Enciclopedias.com

Haga su consulta en la sección En Línea.

URL www.enciclopedias.com

BUSINESS: COMPANIES (NEGOCIOS: COMPAÑÍAS)

AT&T

Este sitio ofrece una amplia variedad de servicios de telecomunicaciones.

URL www.att.com

Best Western International

En este sitio puede visualizar información sobre cualquier hotel Best Western en el mundo.

URL www.bestwestern.com

Crayola

Este sitio le dice cómo se hacen las crayolas y le permite colorear en línea.

URL www.crayola.com

esmas

Este portal le da acceso a información y recursos en Internet. Envíe mensajes de correo electrónico, navegue en la Net, visite cuartos de chat o participe en grupos de noticias.

URL www.esmas.com

FAO Schwarz

Más juguetes de los que puede imaginar.

URL www.faoschwarz.com

FedEx

Rastreé su paquete en línea y asegúrese de que llega sin contratiempos.

URL www.fedex.com

Joe Boxer

Las compras aquí son muy divertidas.

URL www.joeboxer.com

B

BUSINESS: COMPANIES (NEGOCIOS: COMPAÑÍAS)

Kodak

Este sitio ofrece una gran colección de imágenes digitales.

URL www.kodak.com

Labatt

Información sobre Labatt y sus productos.

URL www.labattblue.com

Milk

¿Tiene sed de conocimiento? Visite este sitio para saber todo lo relativo a la leche. Desde información nutrimental y recetas, hasta fotos de celebridades con el famoso bigote de leche.

URL www.whymilk.com

Neiman Marcus

Excelente sitio para obtener las últimas noticias del mundo de la moda.

URL www.neimanmarcus.com

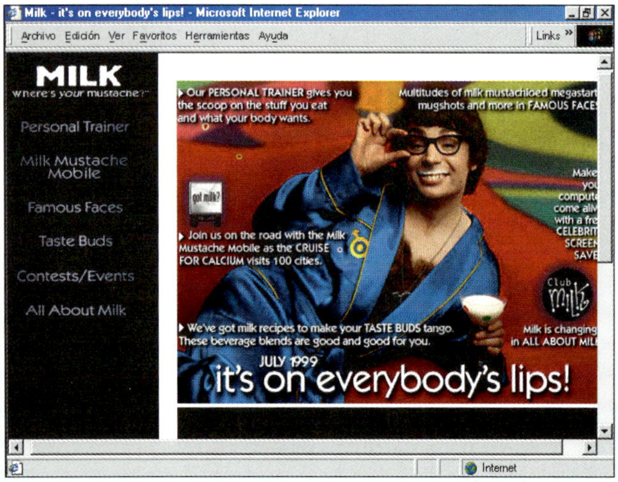

Pepsi

Entre en el Mundo Pepsi y participe para ganar fabulosos premios.

URL www.pepsi.com

PlazaClick

Averigüe qué productos nuevos hay en esta tienda y ordene el que más le convenga.

URL www.plazaclick.com

Philips

Esta enorme compañía de electrónica muestra sus productos e información sobre la compañía.

URL www.philips.com

Ragu

Este es un sitio de recetas, concursos y guías para hablar italiano.

URL www.eat.com

Sprint

En este sitio puede averiguar todo lo relativo a esta compañía de larga distancia.

URL www.sprint.com

Sunkist

Visite este sitio de juegos, recetas y más.

URL www.sunkist.com

Tarjetas Por Internet

Envíe una tarjeta digital a un amigo.

URL crucedecaminos.com/publi

Terra Compras

Luego de seleccionar su país, elija la opción Compras para navegar a través de los catálogos de esta tienda desde su hogar.

URL www.terra.com/espanol.htm

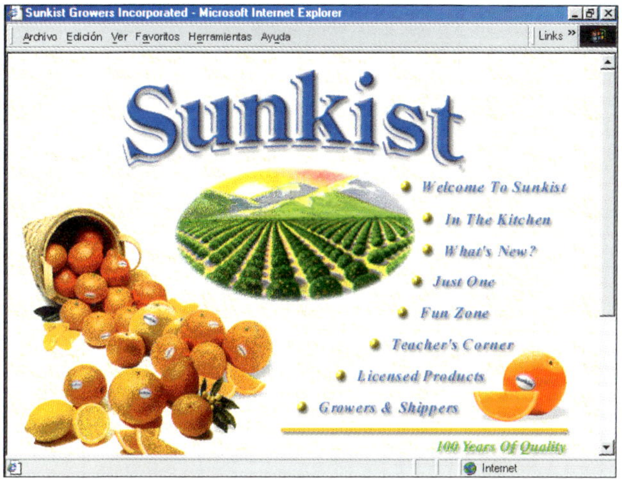

Ticketmaster

Busque eventos, lea entrevistas y gane boletos para eventos y espectáculos.

URL EE. UU. www.ticketmaster.com

URL México www.ticketmaster.com.mx

UPS

Use el sitio United Parcel Service para rastrear su paquete en cualquier parte del mundo.

URL www.ups.com.mx

Virtual Vineyards

En estos viñedos virtuales encontrará desde los finos vinos hasta los hors d'oeuvres.

URL www.virtualvin.com

Wal-Mart

Aproveche las constantes ofertas de este sitio.

URL www.wal-mart.com

B

BUSINESS: FINANCE (NEGOCIOS: FINANZAS)

BBVA Bancomer

Sólida institución bancaria que ofrece una variedad de servicios en Internet.

URL www.bancomer.com.mx

bankonline.com

Un directorio bancario y financiero de servicios en línea.

URL www.bankonline.com

Bolsa Mexicana de Valores

Revise el resumen del mercado del día o cotizaciones y estadísticas.

URL www.bmv.com.mx/index.html

Citibank

Uno de los bancos más grandes en Estados Unidos.

URL www.citicorp.com

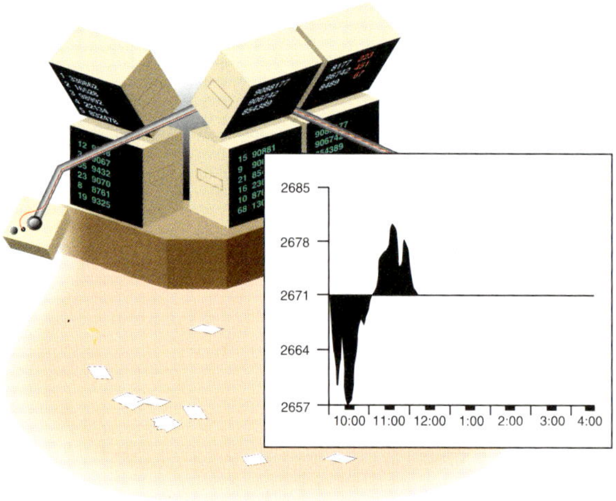

Coin Universe

Fuentes para coleccionistas, y cualquier persona interesada en monedas de todo el mundo.

URL www.coin-universe.com

dobleU.com

En la sección Aseguradoras y Afianzadoras revise las mejores acciones y los mejores fondos mutuales.

URL www.dobleu.com/mx/3/25/3242/238/

Electronic Banker

Información en paquete para personas que hacen sus movimientos a través de Internet.

URL www.electronicbanker.com

Finance on the WWW

Este sitio en Dinamarca tiene enlaces a sitios de negocios y finanzas.

URL www.wiso.gwdg.de/ifbg/finance.html

Finanzas Personales

En la sección Finanzas Personales recibirá consejos de inversión profesionales.

URL lycos.com.mx

Investor's Business Daily

800,000 personas revisan a diario este periódico en línea.

URL www.investors.com

Money

Una gran fuente de información financiera: desde tazas de préstamos hasta ideas de cómo invertir.

URL www.pathfinder.com/money

PCQuote

Un gran lugar para obtener acciones tardías libres de cargo.

URL www.pcquote.com

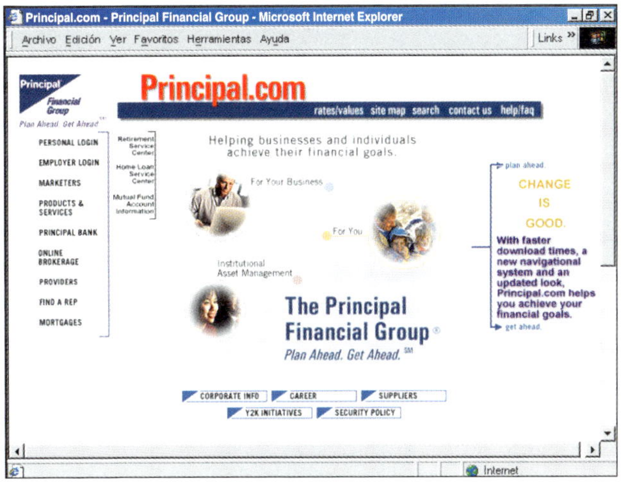

Principal Financial Group

Información sobre planes de retiro, seguros de vida, fondos mutuales y otros tipos de inversión.

URL www.principal.com

USA Today - Money

Lea sobre lo más nuevo en el mundo financiero.

URL www.usatoday.com/money

World Bank Group

Averigüe todo sobre el Banco Mundial en este sitio.

URL www.worldbank.org

WSJ

Ésta es la página de negocios de Wall Street.

URL update.wsj.com

BC

BUSINESS: SHOPPING (NEGOCIOS: COMPRAS)

Access Market Square

Los productos y regalos que ofrece este portal son únicos y el cargo por envío es mínimo.

URL www.icw.com/ams.html

BrandsForLess

Si busca marcas con descuento visite este sitio y compre con grandes rebajas.

URL www.brandsforless.com

Catalog Mart

La forma más fácil y rápida para obtener cualquier catálogo en Estados Unidos.

URL catalog.savvy.com

Ciudad Digital

Intégrese al club de este sitio y forme su colección de CDs, DVDs y películas.

URL ciudaddigital.com.uy/dvd

CL@SIFICADOS

Navegue por los clasificados, Revise los especiales del día o busque un artículo de su interés en este sitio.

URL www.clasificados.com.mx

DeRemate

En este sitio puede participar en la puja de artículos de todo tipo.

URL mexico.deremate.com

eMall

Aquí todos pueden encontrar algo: productos, servicios e información.

URL www.eMall.com

Eficentro Mercado Digital

Busque por nombre, palabra clave o catálogo de interés.

URL www.eficentrum.com

Fingerhut Online

Este sitio ofrece una variedad de productos como joyas, juegos eléctricos, ropa y más.

URL www.fingerhut.com

Internet Shopping Network

Un sitio con especiales en Internet.

URL www.internet.net

NECX

Millones de productos para computadoras están disponibles aquí.

URL www.necx.com

ShopNow.com

Averigüe dónde puede comprar ropa, muebles, regalos y mucho más.

URL www.internet-mall.com

CARS (AUTOMÓVILES)

Alamo

Reserve un auto a través de Internet y averigüe cómo está el clima en el lugar al que se dirige.

URL www.freeways.com

Cadillac

Puede encontrar información sobre el nuevo Cadillac o los futuros eventos patrocinados por Cadillac.

URL www.cadillac.com

DealerNet

Una gran fuente de información sobre compra de autos nuevos y usados.

URL www.dealernet.com

Ford Motor Company

Toda la información que usted busca sobre los automóviles Ford.

URL www.ford.com.mx

C

CARS (AUTOMÓVILES)

General Motors

Un sitio creado por el fabricante más importante de autos del mundo.

URL www.gm.com.mx

Goodyear

Ofrece neumáticos de todo tipo.

URL www.goodyear.com.mx

Harley Davidson Motorcycles of Stamford

De acuerdo, no es un automóvil, pero tiene ruedas.

URL www.hd-stamford.com

Honda

Honda en América, información y actualizaciones.

URL www.honda.com.mx

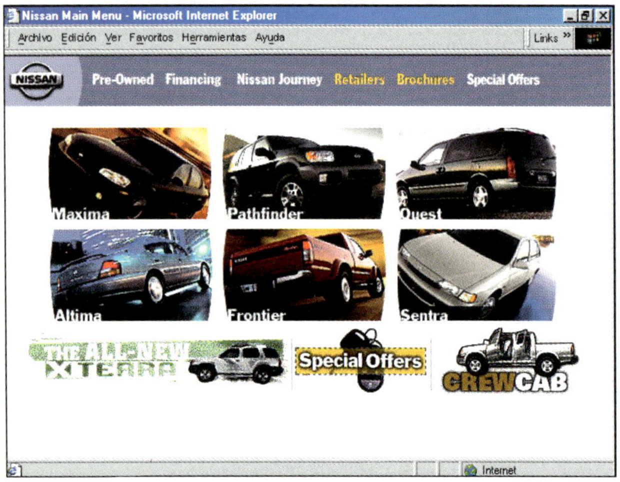

Jeep

Para los que los que gustan de caminos rudos.

URL www.jeepunpaved.com

MEL.com

Autos nuevos y usados en la sección Automóviles.

URL dir.mel.com/Negocios_y_Economia

Nissan

Visite el sitio de Nissan y haga el viaje Nissan.

URL www.nissan.com.mx

Saturn

Este sitio es de los propietarios de Saturn.

URL www.saturncars.com

Toyota

Puede encontrar información sobre vehículos Toyota y más.

URL www.toyota.com

Volvo

Revise la nueva línea de Volvos y localice el distribuidor más cercano a su localidad.

URL www.volvocars.com

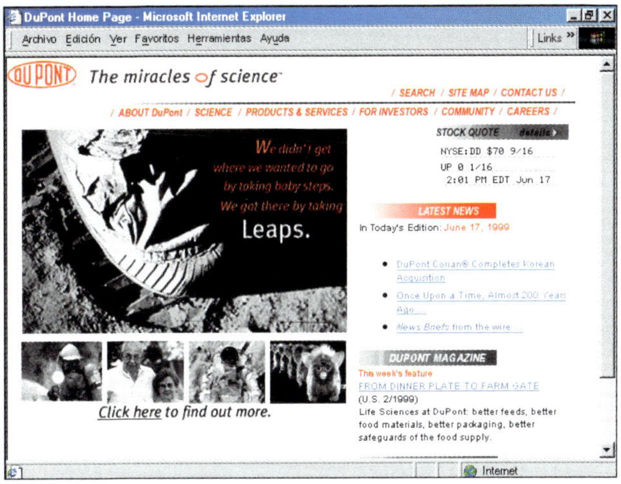

CHEMISTRY (QUÍMICA)

Chemedia

Información en español sobre software para química y otros servicios más.

URL www.chemedia.com

Chemistry

Este sitio suministra enlaces a departamentos de química de todo el mundo.

URL www.chem.ucla.edu/chempointers.html

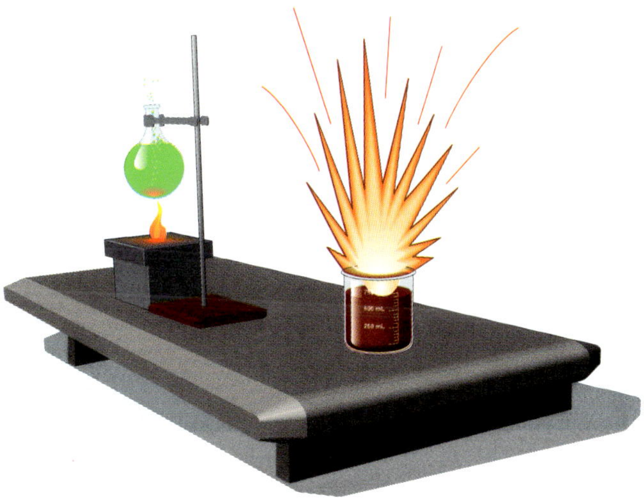

Chemist's Art Gallery

Fotos y animaciones de moléculas y otros aspectos de química.

URL www.csc.fi/lul/chem/graphics.html

DuPont

Visite una de las empresas más grandes del mundo.

URL www.dupont.com

Ethics in Science

Incluye el Código de Conducta de Químicos y ensayos sobre lo correcto e incorrecto de las ciencias en general.

URL www.chem.vt.edu/ethics/ethics.html

Internet Journal of Chemistry

El diario electrónico para químicos.

URL www.ijc.com

C

CHEMISTRY (Química)

National Academy of Sciences

Una lista de comités científicos y fuentes bibliográficas de Estados Unidos.

URL www4.nas.edu/nas/nashome.nsf

Tabla Periódica de los Elementos

Haga clic sobre un elemento en la Tabla Periódica y obtenga información.

URL le-village.ifrance.com/okapi

Red Latinoamericana de Química

Aquí, todos encontraran material educativo, bases de datos, software y muchos otros servicios.

URL www.relaq.mx/Welcome.html

Royal Society of Chemistry

Sitio para estudiantes, profesores o personas interesadas en la química.

URL chemistry.rsc.org/rsc

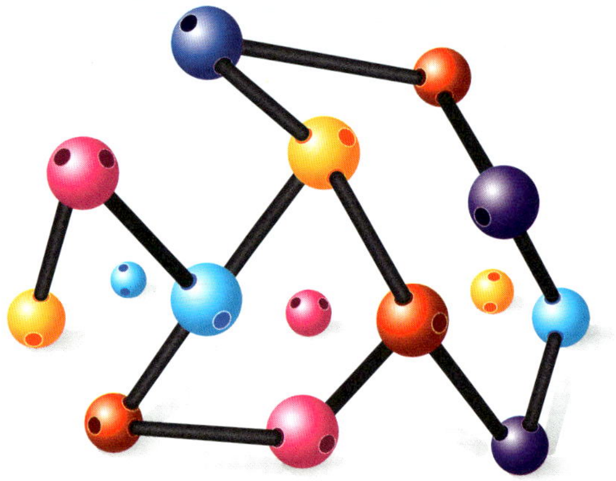

Wilson-Squier Group

Visualice el comportamiento molecular en este sitio de estudios en química.

URL www-wilson.ucsd.edu

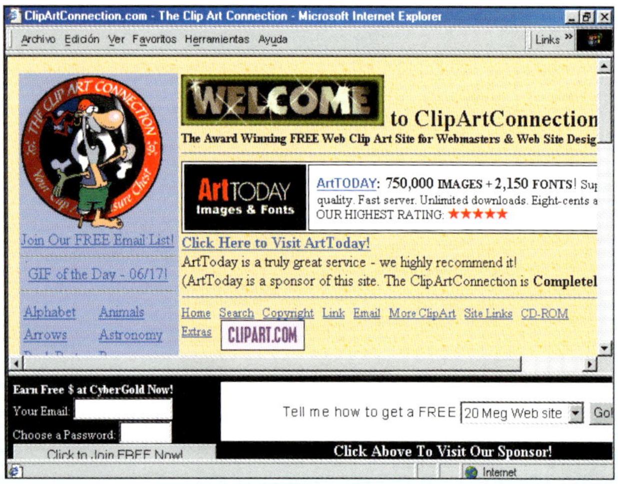

COMPUTERS: PICTURES (COMPUTADORAS: IMÁGENES)

A Community-Indexed Photo Archive

Una lista enorme de fotos clasificadas en categorías del espacio y la vida silvestre.

URL http://gimp-savvy.com/PHOTO-ARCHIVE/

Animation Library

En este sitio encontrará desde elefantes bailarines hasta botes de vela, en más de 3,500 animaciones gratis.

URL www.animationlibrary.com

Clip Art Connection

Miles de imágenes de arte que puede usar.

URL www.clipartconnection.com

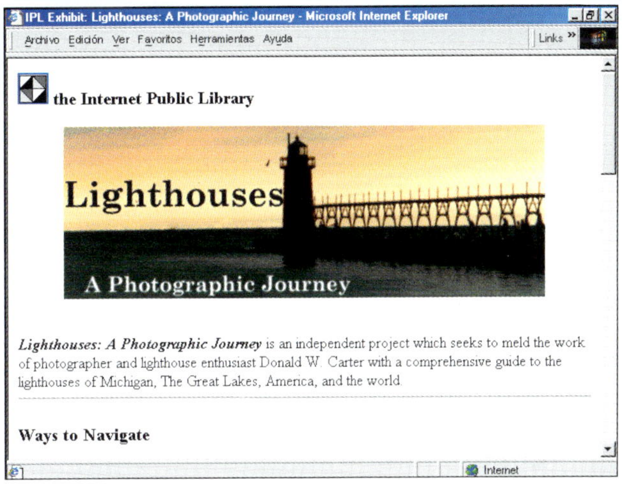

Cool Science Images

Muchas fotos increíblemente buenas de insectos, virus, planetas y otros temas.

URL whyfiles.news.wisc.edu/coolimages

John Donohue's National Park Photos

Excelentes fotos de los mejores parques de América.

URL www.panix.com/~wizjd/parks/parks.html

Kite Aerial Photography

Si desea una nueva perspectiva, revise estas fotos tomadas desde un cometa.

URL www-archfp.ced.berkeley.edu/kap

Lighthouses

Fotos de faros de todo el mundo.

URL www.ipl.org/exhibit/light

Michigan Press Photographer's Association

Navegue a través de las fotos ganadoras del concurso Fotos del Año.

URL www.mppa.org

Microsoft© Design Gallery Live

Puede encontrar clips de arte en este sitio. Basta con que inserte una clave o busque por categoría para encontrar los clips relacionados con un tema en particular.

URL http://dgl.microsoft.com

NSSDC Photo Gallery

El Centro Nacional de Datos Científicos del Espacio tiene fotos de planetas, asteroides y otros temas.

URL nssdc.gsfc.nasa.gov/photo_gallery

Photo Exhibitions and Archives

Una lista de fotos en la Web.

URL www.algonet.se/~bengtha/photo/exhibits.html

COMPUTERS: SOUNDS (COMPUTADORAS: SONIDOS)

Audio Dramas

Dramas en audio para estudiantes de inglés de nivel básico e intermedio. Hay docenas de obras que disfrutará al escucharlas.

URL www.liveoakmedia.com/dramas.html

Creative

Sitio de los creadores de la increíble tarjeta de sonido Sound Blaster.

URL www.creaf.com

Guide to Animal Sounds on the Net

Este sitio tiene enlaces a sonidos de animales, desde ranas hasta ballenas.

URL members.tripod.com/Thryomanes/AnimalSounds.html

Historic Audio Archives

Discursos de Richard Nixon, J.F.K. y otros.

URL www.webcorp.com/sounds/index.htm

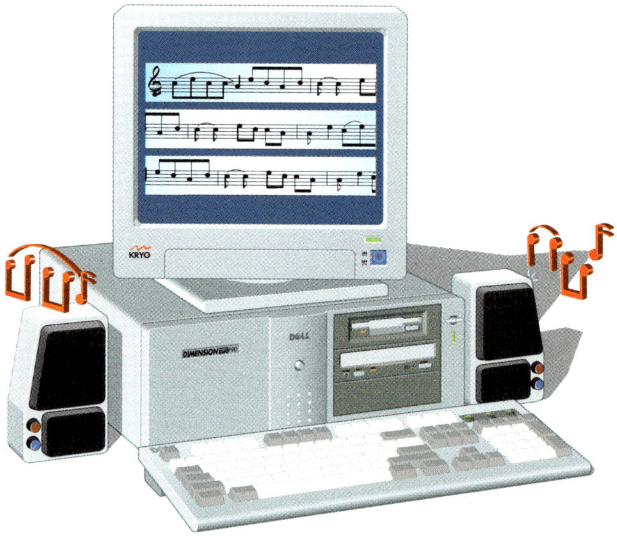

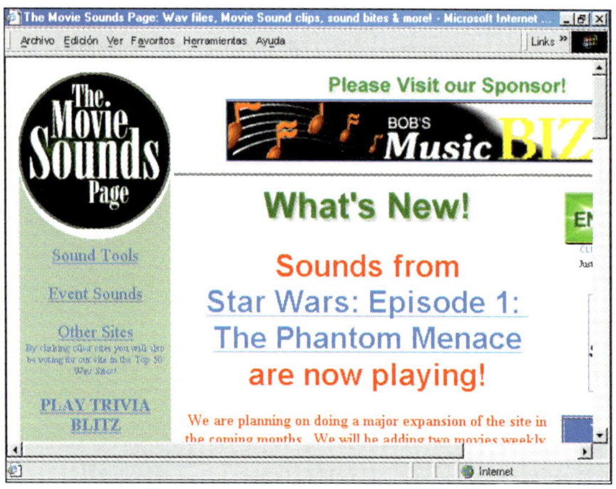

Internet Underground Music Archive

Un lugar para escuchar artistas independientes y bandas.

URL www.iuma.com

Japanese Sound Archive

Los sonidos no tienen nada que ver con Japón, pero este sitio es grande y rápido.

URL sunsite.sut.ac.jp/multimed/sounds

Metalab Sounds

En esta gran colección de sonido hay canciones, citas y otras composiciones.

URL metalab.unc.edu/pub/multimedia/pc-sounds

Movie Sounds

Sonidos de sus películas favoritas.

URL www.moviesounds.com

mp3.com

Averigüe cómo coleccionar grabaciones de música mp3 de alta calidad y bajar las canciones que más le gustan.

URL www.mp3.com

real.com

Baje el programa RealPlayer®, el que le permitirá escuchar sonidos y ver películas en su computadora.

URL www.real.com

Sound of the Day

Cada día puede encontrar un nuevo sonido aquí. Escuche la canción del día o seleccione una del archivo.

URL web-star.com/sod/sod.html

SoundAmerica

Si tiene problemas para encontrar un sonido específico, pruebe SoundAmerica; tiene más de 25.800 sonidos disponibles.

URL www.soundamerica.com

Dígalo

Escriba algo y este sitio lo reproducirá para usted.

URL www.digalo.com/Spanish

The Answering Machine

Sorprenda a los que le llaman bajando un mensaje de máquina contestadora de este sitio único de la Web. Incluye mensajes, canciones, películas famosas y personalidades.

URL www.answeringmachine.co.uk

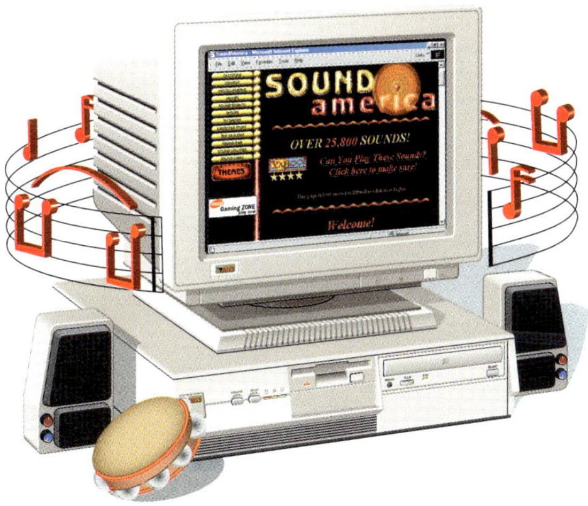

Vincent Voice Library

Una selección de discursos famosos.

URL www.lib.msu.edu/vincent/

Warsaw University

Warsaw es una de las muchas universidades alrededor del mundo que tienen colecciones de sonido.

URL info.fuw.edu.pl/multimedia/sounds

DE

DANCE AND DANCE MUSIC (BAILE Y MÚSICA BAILABLE)

Música y Mp3

Lo último en música y chat sobre música.

URL www.lycos.es/dir/Musica_y_Mp3

CyberDance-Ballet on the Net

Enlaces a información sobre ballet y baile moderno en Internet.

URL www.thepoint.net/~raw/dance.htm

Dance Online

Aquí encontrará información sobre presentaciones, revistas y enlaces a otros sitios.

URL www.danceonline.com

DanceArt.com

Este sitio contiene información que le ayudará a mejorar su técnica en baile o encontrarla.

URL www.danceart.com

DancerOnline

Una versión en línea del popular baile de revista y mucho más.

URL www.danceronline.com

Dancescape

Entre al mundo del tango y aprenda cómo bailarlo.

URL www.dancescape.com

Kelkoo.com

Quienes practican la danza rítmica y gimnástica pueden adquirir las prendas necesarias aquí.

URL es.kelkoo.com/directorio/category.jsp?catId=269

Gaynor Minden

Uno de los líderes en zapatos de baile.

URL www.dancer.com

Information Super Dance Floor

Una excelente fuente para los que desean aprender los pasos más recientes de la música country

URL www.apci.net/~drdeyne

New York City Ballet

Averigüe cuándo y dónde dará función esta compañía de ballet.

URL www.nycballet.com

Sapphire Swan Dance Directory

Encuentre enlaces a grandes sitios desde este lugar.

URL www.sapphireswan.com/dance

El índice

Sitio con enlaces para adquirir CDs y ropa de colección relacionados con ritmos actuales.

URL www.elindice.com/Musica/Discos

Tap Dance Homepage

Encuentre los enlaces a todo lo relacionado con baile tap.

URL www.tapdance.org

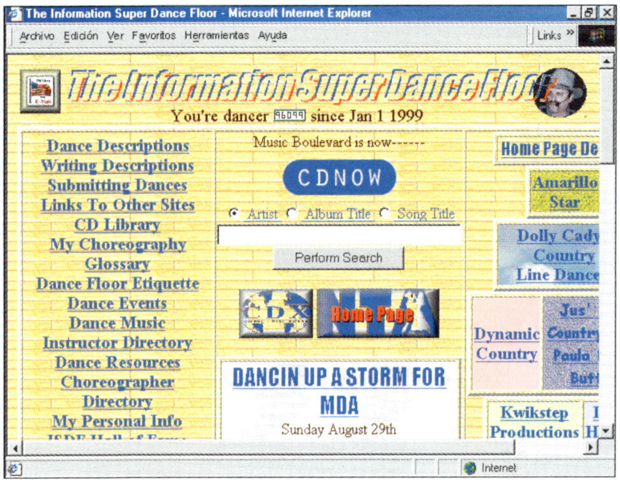

earthdance

Navegue por esta extensa página cuya propuesta es mantener un planeta armónico a través de la música y el baile.

URL www.earthdance.org

E EDUCATION (EDUCACIÓN)

AskERIC

Los profesores conocen muy bien este servicio.

URL ericir.syr.edu

Ayuda tarea

Este sitio ofrece a los niños varios enlaces de contenido educativo divertidos y atractivos.

URL www.kokone.com.mx

CollegeNET

Una base de datos de investigaciones de más de 2.000 universidades y colegios.

URL www.collegenet.com

EDUCAR.ORG

Enlaces a sitios educativos de todo tamaño y tipo, como bibliotecas, educación virtual y foros.

URL www.educar.org/

Education Index

Ya sea un excelente estudiante o no, este índice le suministra los enlaces a sitos educativos fascinantes de la Web.

URL www.educationindex.com

fastWEB

Una guía para encontrar becas en universidades y colegios.

URL www.studentservices.com/fastweb

Frank Potter's Science Gems

Una colección de ciencias y matemáticas disponible en la Web.

URL www-sci.lib.uci.edu/SEP/SEP.html

Global Schoolhouse

Este sitio está dedicado a unir niños de todo el mundo ofreciendo proyectos, concursos y una gran variedad de recursos educativos más.

URL www.globalschoolhouse.org

Global Show-n-Tell

Los niños pueden aquí mostrar e intercambiar sus trabajos con otros niños de otras partes del mundo.

URL www.telenaut.com/gst

Kids' Space

Un lugar fantástico para que los niños compartan su imaginación con otros niños.

URL www.kids-space.org

Media Literacy Online Project

Una colección de información sobre la influencia de los medios en la vida de los niños.

URL interact.uoregon.edu/MediaLit/HomePage

Online Educational Resources

Una colección de recursos educacionales para estudiantes y profesores.

URL quest.arc.nasa.gov/OER

Portal de sitios infantiles

En este portal los niños encuentran enlaces a cientos de sitios infantiles, en español e inglés.

URL www.cyt.net/portal/infantiles.htm

Teaching and Learning on the Web

Encuentre ejemplos de cómo usan otras personas la Web como herramienta de aprendizaje.

URL www.mcli.dist.maricopa.edu/tl

Yale University

Averigüe sobre programas y estilos de vida en los campus de la Universidad de Yale.

URL www.yale.edu

ENVIRONMENT AND WEATHER (CLIMA Y MEDIO AMBIENTE)

Department of Atmospheric Sciences

Este sitio tiene enlaces a varias fuentes de reportes del clima en la Web Mundial.

URL www.atmos.uiuc.edu

Earth Force

Averigüe lo que la gente joven en comunidades de Estados Unidos hacen para proteger el ambiente y promover la conservación.

URL www.earthforce.org

EcoNet

EcoNet tiene varias redes incluyendo PeaceNet, LaborNet y WomensNet.

URL www.igc.apc.org/econet

EF ENVIRONMENT AND WEATHER (CLIMA Y MEDIO AMBIENTE)

EnviroLink Network
Una de las fuentes más grandes del mundo sobre información ambiental en línea.
URL www.envirolink.org

Environmental Protection Agency
Aprenda cómo el gobierno hace la diferencia.
URL www.epa.gov

Greenpeace
Este sitio le habla sobre la Organización Greenpeace.
URL www.greenpeace.org

Intellicast
Vea el clima que prevalece alrededor del mundo.
URL www.intellicast.com

National Oceanic and Atmospheric Administration
Averigüe lo que el gobierno de Estados Unidos está haciendo por la capa de Ozono, las especies en peligro de extinción y otros temas más.
URL www.noaa.gov

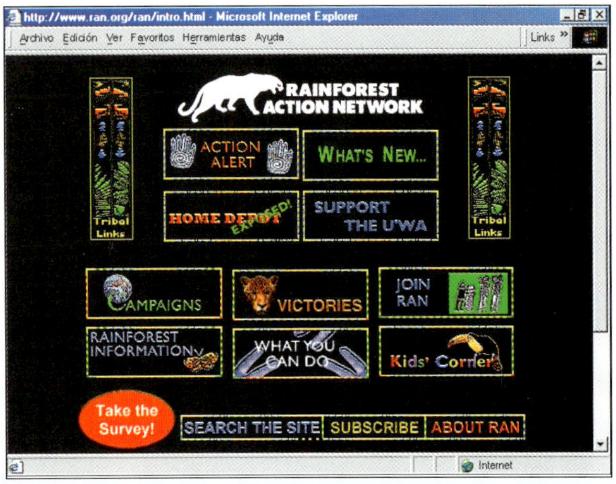

Rainforest Action Network
Este sitio promueve la preservación del bosque lluvioso en la Tierra.
URL www.ran.org

Recycler's World
Un sitio dedicado al reciclaje.
URL www.recycle.net

USA Today Weather
Información sobre el clima, de uno de los periódicos más grandes en Estados Unidos.
URL www.usatoday.com/weather

Water Science for Schools
Agua por todos lados cubre las dos terceras partes de la Tierra. Averigüe sobre los ciclos del agua, sus propiedades y cómo usar este valioso recurso.
URL ga.water.usgs.gov/edu

Weather Information Superhighway

Este sitio ofrece enlaces a muchas páginas de clima de la Web.

URL www.nws.fsu.edu/wxhwy.html

WeatherNet: Weather Cams

Espíe el clima a través de cámaras por todo Estados Unidos y Canadá.

URL cirrus.sprl.umich.edu/wxnet/wxcam.html

FOOD AND DRINK (COMIDA Y BEBIDA)

Ask the Dietitian

Bajo en calorías, alto en fibra; averigüe lo que esto significa. Pregúntele a un dietista.

URL www.dietitian.com

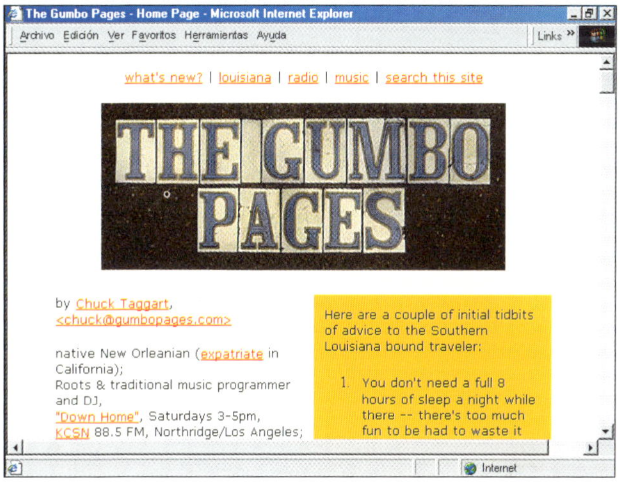

Coca-Cola

Este sitio tiene información sobre la compañía y sus productos, al igual que otras cosas que le fascinarán.

URL www.cocacola.com

Godiva Chocolates

Recetas y más… puede comprar todos los chocolates que desea.

URL www.godiva.com

Gumbo Pages

Aquí puede encontrar información sobre comida, música y la cultura de Nueva Orleáns.

URL www.gumbopages.com

Hershey Foods Corporation

A esta compañía se le conoce por sus besos de chocolate.

URL www.hersheys.com

FG

FOOD AND DRINK (COMIDA Y BEBIDA)

Ketchum Kitchen

Recetas y mucho más.

URL www.recipe.com

Mentos

Vea lo nuevo en este sitio y sus conciertos en vivo.

URL www.mentos.com

Pasta Home Page

Amantes de la pasta, éste es su sitio. Encuentre recetas, respuestas a preguntas populares e información sobre nutrición y formas de pasta.

URL www.ilovepasta.org

Perrier

Este refrescante sitio de la Web tiene pruebas, una galería de botellas de arte y mucho más.

URL www.perrier.com

Recipe Archive

Aprenda a hacer desde lasagna hasta cheesecake en este sitio.

URL www.cs.cmu.edu/~mjw/recipes

Rubbermaid

Encuentre información sobre los productos que conservar su comida fresca.

URL www.rubbermaid.com

StarChefs

Obtenga recetas de grandes chefs y autores de libros de recetas.

URL www.starchefs.com

Vegetarian Pages

Noticias, recetas, una lista de vegetarianos famosos y mucho más.

URL www.veg.org/veg

GAMES (JUEGOS)

Chess.net

Aprenda el juego y compita con jugadores de ajedrez de todo el mundo en este sitio de la Web.

URL www.chess.net

Electronic Arts

Uno de los más grandes inventores de juegos en América del Norte.

URL www.ea.com

Games Domain

Este sitio popular ofrece algunos de los juegos para computadora más populares en el mercado.

URL www.gamesdomain.com

Gamesmania

Este sitio ofrece todo tipo de información sobre juegos populares.

URL www.gamesmania.com

Happy Puppy

Una enorme colección de juegos, demostraciones, estrategias y mucho más.

Este sitio ofrece todo tipo de información sobre juegos populares.

URL www.happypuppy.com

Jumbo

Una colección de juegos y programas que puede bajar gratis.

URL www.jumbo.com

LucasArts

Creadores de muchos juegos para computadora con censura.

URL www.lucasarts.com

Need for Speed

Conduzca el auto de sus sueños en una gran variedad de caminos. Puede competir contra otro jugador o elegir ser un oficial de policía en una persecución.

URL www.needforspeed.com

Nintendo Power Source

Revise los últimos juegos. La diversión nunca acaba en este sitio.

URL www.nintendo.com

PC Gamer Online

Encuentre noticias sobre juegos en esta revista.

URL www.pcgamer.com

Riddler

Resuelva rompecabezas y acertijos y gane dinero y premios.

URL www.riddler.com

Sega Online

Encuentre más sobre los juegos que este vídeo ofrece.

URL www.sega.com

Shareware.com

Ésta es una herramienta poderosa que lo ayudará a encontrar programas para copiarlos en su computadora.

URL www.shareware.com

Virtual Stock Exchange

Si soñó con ser un exitoso corredor de bolsa, entonces disfrutará de los riesgos en este juego virtual de bolsa de valores.

URL crosswalk.virtualstockexchange.com

Virtual Vegas

Virtual Vegas tiene póker, ruleta, blackjack y mucho más para jugar.

URL www.virtualvegas.com

Where's Waldo? on the Web!

Basado en la popular serie de libros *¿Dónde está Waldo?*, este sitio lo mantendrá buscando a Waldo por horas.

URL www.findwaldo.com

GEOGRAPHY (GEOGRAFÍA)

GHI

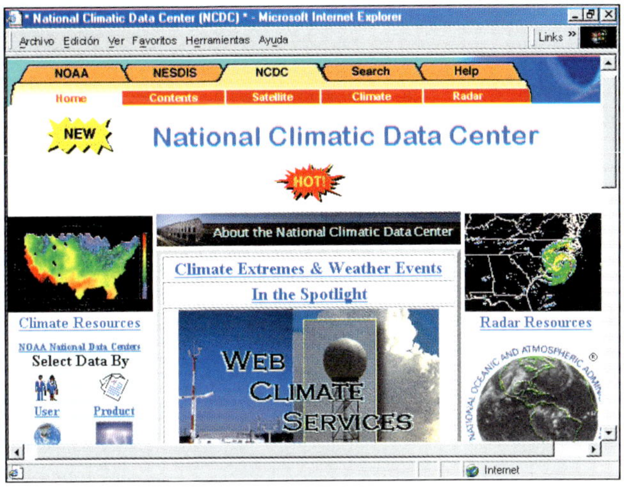

Association of American Geographers

Visite este sitio para aprender sobre geografía.

URL www.geography.org

How far is it?

Introduzca el nombre de dos lugares y este sitio de la Web le dirá la distancia entre ellos.

URL www.indo.com/distance

Mt. Rushmore

Si quiere que su rostro también esté ahí, visite este sitio.

URL www.state.sd.us./tourism/rushmore

National Climatic Data Center

Averigüe dónde hace calor y dónde no.

URL www.ncdc.noaa.gov

National Geographic

Viaje alrededor del mundo con National Geographic en este sitio.

URL www.nationalgeographic.com

NCGIA

Averigüe sobre el Centro Nacional para Información y Análisis Geográfico.

URL www.ncgia.ucsb.edu

PCL Map Collection

La madre de todas las colecciones de mapas.

URL www.lib.utexas.edu/Libs/PCL/Map_collection

U.S. Geological Survey

Este sitio provee información para ayudarle a comprender mejor las ciencias de la Tierra.

URL www.usgs.gov

G

GOVERNMENT AND INFORMATION ON THE U.S. (GOBIERNO E INFORMACIÓN SOBRE EU)

Army

Puede visitar sitios relacionados con la Armada y mucho más.

URL www.army.mil

Census Bureau

Averigüe cuántas personas viven actualmente en Estados Unidos.

URL www.census.gov

CIA

Como este sitio es público, no encontrará los secretos más oscuros de esta organización.

URL www.odci.gov/cia

Coast Guard

Esto no es Guardianes de la Bahía.

URL www.uscg.mil

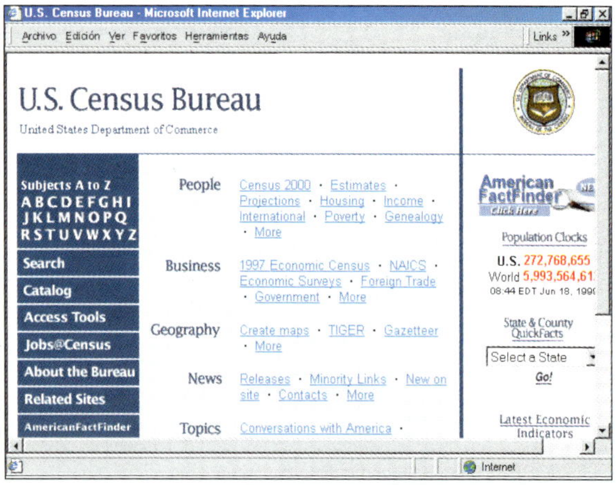

DefenseLINK

El Departamento de Defensa de Estados Unidos en línea.

URL www.defenselink.mil

Department of Education

Este sitio provee información tanto para estudiantes como para profesores.

URL www.ed.gov

Department of Justice

Pelean para proteger sus derechos. Este sitio tiene enlaces a muchas agencias, incluyendo el FBI.

URL www.usdoj.gov

FBI

Averigüe sobre el FBI y manténgase al día sobre las últimas investigaciones.

URL www.fbi.gov

Federal Judiciary

Una gran fuente de información en relación con la rama judicial del gobierno de Estados Unidos.
URL www.uscourts.gov

FedStats

Este sitio provee estadísticas e información de más de 70 agencias federales del gobierno.
URL www.fedstats.gov

House of Representatives

Información sobre legislación, comités y organizaciones de la Casa de Representantes.
URL www.house.gov

IBERT

Averigüe hacia dónde va todo su dinero.
URL www.ibert.org

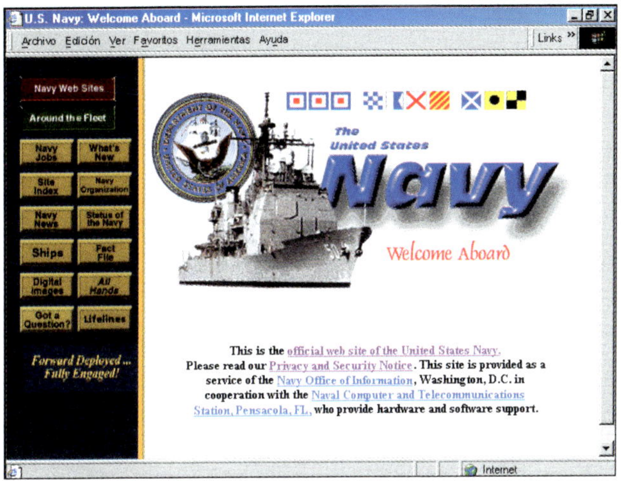

GHI

IRS

Acceso inmediato al Servicio Interno de Impuestos.
URL www.irs.gov

Navy

La guía completa de la Marina de Estados Unidos.
URL www.navy.mil

New York State

El Estado en línea.
URL www.state.ny.us

Patent and Trademark Office

Sepa cómo proteger sus ideas con una patente o marca. Puede buscar en la base de datos de la Web, la cual contiene todas las patentes otorgadas desde 1976.
URL www.uspto.gov

GOVERNMENT AND INFORMATION ON THE U.S. (GOBIERNO E INFORMACIÓN SOBRE EU)

Postal Service

Busque un código postal y mucho más en este sitio.

URL www.usps.gov

Thomas Library

Este inmenso sitio tiene una enorme cantidad de información legislativa y del Congreso.

URL thomas.loc.gov

Treasury Department

Los encargados de hacer las monedas. Este sitio provee información en los programas y actividades del Departamento del Tesoro de Estados Unidos.

URL www.ustreas.gov

White House

Haga un recorrido por la Casa Blanca.

URL www.whitehouse.gov

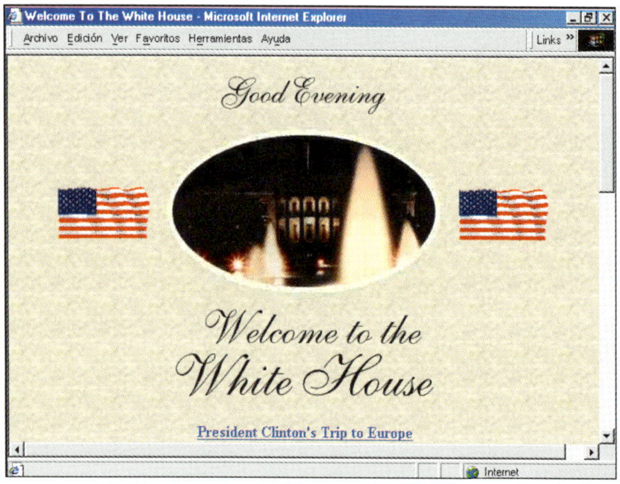

GOVERNMENTS AND INFORMATION ON THE WORLD (GOBIERNOS E INFORMACIÓN SOBRE EL MUNDO)

Australian Government

Información sobre el gobierno de Australia.

URL www.fed.gov.au

Europa Home Page

Este sitio ofrece información sobre los objetivos y políticas de la Unión Europea.

URL europa.eu.int

Government of Canada

Servicios y estructura política del gobierno de Canadá.

URL www.canada.gc.ca

Hong Kong Government Information Center

Fotos, oficinas del gobierno, actualizaciones de noticias y mucho más sobre Hong Kong.

URL www.info.gov.hk

International Foundation for Election Systems

Este sitio de la Web ofrece enormes cantidades de información sobre elecciones alrededor de todo el mundo.

URL www.ifes.org

New Zealand

Aprenda todo lo relacionado con este país en el Pacífico.

URL www.govt.nz

Russia Today

Observe qué está sucediendo en Rusia con este sitio que cubre la política rusa.

URL www.russiatoday.com

South African Government Information

En este sitio aprenderá más sobre África del Sur.

URL www.polity.org.za

United Kingdom

Este sitio lo ayuda a localizar oficinas gubernamentales, servicios y oficiales en el Reino Unido.

URL www.open.gov.uk

United Nations

Tome un tour por las Naciones Unidas y esté informado sobre lo último en relaciones internacionales.

URL www.un.org

H HEALTH (SALUD)

Acupuncture.com

Si no le gustan las agujas, no visite este sitio.

URL www.acupuncture.com

American Medical Association

Puede encontrar investigaciones médicas y mucho más en este lugar.

URL www.ama-assn.org

Centers for Disease Control
Aprenda cómo prevenir y controlar enfermedades, incapacidades y otros padecimientos.
URL www.cdc.gov

Central Institute for the Deaf
Este sitio provee información sobre los programas educativos para los incapacitados del oído.
URL www.cid.wustl.edu

Cyber Pharmacy
Si tiene diabetes, sufre pérdida de cabello o desea dejar de fumar visite este sitio y todas sus preguntas serán contestadas por un farmacéutico especialista. También puede ordenar medicamentos.
URL www.cyberpharmacy.com

Eli Lilly and Company
Tratamientos para cáncer y diabetes.
URL www.lilly.com

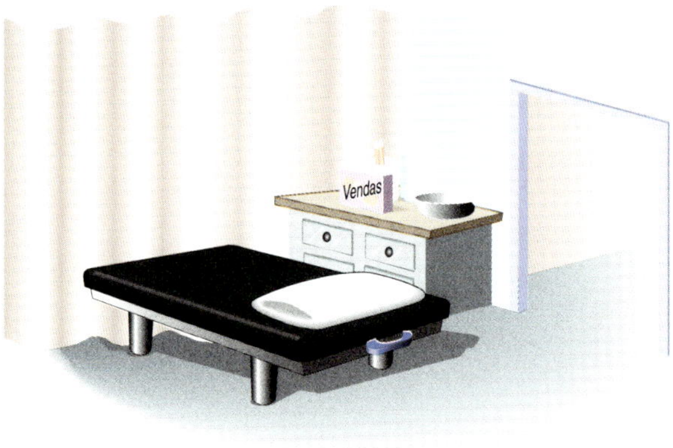

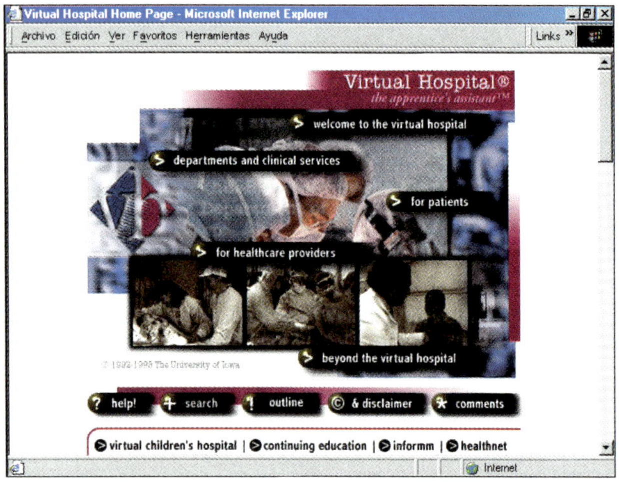

Medical Breakthroughs
Infórmese de las actualizaciones médicas en este sitio.
URL www.ivanhoe.com

National Library of Medicine
Acceda a información médica y científica desde esta enorme biblioteca.
URL www.nlm.nih.gov

Virtual Hospital
Encuentre la última información sobre salud en este sitio de la Web.
URL www.vh.org

Virtual Medical Center
Una enorme colección de información médica, al igual que glosarios y diccionarios.
URL www-sci.lib.uci.edu/HSG/Medical.html

HISTORY (HISTORIA)

1492: An Ongoing Voyage

Este sitio examina los aspectos de cómo el descubrimiento de América afectó a las naciones de todo el mundo.

URL metalab.unc.edu/expo/1492.exhibit/Intro.html

American Memory

Este glorioso sitio le dará toda la historia americana que desea.

URL rs6.loc.gov/amhome.html

Colonial Williamsburg

Dé un paso atrás en el tiempo y visite la más grande historia sobre vida al aire libre, donde el pasado cobra vida.

URL www.history.org

Encyclopedia.com

Éste es un gran lugar para iniciar una investigación en historia.

URL www.encyclopedia.com

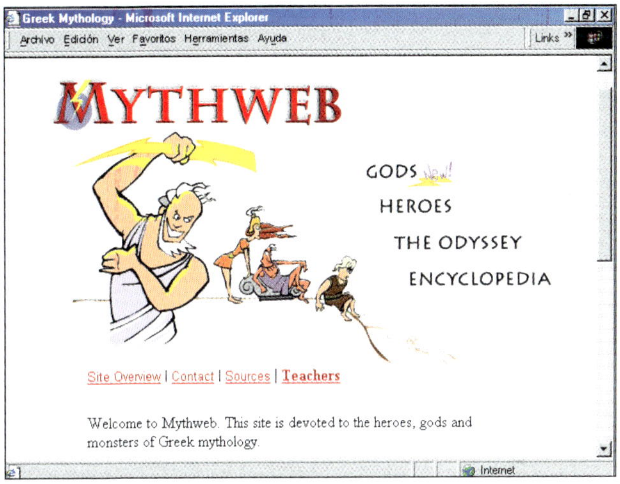

Genealogy Home Page

Un buen lugar para rastrear su árbol genealógico.

URL www.genhomepage.com

Greek Mythology

Dioses griegos, héroes y la *Odisea,* todos en este sitio.

URL www.mythweb.com

Historia Mundial

Enlaces a sitios con documentos sobre la historia de los paises de cada continente.

URL www.eureka.com.mx/links/

This Day in History

Aprenda sobre los eventos famosos y no famosos que sucedieron el día de hoy en la historia.

URL www.historychannel.com/today

HUMOR

April Fools

El día de los tontos y cualquier otro día.

URL aprilfools.infospace.com

Ask Dr. Science

Revise la respuesta del Dr. Ciencias para la pregunta del día, y haga su propia pregunta.

URL www.drscience.com

Comedy Central

La comedia de televisión tiene un sitio en la Web.

URL www.comcentral.com

Ha!

¿Necesita una buena risa para alegrar su día? Si tiene un chiste para compartir, este sitio le da la oportunidad.

URL www.hardyharhar.com

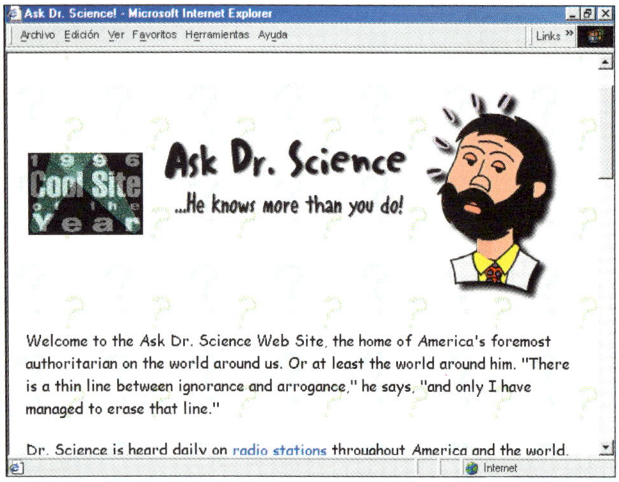

Humor.com

Ya sea que busque chistes o historias locas, aquí se divertirá muchísimo.

URL www.humor.com

Late Show Top 10 Archive

Una colección de las diez mejores listas de David Letterman.

URL marketing.cbs.com/lateshow/topten

Laughter - The World's Common Language

Este sitio le dará muchas risas y más.

URL www.laughter.com

Rec.Humor.Funny Home Page

Miles de chistes e historias humorísticas.

URL comedy.clari.net/rhf

J JOBS (EMPLEOS)

America's Job Bank

Encontrará miles de trabajos por oficinas de empleos en todo Estados Unidos.

URL www.ajb.dni.us

Career.com

Este sitio conecta buscadores de trabajo con empleadores de todo el mundo.

URL www.career.com

CareerMosaic

Una colección de trabajos de todas partes del mundo.

URL www.careermosaic.com

Employment Guide's CareerWEB

Encuentre trabajo en otras partes del mundo.

URL www.cweb.com

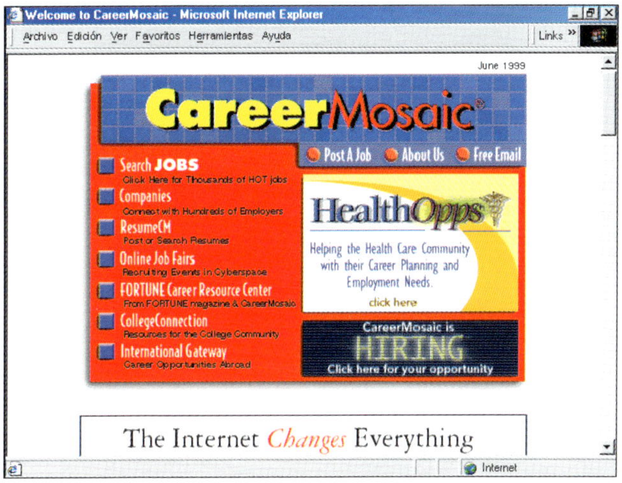

Job-Hunt

Una lista de empleos en línea.

URL www.job-hunt.org

JobOptions

Este sitio puede ayudarlo a encontrar la oportunidad de su vida.

URL www.joboptions.com

Monster.com

El sitio más grande para buscar trabajo en la Web. Más de 200.000 empleos y más de un millón de curricula.

URL www.monster.com

NetJobs

Agregue un trabajo o busque uno.

URL www.netjobs.com

M

MAGAZINES (REVISTAS)

BusinessWeek Online

Esta revista en línea lo mantendrá informado sobre tecnologías y negocios recientes.

URL www.businessweek.com

Cosmopolitan

Visite esta popular revista de modas en línea.

URL www.cosmomag.com

Enews.com

Este sitio tiene populares revistas para visitar.

URL www.enews.com

HotWired

La edición en línea de la revista "Wired," dedicada a la prensa, tecnología y cultura pop.

URL www.hotwired.com

Internet World

Revise este sitio y averigüe qué está de moda y qué ya es parte del pasado.

URL www.iw.com

OnTap

Entretenimiento, cultura, deportes y tecnología.

URL www.taponline.com

Reader's Digest World

Visite este sitio para entretenimiento e información.

URL www.readersdigest.com

Salon

La revista donde la política y el entretenimiento se encuentran.

URL www.salon1999.com

The Etext Archives

Puede encontrar muchas revistas electrónicas en este sitio.

URL www.etext.org/zines

Time

Este sitio incluye la revista Time.

URL www.time.com

Word

Esta revista electrónica cubre una variedad de temas e incluye historias, gráficos y animaciones.

URL www.word.com

MOVIES (PELÍCULAS)

007

Este sitio está dedicado a James Bond.

URL www.mcs.net/~klast/www/bond.html

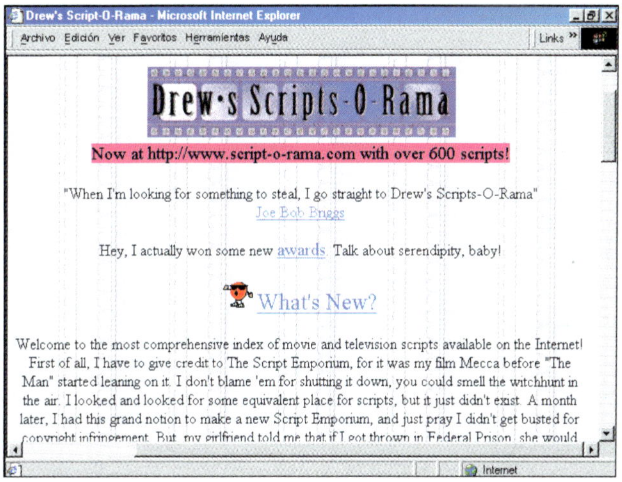

Academy of Motion Picture Arts and Sciences

Y el Oscar es para..." Visite este sitio para averiguar todo lo que desea saber sobre los premios más populares.

URL www.oscars.org

Alfred Hitchcock

Los fanáticos de "Los Pájaros", "Vértigo" y"Psicosis" deben revisar este sitio.

URL nextdch.mty.itesm.mx/~plopezg/Kaplan/Hitchcock.html

BigFellaMovies.com

Este sitio tiene revisiones humorísticas sobre las películas de hoy.

URL www.bigfellamovies.com

Drew's Scripts-O-Rama

Puede ver más de 600 películas completas y sus guiones en este sitio.

URL www.script-o-rama.com

M

MOVIES (PELÍCULAS)

Early Motion Pictures 1897-1920

Una colección de algunos filmes antiguos hechos en América del Norte.

URL lcweb2.loc.gov/ammem/papr

Film.com

Este sitio incluye revisiones de los mejores vídeos y películas.

URL www.film.com

FilmZone

Una excelente revista con mucha información en artículos independientes sobre películas extranjeras, animadas y de Hollywood.

URL www.filmzone.com

Hollywood.com

Una excelente fuente de información sobre las películas más recientes y las estrellas de cine.

URL www.hollywood.com

Internet Movie Database

Esta base de datos de información sobre películas tiene los detalles que usted desea saber.

URL us.imdb.com

MCA/Universal

Vea lo que es nuevo en este estudio de películas.

URL www.mca.com

Movie Clichés List

Una gran colección de clichés de películas.

URL www.like.it/vertigo/cliches.html

Movie Critic

Películas censuradas que ya ha visto y desea saber si son buenas.

URL www.moviecritic.com

M.O.V.I.E. Trivia/Games

Un concurso de juegos de galería y trivia donde puede ganar premios por su conocimiento en cine. Puede comprar mercadería de CINES para apoyar la filmación de películas independientes.

URL www.moviefund.com/trivia.html

MovieWEB

Avances de películas futuras.

URL www.movieweb.com

Mr. Showbiz

Este sitio provee excelente información de las últimas películas.

URL mrshowbiz.go.com

Paramount Pictures

Contiene información sobre películas de Paramount.

URL www.paramount.com

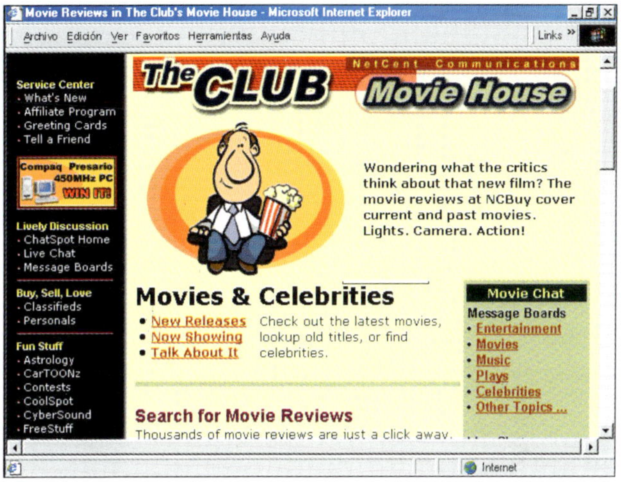

Quid Comunidad Virtual

Sitio que presenta reseñas de películas que han alcanzado cierto prestigio.

URL http://quid.8m.com/cine.htm

Roger Ebert on Movies

Conozca la opinión de este famoso crítico de cine.

URL www.suntimes.com/ebert

The Club Movie House

Puede encontrar mucho sobre películas antiguas y nuevas en este sitio.

URL www.ncbuy.com/theclub/movies

Wallywood.com

Observe lo que es Hollywood y sepa más sobre la meca del cine.

URL www.wallywood.com

M

MUSEUMS (MUSEOS)

Andy Warhol Museum

Un sitio dedicado a uno de los artistas estadounidenses más famosos.

URL www.clpgh.org/warhol

Calvert Marine Museum

Asegúrese de revisar esta galería.

URL www.calvertmarinemuseum.com

Computer Museum

Este museo incluye exhibiciones interactivas, la historia de las computadoras y mucho más.

URL www.net.org

Cookie Museum

Coma mientras visita este museo. El arte de las galletas.

URL www.chipsahoy.com/cookiemuseum

Exploratorium

Un museo de arte, ciencias y percepción humana.

URL www.exploratorium.edu

Franklin Institute Science Museum

Este es un museo interactivo donde puede ver exhibiciones de ciencias.

URL sln.fi.edu

Global Children's Art Gallery

Una espectacular colección de trabajos de arte de niños.

URL www.naturalchild.com/gallery

Kruger Street Toy & Train Museum

Este sitio lo hará sentirse como un niño otra vez.

URL www.toyandtrain.com

Louvre Museum

Debe ver este sitio. Una increíble colección de algunos de los mejores artistas del mundo.

URL www.louvre.fr

Metropolitan Museum of Art

Este famoso museo de la ciudad de Nueva York muestra trabajos de arte de su impresionante colección.

URL www.metmuseum.org

Natural History Museum

Retroceda en el tiempo y vea los dinosaurios y fósiles antiguos junto con la evolución del hombre.

URL www.nhm.ac.uk

Smithsonian Institution

Visite numerosas exhibiciones, critique a los artistas famosos o diviértase en el Zoológico Nacional.

URL www.si.edu

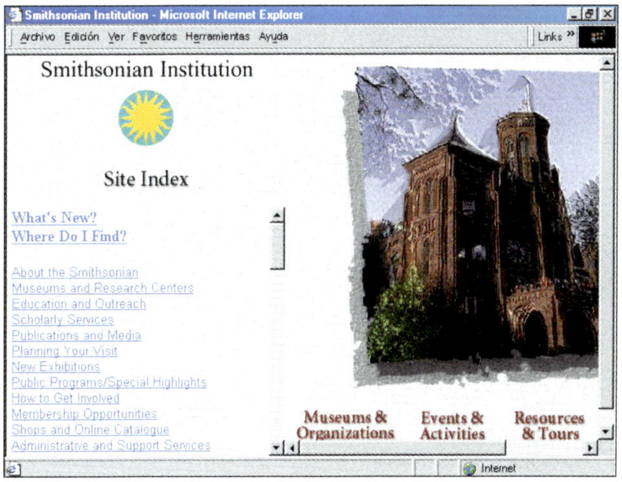

Tallahassee Antique Car Museum

Tome un paseo en el tiempo.

URL www.tacm.com

United States Holocaust Memorial Museum

Un museo dedicado al Holocausto.

URL www.ushmm.org

MUSIC (MÚSICA)

CDNOW

Puede comprar sus CDs en este sitio.

URL www.cdnow.com

Classical Net

Este sitio incluye todo, desde un índice de compositores hasta una guía para principiantes para coleccionar CDs clásicos.

URL www.classical.net

MUSIC (MÚSICA)

Geffen/DGC Records

Obtenga lo último en información sobre bandas musicales.

URL www.geffen.com

Global Electronic Music Marketplace

Si busca un álbum difícil de encontrar, busque en este sitio y compare precios entre 2.000 vendedores.

URL www.gemm.com

Guitar.net

Este sitio ofrece grandes recursos para entusiastas de la guitarra.

URL www.guitar.net

Internet Underground Music Archive

Este sitio ofrece información en todos los tipos de música, desde heavy metal hasta música suave.

URL www.iuma.com

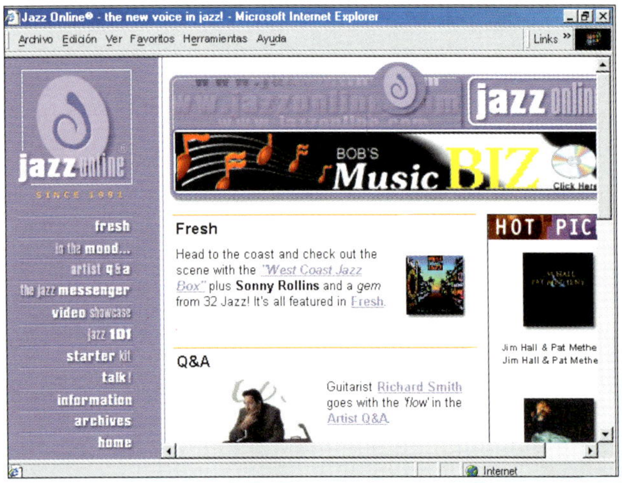

Jazz Online

Si no le gusta la música *rock,* Jazz en línea ofrece una buena alternativa.

URL www.jazzonln.com

L.A. Philharmonic

Música Sinfónica de la Filarmónica de Los Ángeles en Internet.

URL www.laphil.org

MusicSearch

Si busca información sobre Aerosmith o Zappa, acá encontrará lo que busca.

URL www.musicsearch.com

PolyGram U.S.

Información sobre su banda favorita y más.

URL www.polygram.com/polygram

Rock and Roll Hall of Fame

Este museo de música en Cleveland tiene su propio sitio.

URL www.rockhall.com

Rock Online

Chatee con su banda favorita, compre CDs o escuche buena música en este sitio.

URL www.rockonline.com/emi

Roughstock's History of Country Music

Una gran presentación de música country desde la década de 1930 hasta el presente.

URL www.roughstock.com/history

Sony Online

Lea sobre Michael Jackson, Mariah Carey, Michael Bolton y muchos artistas más.

URL www.sony.com

TicketMaster Online

Sepa la fecha en que su banda favorita visitará su ciudad.

URL EU www.ticketmaster.com
URL México www.ticketmaster.com.mx

Warner Bros. Records

Warner le permite navegar en compañía de sus artistas favoritos.

URL www.wbr.com

N NEWS (NOTICIAS)

ClariNet Communications Corp.

Un servicio popular que provee las últimas noticias en la Red.

URL www.clarinet.com

CNET: The Computer Network

El sitio de la CNET.

URL www.cnet.com

NR

NEWS (NOTICIAS)

CNN Interactive

CNN es una de las redes de televisión de noticias más populares en el mundo. Este sitio está lleno de artículos, actualidad y x de vídeos.

URL www.cnn.com

MSNBC

Una fuente actualizada de noticias, deportes, negocios y mucho más. Introduzca su código postal para tener noticias locales y actualizaciones del clima.

URL www.msnbc.com

National Public Radio

Revise la programación de noticias, programas de entrevistas y opiniones especiales en National Public Radio.

URL www.npr.org

New York Times

Una versión en línea del New York Times.

URL nytimes.com

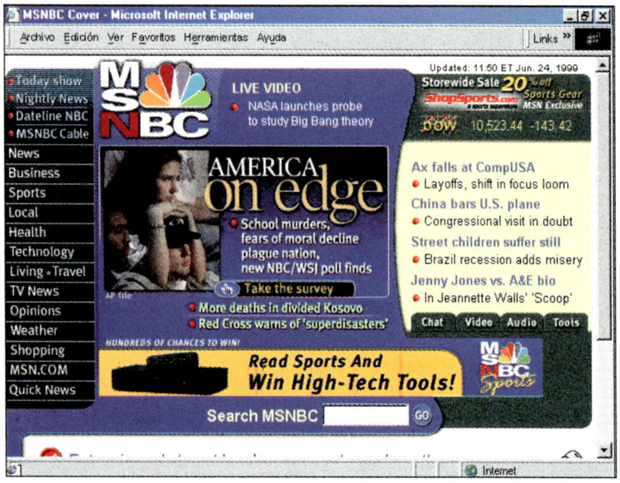

NewsPage

Este sitio ofrece noticias actuales preseleccionadas acerca de un amplio rango de temas e industrias.

URL www.newspage.com

Top 100 Newspapers

Este gran sitio ofrece enlaces con los 100 periódicos más importantes de Estados Unidos.

URL www.interest.com/top100.html

USA Today

Este sitio ofrece las últimas noticias en forma gratuita.

URL www.usatoday.com

Yahoo! En las noticias

Busque aquí las últimas noticias, entretenimiento, deportes y mucho más.

URL mx.yahoo.com

R RELIGION (RELIGIÓN)

Bible Gateway

Busque la Biblia en diferentes idiomas.

URL www.gospelcom.net/bible

BuddhaNet

Este sitio ofrece respuestas a preguntas frecuentes acerca del Budismo.

URL www.buddhanet.net

Christus Rex et Redemptor Mundi

Una colección de información cristiana y escrituras.

URL www.christusrex.org

IslamiCity in Cyberspace

Gráficos, dogmas teológicos, artículos de noticias, salones de charlas y más confirman la red de apoyo para la comunidad islámica.

URL www.islamic.org

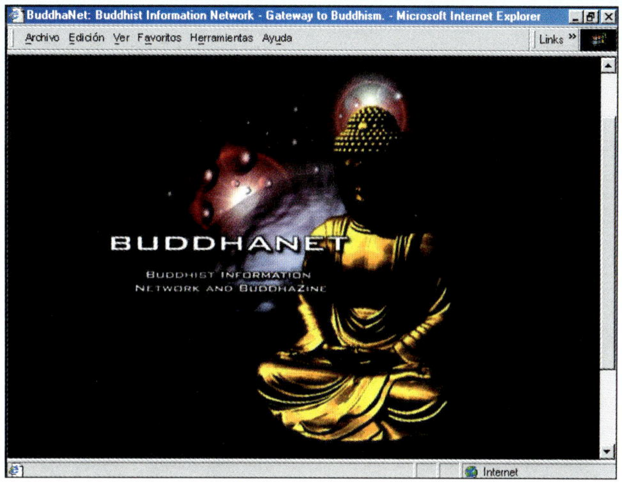

Jerusalem Mosaic

Tome una excursión virtual por Jerusalén.

URL www1.huji.ac.il/jeru/jerusalem.html

Jewish.Community

Su lugar judío en el ciberespacio.

URL www.jewish.comd

Monastery of Christ in the Desert

Un grupo de monjes en el desierto de Santa Fe tiene su propio sitio.

URL www.christdesert.org

Scrolls From the Dead Sea

Navegue a través de un anexo de manuscritos antiguos.

URL sunsite.unc.edu/expo/deadsea.scrolls.exhibit/intro.html

R S

RELIGION (RELIGIÓN)

Secular Web

Una fuente de información para ateos.

URL www.infidels.org

Sikhism Home Page

Una guía a una religión popular del Este.

URL www.sikhs.org

S SEARCH TOOLS (HERRAMIENTAS DE BÚSQUEDA)

AltaVista

Busca rápidamente millones de páginas en la Web y miles de grupos de noticias.

URL www.altavista.com

AOL.COM

Esta es una herramienta de búsqueda popular de la Web.

URL www.aol.com

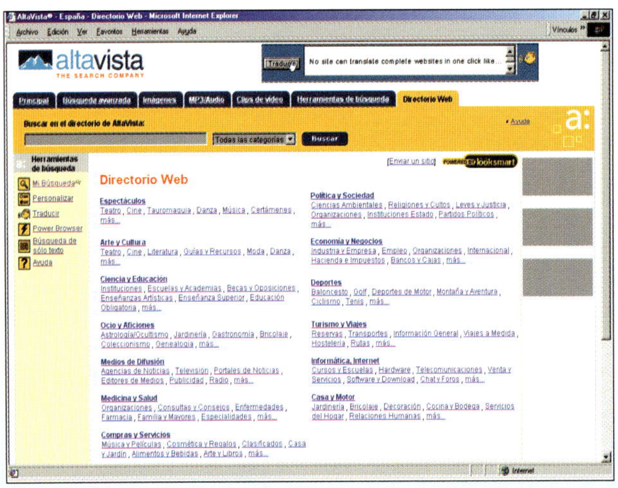

Deja.com

Una herramienta para buscar artículos de grupos de noticias.

URL www.deja.com

Dogpile

Use Dogpile para buscar información sobre el tema de su interés.

URL www.dogpile.com

GoTo.com

Donde la búsqueda es fácil.

URL www.goto.com

HotBot

Busque por palabra clave o por categoría en esta herramienta de búsqueda popular y tendrá toneladas de información.

URL www.hotbot.com

Magellan Internet Guide

Esta es una buena guía de índice para la Web.

URL magellan.excite.com

Snap

Esta herramienta de búsqueda de la NBC le permite encontrar la información que desea con un directorio bien organizado de la Web y claves de búsqueda.

URL www.snap.com

WebCrawler

Esta puede ser la herramienta de búsqueda para usted.

URL webcrawler.com

WhoWhere?

Si necesita saber la dirección de correo electrónico de alguna persona visite este sitio.

URL www.whowhere.com

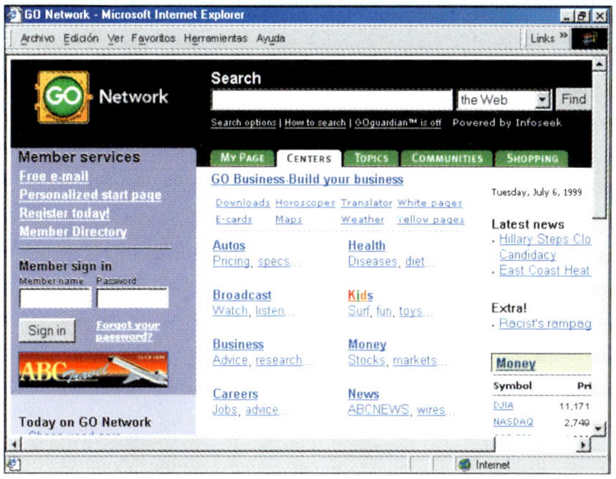

Yack!

Esta herramienta de búsqueda le permite encontrar eventos en vivo en Internet y cuartos de chat de su interés.

URL www.yack.com

Yahoo! People Search

Si busca a alguien en Internet, visite este sitio para acceder a millones de direcciones.

URL www.people.yahoo.com

SEARCH TOOLS: WEB PORTALS (HERRAMIENTAS DE BÚSQUEDA: PORTALES DE LA WEB)

Excite

Excite le permite buscar información que le encantará.

URL www.excite.com

Go Network

Un sitio útil que le da lo mejor de Internet en un lugar fácil de usar.

URL www.go.com

S

SEARCH TOOLS: WEB PORTALS (HERRAMIENTAS DE BÚSQUEDA: PORTALES DE LA WEB)

Lycos

No solo es una excelente página de inicio, también puede leer noticias, hacer compras, ganar premios y mucho más.

URL www.lycos.com.mx

Yahoo!

El directorio más popular de la Internet.

URL mx.yahoo.com

SPORTS (DEPORTES)

DiveNet.com

La Red Mundial de Buceadores.

URL divenet.com

ESPN.com

Este sitio provee todo lo que los admiradores del deporte desean: puntajes, fotos, programas y mucho más.

URL www.espn.go.com

Fogdog Sports

Si quiere comprar equipo deportivo...

URL www.fogdog.com

Football.com

Todo lo que desea saber sobre fútbol.

URL www.football.com

GolfWeb

Un servicio completo de información sobre golf.

URL www.golfweb.com

GreatOutdooors.com

Este sitio tiene toda la aventura y acción sobre actividades al aire libre.

URL www.greatoutdoors.com

Major League Baseball Official Site

Todo lo relacionado con las ligas de béisbol.

URL www.majorleaguebaseball.com

NBA

Encuentre información sobre sus equipos y jugadores favoritos de basquetbol.

URL www.nba.com

NBC Sports

NBC reporta en la Web.

URL www.nbc.com/sports

NHL Official Site

En este sitio encontrará programas, concursos y noticias.

URL www.nhl.com

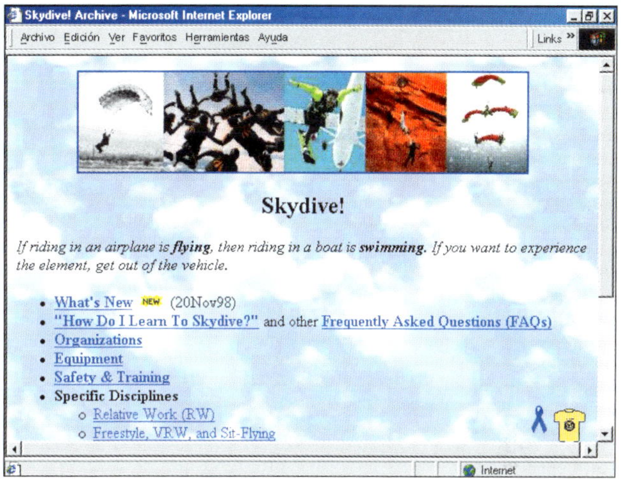

RS

NHLPA

La Asociación Nacional de Jugadores de Hockey provee todo tipo de información.

URL www.nhlpa.com

Online Sports

Deportes en línea.

URL www.onlinesports.com

Skydive!

Visite este sitio.

URL www.afn.org/skydive

SportsNews.com

Más sobre deportes.

URL www.sportsnews.com

Surfing News

Lo último de las noticias en surf y más.

URL holoholo.org/surfnews

The Sporting News

En este sitio se cubren los deportes más importantes.

URL www.sportingnews.com

USA Today Sports

Encuentre lo mejor de los deportes en este sitio.

URL www.usatoday.com/sports/sfront.htm

USGA

La Asociación de Golf de Estados Unidos le provee toda la información que desea.

URL www.usga.org

VeloNews Interactive

Un sitio bien diseñado para cubrir todo lo relacionado con el mundo del ciclismo.

URL www.velonews.com

Volleyball World Wide

Visite este sitio de volibol.

URL www.volleyball.org

TELEVISION (TELEVISIÓN)

Academy of Television Arts & Sciences

El sitio oficial de los Emmys.

URL www.emmys.org

Black Entertainment Television

Programas de televisión enfocados en la población afroamericana.

URL www.betnetworks.com

CBS.com

Averigüe lo que hay en la red CBS.

URL www.cbs.com

Columbia Tristar Television

Visite este sitio para información sobre programas como Dawson's Creek, Rueda de la Fortuna y Días de Nuestra Vida.

URL www.spe.sony.com/tv

Comedy Central

Visite este sitio lleno de risas.

URL www.comcentral.com

Commercial Archive

Observe los mejores anuncios de televisión en este sitio único de la Web.

URL www.commercial-archive.com

CourtTV Online

Juicios todo el tiempo.

URL www.courttv.com

Discovery Channel

Las ramas canadiense y norteamericana del Discovery Channel tienen su propio sitio.

URL EU www.discovery.com
Canadá www.discovery.ca

FOX.com

Este sitio tiene información sobre programas como X-Files, Ally McBeal y Los Simpsons.

URL www.foxnetwork.com

iQVC Shop

El canal de las compras.

URL www.qvc.com

T

TELEVISION (TELEVISIÓN)

MTV Online

El sitio de MTV le ofrece gráficos y un horario de programas.

URL www.mtv.com

NBC.com

Encuentre información sobre programas de la NBC, tales como Frasier, Friends y otros.

URL www.nbc.com

ONCE tv

Este sitio presenta los programas de este medio, más su sección de películas de archivo.

URL www.oncetv.ipn.mx

Oprah

El sitio oficial de Oprah Winfrey.

URL www.oprah.com

PBS Online

Revise los últimos programas, retos de trivia y mucho más.

URL www.pbs.org

SCIFI.COM

Este sitio tiene información sobre el canal SCi-Fi y ciencia ficción en general.

URL www.scifi.com

Showtime No Limits

Encuentre información sobre horarios en este sitio de red de cable.

URL showtimeonline.com

Simpsons Archive

Homero, Marge, Bart, Lisa y Maggie.

URL www.snpp.com

Star Trek

Para una experiencia que es fuera de este mundo, visite este sitio en la Web Galaxia y lea todo sobre Star Trek.

URL www.startrek.com

Televisa

Visite este sitio y vea lo último en programas de televisión, variedades y otros servicios.

URL www.televisa.com

Today

Incluye artículos, recetas y mucho más.

URL www.msnbc.com/news/TODAY_Front.asp?a

Tonight Show with Jay Leno

Este sitio es actualizado todos los días con los mejores chistes.

URL www.nbctonightshow.com

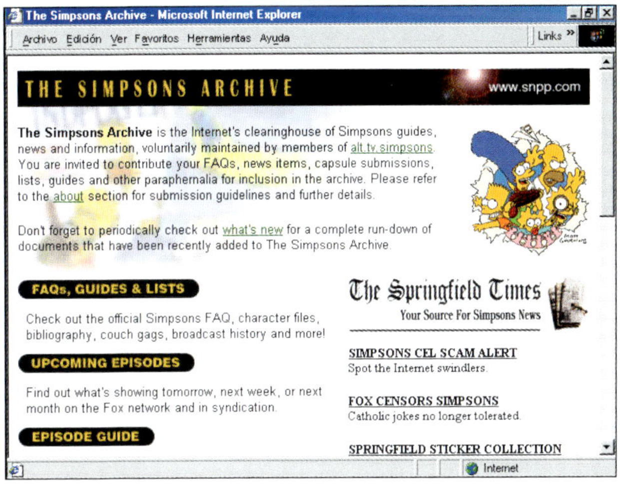

Travel Channel

Encuentre sugerencias para viajes e información en programas de viajes.

URL www.travelchannel.com

TV AZTECA

Además de la programación, este sitio ofrece servicios de noticias, deportes y mucho más.

URL www.tvazteca.com.mx

TVNow

Entrevistas con celebridades, una base de datos de películas y mucho más.

URL www.tv-now.com

Ultimate TV

Encuentre programas muy particulares en este sitio.

URL www.ultimatetv.com

T

TELEVISION (TELEVISIÓN)

Weather Channel

Reportes del tiempo para Estados Unidos.

URL www.weather.com

X-Files

Este programa popular de la televisión tiene muchos sitios en la Web con fotos e información.

URL www.x-files.com

THEATER (TEATRO)

Andrew Lloyd Webber

Aprenda sobre *sir* Andrew y lea sobre sus famosos musicales *Cats* y *Fantasma de la ópera.*

URL www.reallyuseful.com

Dramatic Exchange

Un lugar para revisar los trabajos de escritores.

URL www.dramex.org

Gilbert & Sullivan Archive

Encuentre información sobre musicales como H.M.S. Pinafore.

URL diamond.idbsu.edu/gas/GaS.html

Kabuki for Everyone

Aprenda sobre esta forma tradicional de teatro a través de fotos, sonidos y películas.

URL www.fix.co.jp/kabuki

Les Misérables

Este sitio tiene información sobre el musical basado en la famosa novela francesa.

URL www.lesmis.com

Mr. William Shakespeare and the Internet

Un buen lugar para aprender sobre Shakespeare.

URL www.daphne.palomar.edu/shakespeare

Musicals.Net

Listas de canciones y enlaces a discusiones sobre sus musicales favoritos.

URL musicals.net

NH Green Room

Si está cansado de esperar navegue a través de este sitio.

URL www.nhgreenroom.com

On Broadway Information Page

Una lista de los programas que hay actualmente en Nueva York.

URL www.on-broadway.com

Playbill Online

Una gran fuente de noticias de teatro e información de la compañía que crea los programas para Broadway.

URL www.playbill.com

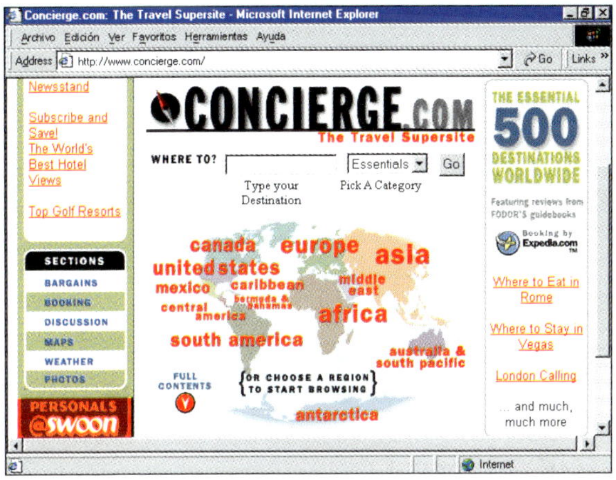

Screenwriters & Playwrights

Todo tipo de recursos para todo tipo de escritores.

URL www.teleport.com/~cdeemer/scrwriter.html

Thespians.com

Conozca lo relativo a audiciones teatrales y producciones.

URL www.thespians.com

TRAVEL (VIAJES)

American Airlines

Averigüe información sobre vuelos y mucho más en este sitio.

URL www.aa.com

Concierge.com

Una guía para viajes alrededor del mundo.

URL www.concierge.com

TW

TRAVEL (VIAJES)

Geographia
Si busca un destino para viajar, visite este sitio para obtener grandes ideas.
URL www.geographia.com

History Channel Traveler
Esta guía de viaje está llena de interesantes destinos.
URL www.historytravel.com

Southwest Airlines
Encuentre información sobre las ciudades en el suroeste de Estados Unidos y la línea que lo lleva.
URL www.iflyswa.com

Subway Navigator
Cómo viajar en el subway en 50 ciudades del mundo.
URL www.subwaynavigator.com

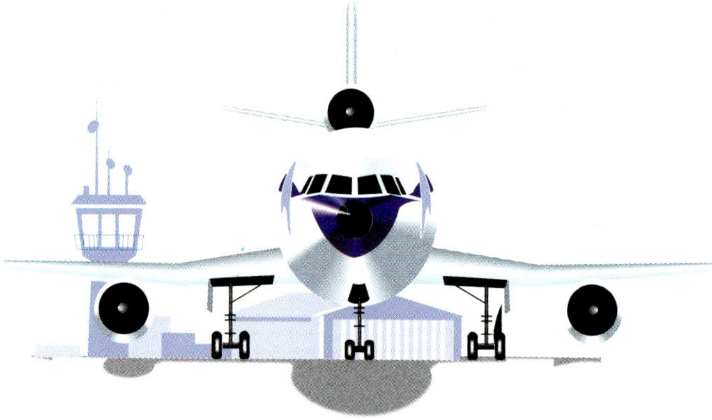

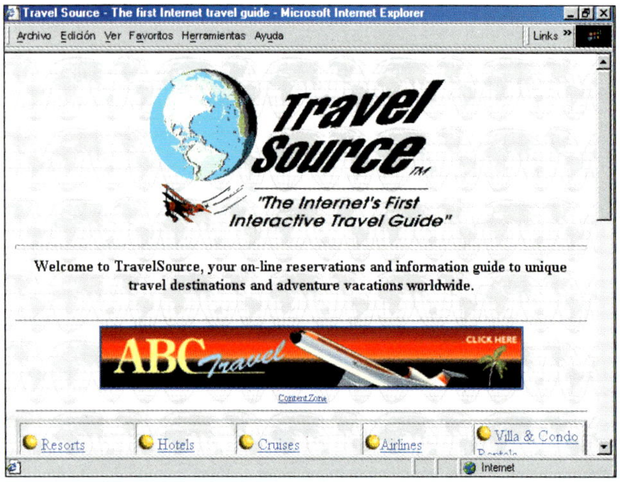

Switzerland
Aprenda todo sobre este pequeño país en Europa.
URL www.yoodle.ch

Travel Source
Una guía de viaje con todo tipo de información.
URL www.travelsource.com

Travel Warnings & Consular Information Sheets
Este sitio provee información sobre viajes a todo el mundo. En él puede enterarse de qué países no debe visitar por guerras, desastres naturales, etcétera.
URL travel.state.gov/travel_warnings.html

Web Travel Review
Entrevistas de personas que han viajado por todo el mundo.
URL www.photo.net/webtravel

W WINDOWS

Microsoft

Las grandes compañías detrás de Windows

URL www.microsoft.com

Microsoft Network

Información sobre la Red de Microsoft e Internet.

URL www.msn.com

Windows Magazine

Una publicación de Windows en línea con consejos y noticias.

URL www.winmag.com

Windows Registry Guide

Consejos para sacar provecho de su sistema de Windows.

URL www.regedit.com

WinFiles.com

Un excelente sitio con una gran cantidad de información sobre Windows.

URL www.winfiles.com

WinPlanet

Una gran fuente de información sobre versiones de Windows.

URL www.winplanet.com

WinSite

Una colección de softwares de Windows.

URL www.winsite.com

WinZip

La página de inicio del programa de compresión para Windows.

URL www.winzip.com

CAPÍTULO 15

Introducción a las Redes

¿Le interesa saber más de Redes? Este capítulo le explica qué son y cómo funcionan.

QUÉ ES UNA RED

Una red es un grupo de computadoras conectadas entre sí que permiten compartir información y equipo, como impresoras.

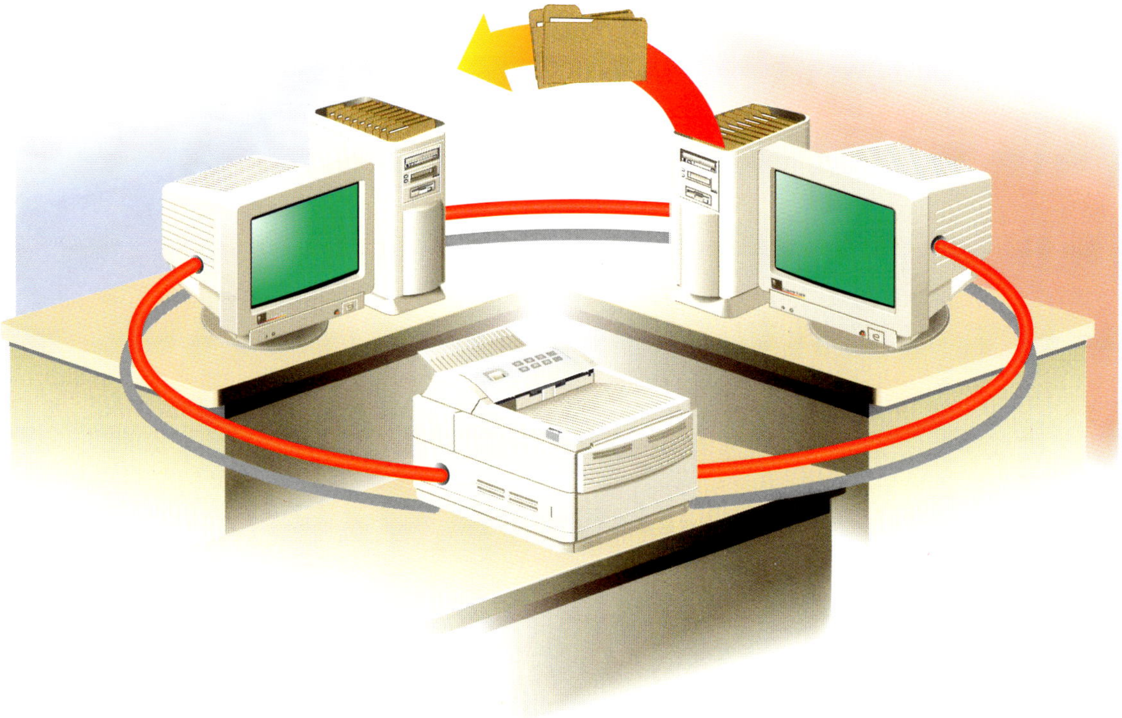

CREAR UNA RED

Una red puede tener cualquier tamaño. Una empresa pequeña, por ejemplo, puede crear una conectando como mínimo dos computadoras para compartir archivos.

Una red también puede conectar millones de computadoras para intercambiar información en todo el mundo. La red más grande del mundo, es la Internet.

INICIALIZAR

Generalmente se requiere que los usuarios de la red se identifiquen antes de tener acceso a la información. Este proceso se conoce como inicializar.

Cada usuario debe tener un nombre y una contraseña personalizados para acceder a una red. Al mantener esta información secreta, los usuarios pueden evitar que personas no autorizadas la accedan.

RED SNEAKERNET

Antes de que aparecieran las redes, la gente utilizaba floppys para intercambiar información entre las computadoras. Este método de intercambio es conocido como red sneakernet, la cual es más lenta y menos confiable que una que utiliza computadoras. Una red de computadoras elimina la necesidad de otra tipo sneakernet.

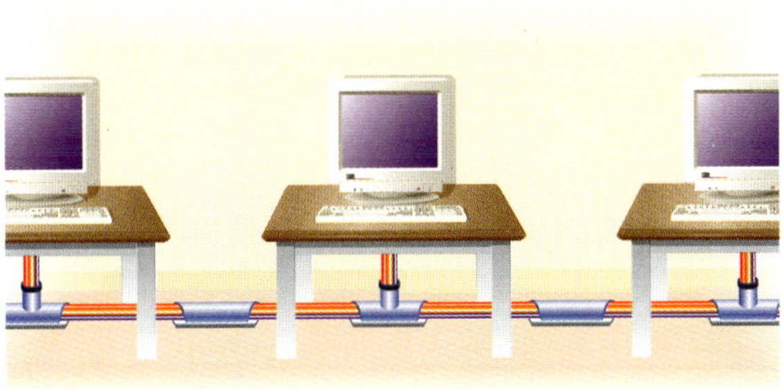

REDES PERMANENTES

La mayoría de las empresas utilizan una red permanente para transferir información. Gran parte de estas redes utiliza cables para unir las computadoras. En una red de este tipo, las máquinas y cables permanecen conectados en sitio todo el tiempo.

REDES TEMPORALES

Una red temporal es una conexión establecida por un período breve y luego desconectada. El tipo más común de esta red ocurre cuando un empleado conecta una computadora en su casa con una computadora en el trabajo utilizando un módem.

QUÉ ES UNA RED

COMPARTIR INFORMACIÓN

Puede utilizar una red para intercambiar información con otras personas. Esta información puede ser de cualquier tipo, como documentos creados en un programa de procesador de palabras o aquella suministrada por una base de datos.

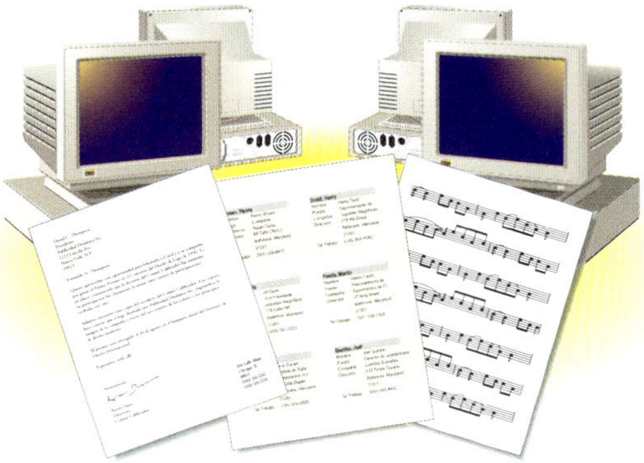

COMPARTIR RECURSOS

Las computadoras conectadas a una red pueden compartir equipo y dispositivos, llamados recursos. La habilidad de compartirlos reduce el costo de adquirir hardware. Por ejemplo, en lugar de tener que comprar una impresora para cada usuario, todos pueden compartir una central.

COMPARTIR PROGRAMAS

Las redes también permiten a las personas acceder una copia de un programa almacenado en una computadora central, como una hoja electrónica o un procesador de palabras. Los individuos pueden utilizar sus propias máquinas para acceder a los programas. Al hacer esto, una empresa se evita la instalación de una copia de cada uno en todas las computadoras.

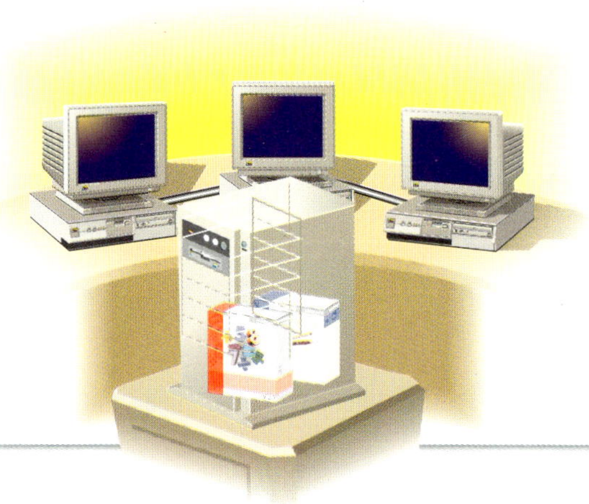

TRABAJAR JUNTOS

Antes de que existieran las redes de computadoras, muchas compañías utilizaban grandes y costosas máquinas para realizar tareas complejas. Hoy en día, la mayoría de las empresas emplea una red con varias computadoras más pequeñas que son menos caras y facilitan la ejecución de tareas complicadas.

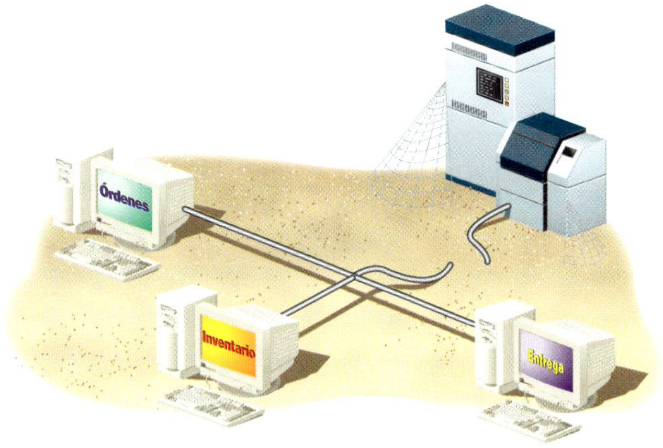

Por ejemplo, múltiples computadoras pueden ser instaladas para ayudar a darle seguimiento a las ventas. Una puede procesar órdenes, otra actualizar el inventario y, la última, organizar las entregas.

COMUNICACIÓN

Las redes le permiten a las personas comunicarse e intercambiar mensajes entre ellas fácil y eficientemente. Esto es especialmente útil cuando se encuentran trabajando en un mismo proyecto. Los mensajes son a menudo entregados segundos después de haber sido enviados.

Utilizar una red también hace posible tener reuniones con gente en otra oficina, aunque estén en el otro extremo del mundo.

TIPOS DE REDES

Existen diferentes tipos de redes utilizadas por empresas y organizaciones. Como cada una de ellas tiene sus propias necesidades, cada red es única.

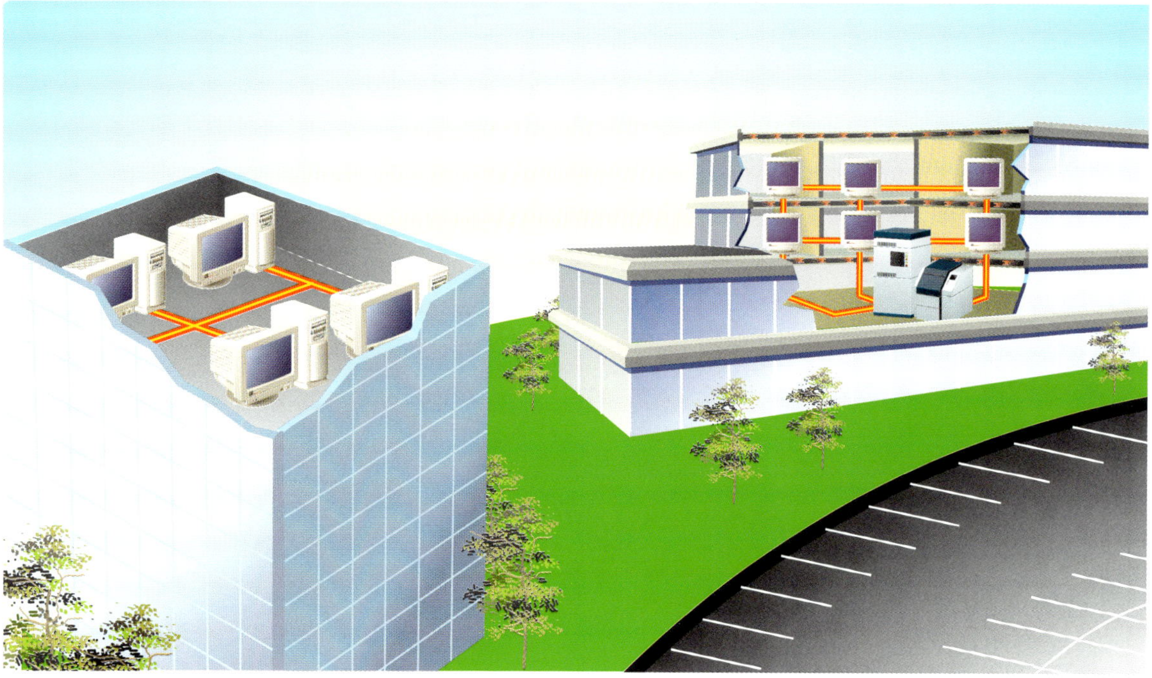

TAMAÑO DE LA RED

El tamaño de una red puede determinar el tipo que deberá usarse en una empresa u organización. Según el tamaño de las redes, se transmite la información de distintas maneras.

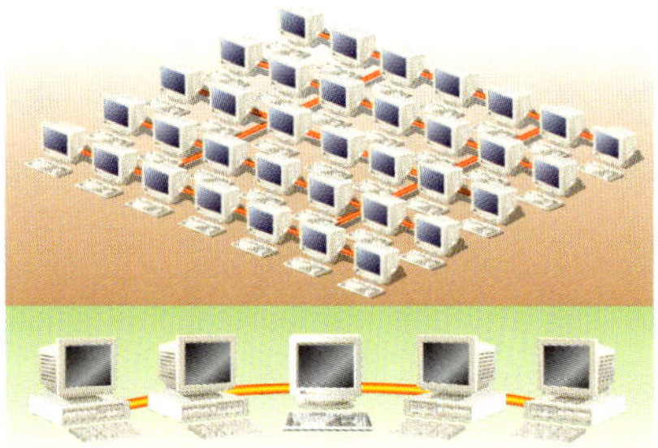

Por ejemplo, una red con más de 1.000 usuarios está organizada en forma diferente y requiere una variedad de componentes no encontrados en otra que sólo tiene cinco usuarios.

COSTO DE LA RED

El tamaño y tipo de la red determina su costo. Cuanto más grande sea, más costosa es su constitución, instalación y mantenimiento.

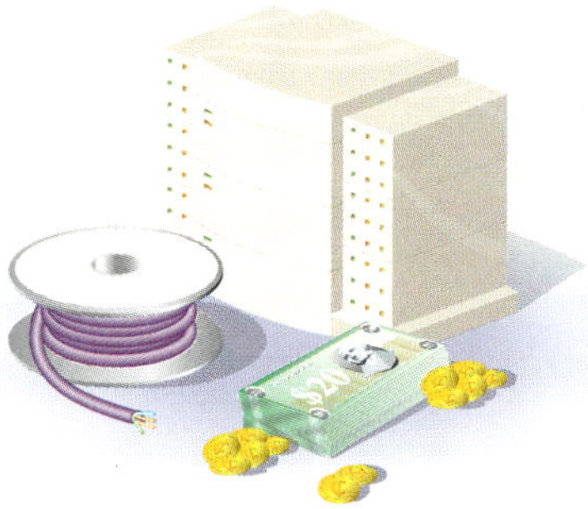

Además de necesitar hardware y cables extras, una red grande también requiere un cableado especializado y computadoras para unir a los usuarios y los dispositivos que se encuentran distantes entre sí.

REDES DE ÁREA LOCAL

Una red de área local (LAN) es la más común en las empresas. Estas redes conectan computadoras y dispositivos ubicados a poca distancia entre ellos, por ejemplo, en un edificio. Generalmente conectan hasta un máximo de 100 computadoras.

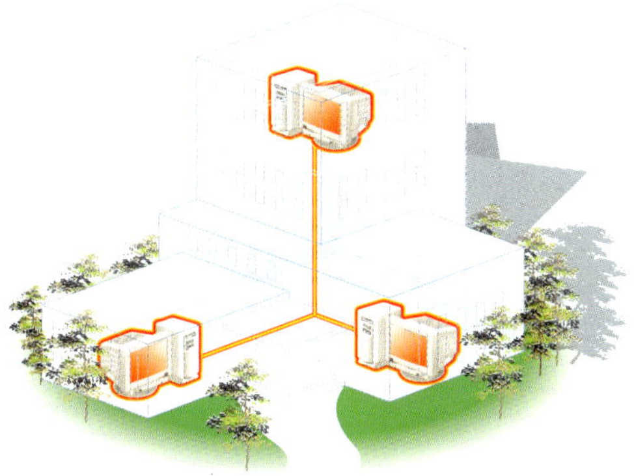

REDES DE ÁREA METROPOLITANA

Una red de área metropolitana (MAN) es una colección de redes de área local. Ésta conecta computadoras ubicadas en la misma área geográfica, por ejemplo un pueblo o una ciudad.

REDES DE LARGO ALCANCE

Una red de largo alcance (WAN) interconecta redes de área local y metropolitana. Las redes que la conforman pueden ubicarse a lo largo del país o incluso alrededor del mundo. Cuando una sola empresa posee y controla una red de este tipo, a la WAN se le llama red empresarial.

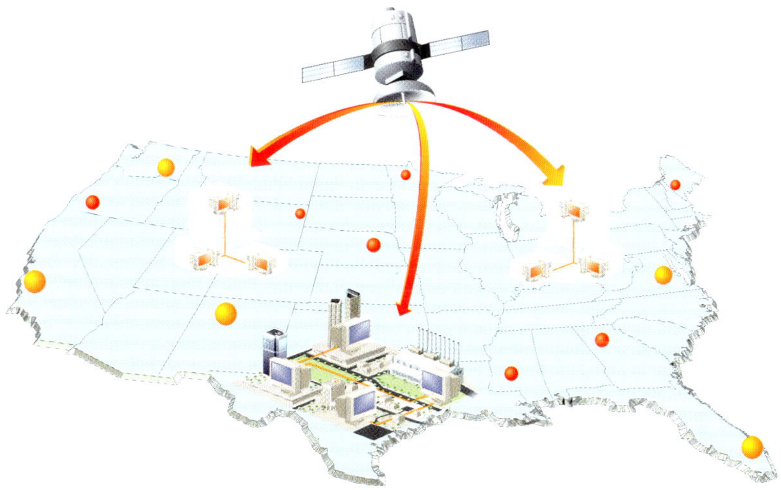

HARDWARE DE LAS REDES

El hardware de las redes incluye los componentes físicos que las conforman. Todas las redes requieren hardware especial.

Computadoras

El trabajo más importante de una red es enlazar computadoras entre sí. Cuando estas se encuentran conectadas, las personas que las utilizan trabajan más eficientemente. Las máquinas unidas en una red no tienen que ser del mismo tipo. Muchas contienen diferentes clases como IBM-compatible y Macintosh.

Recursos

Un recurso de red es cualquier dispositivo que las computadoras puedan utilizar. El tipo más común es la impresora. Todas las personas en la red pueden enviar documentos a una impresora que se encuentre conectada. Otros ejemplos de dispositivos son: el fax, unidades de respaldo en cinta y dispositivos de almacenamiento de archivos, como discos duros.

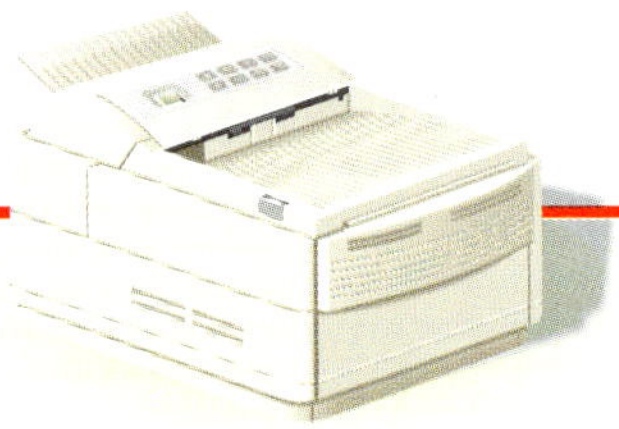

Cables

Los cables son los alambres que conectan las computadoras y recursos en una red. Se pueden emplear diferentes tipos, dependiendo de la clase y el tamaño de dicha red. El cable utilizado a menudo determina cuán rápido se transferirá la información. En algunos casos, se pueden requerir muchas millas de cable.

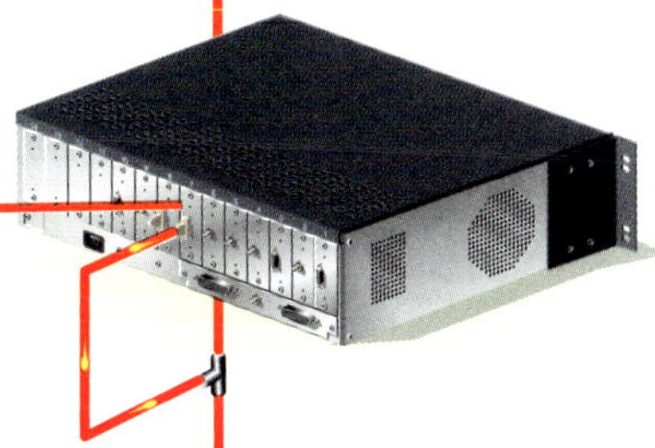

Conectores

Un conector es cualquier dispositivo que une dos redes. Cuando ya están conectadas, todas las computadoras en ambas redes pueden intercambiar información. El tipo de conductor más común es el llamado bridge.

Tarjetas de Interfaz de la Red

Una tarjeta de interfaz de la red (NIC) es un dispositivo que conecta un cable a una computadora. La mayoría de estas tarjetas son instaladas dentro de la computadora. El borde de la tarjeta puede ser visto en la parte trasera de la máquina. Una NIC tiene un puerto donde se enchufa el cable de la red.

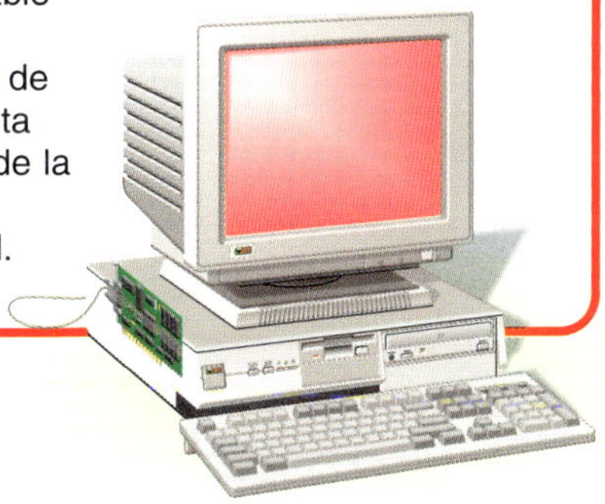

SOFTWARE DE LAS REDES

El software de las redes consiste en los programas corridos por las computadoras conectadas a ellas.

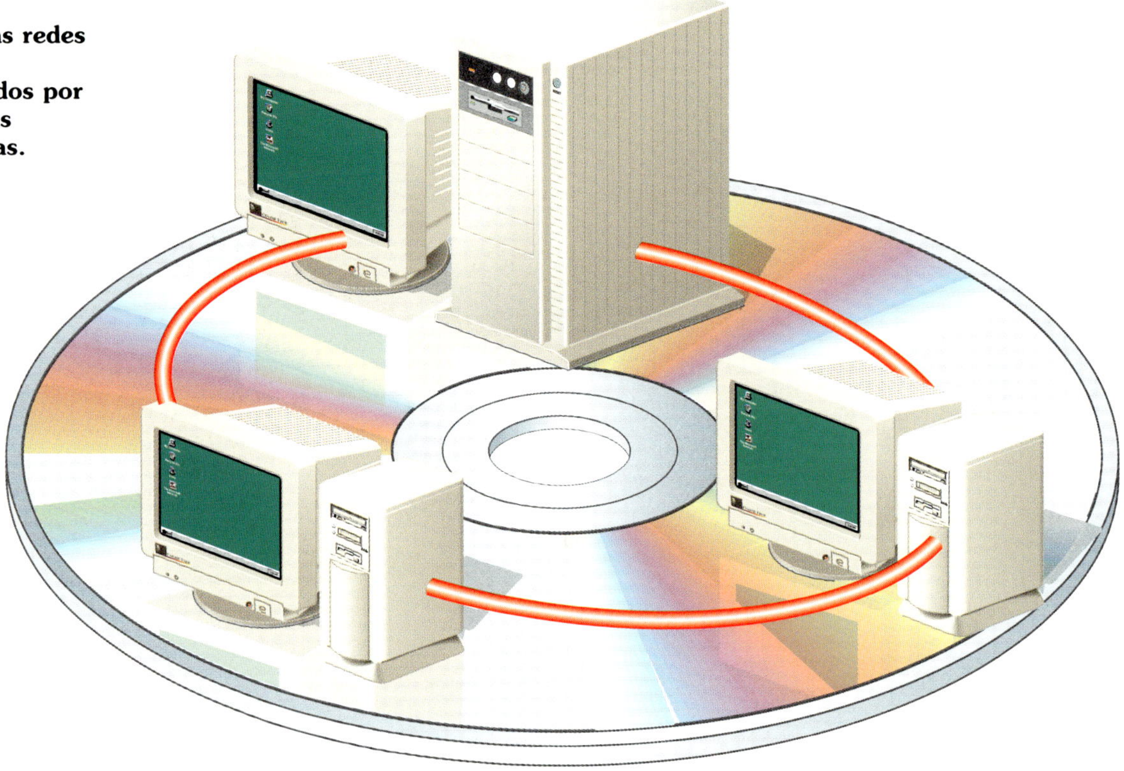

SISTEMA OPERATIVO DE LA RED

El software más importante de una red es el sistema operativo (NOS), el cual organiza y administra todas las actividades realizadas en ella.

En la mayoría de las redes, una computadora central es la responsable de correr el sistema operativo.

NSFNET

La Fundación Nacional de Ciencia creó NSFNET a mediados de la década de 1980. NSFNET usó la tecnología desarrollada por ARPANET para permitir que las universidades y colegios se conectaran entre sí. En 1987, NSFNET no pudo manejar más la cantidad de información que era transferida. La Fundación Nacional de Ciencia mejoró la red para permitir que más información fuera transferida. Esta mejora de red de alta velocidad se convirtió en Internet.

SOFTWARE DE APLICACIÓN

El software de Aplicación es aquel que corre en la computadora conectada a la red. Este incluye los procesadores de palabras, las hojas electrónicas y los programas de ilustración. Este software se puede almacenar en cada computadora conectada a la red o en una computadora central empleada únicamente para almacenarlo.

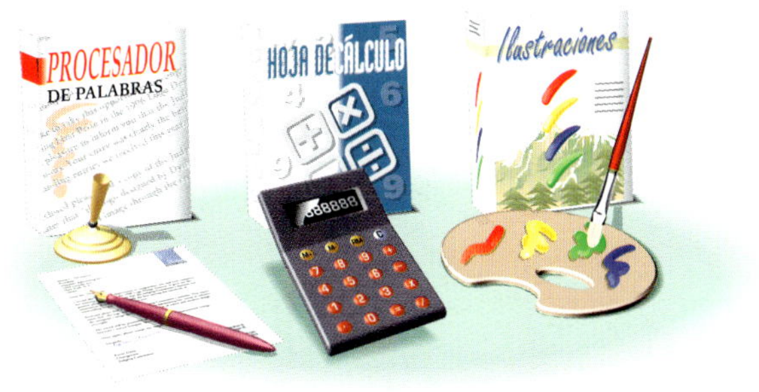

SOFTWARE DEL SERVIDOR

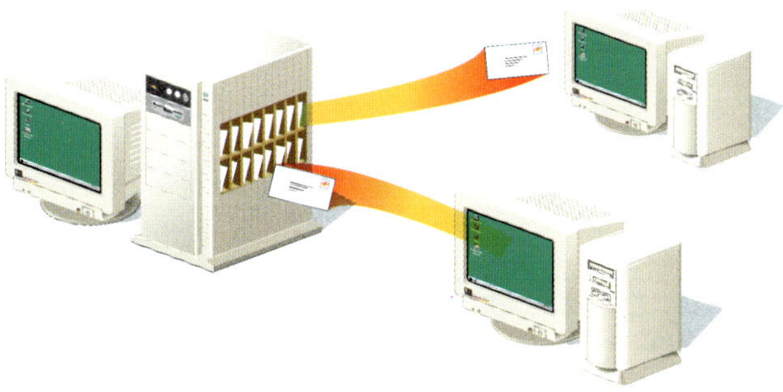

Un servidor es una computadora que pone a disposición la información y los recursos para otras máquinas de la red. El software del servidor lo habilita para realizar una tarea específica. Por ejemplo, el software del servidor de la correspondencia le permite procesar el correo electrónico. Este software debe ser compatible con el sistema operativo.

SOFTWARE DE ADMINISTRACIÓN

La mayoría de las redes que conectan más de 20 computadoras generalmente corren un software de administración especial. Este permite a los administradores de la red organizarla y administrarla más eficientemente.

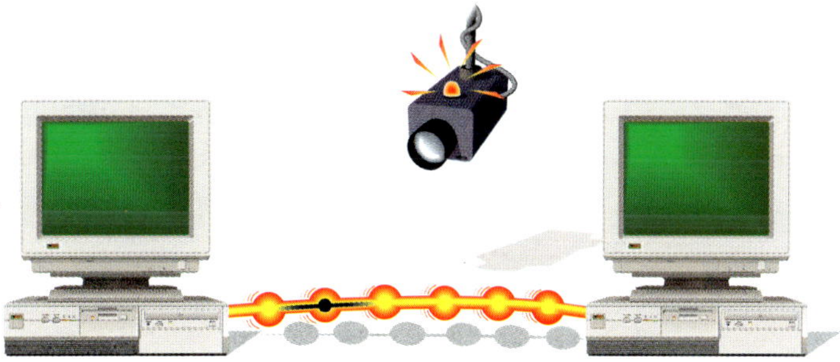

REDES PEER-TO-PEER

Las redes peer-to-peer permiten que las computadoras compartan información y recursos. Cada máquina en este tipo de red almacena su propia información y recursos, y no existen computadoras centrales que la controlen.

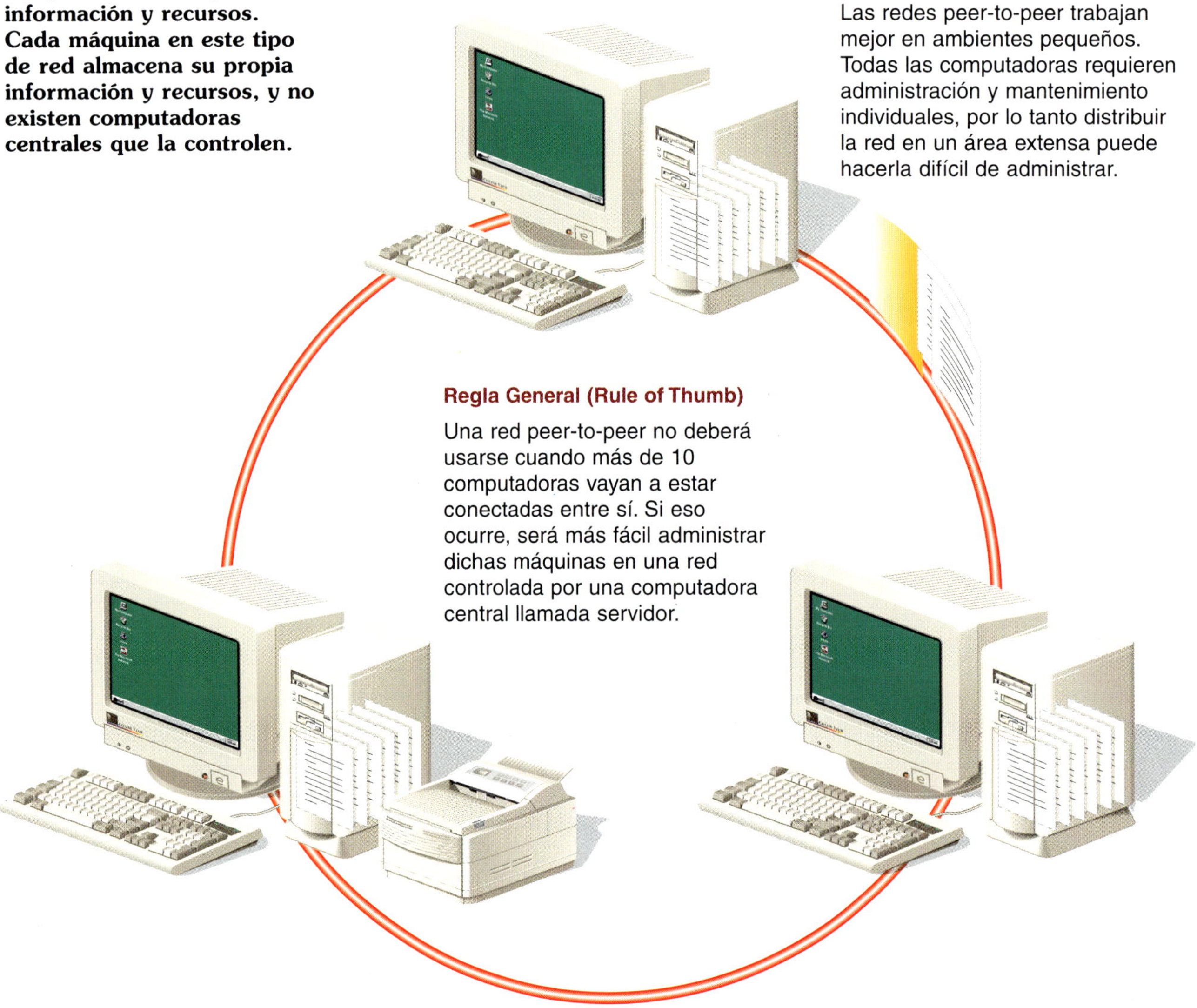

Tamaño de la red

Las redes peer-to-peer trabajan mejor en ambientes pequeños. Todas las computadoras requieren administración y mantenimiento individuales, por lo tanto distribuir la red en un área extensa puede hacerla difícil de administrar.

Regla General (Rule of Thumb)

Una red peer-to-peer no deberá usarse cuando más de 10 computadoras vayan a estar conectadas entre sí. Si eso ocurre, será más fácil administrar dichas máquinas en una red controlada por una computadora central llamada servidor.

RECURSOS

Los recursos, como impresoras y fax módems, son conectados a una computadora en una red peer-to-peer. La máquina entonces comparte estos recursos con otras computadoras en la red.

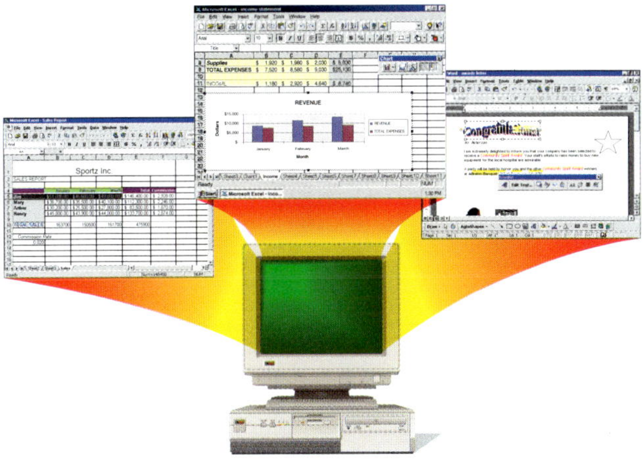

PROGRAMAS

La mayoría de las aplicaciones del software, como los programas para procesadores de palabras y hojas electrónicas, empleadas en una red peer-to-peer son instaladas en cada computadora.

Los usuarios pueden utilizar el programa en sus computadoras para visualizar y trabajar en documentos creados por otros usuarios.

DESEMPEÑO

Cuando una computadora se emplea para suministrar acceso a la información y los recursos, su desempeño puede verse afectado. Por ejemplo, si una impresora está conectada a una computadora de una red peer-to-peer, esta puede correr más lentamente cada vez que un usuario imprime un documento.

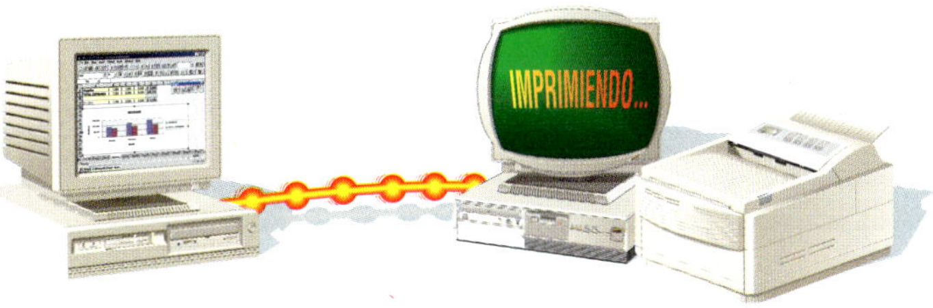

REDES PEER-TO-PEER

INSTALACIÓN

En una red peer-to-peer, el sistema operativo, así como todas sus aplicaciones, deben ser instalados en cada computadora.

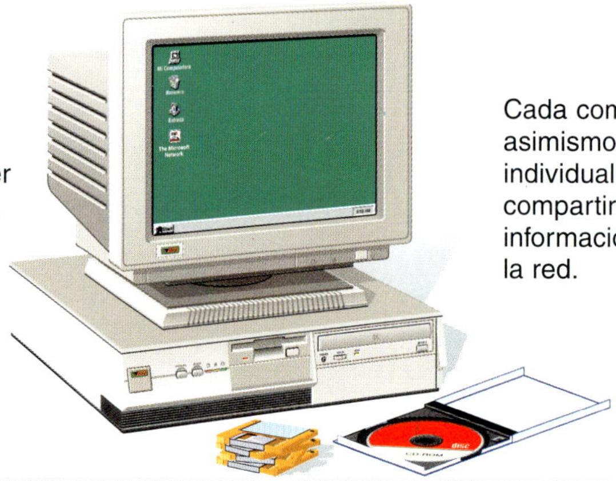

Cada computadora debe, asimismo, instalarse individualmente para compartir y acceder información y recursos en la red.

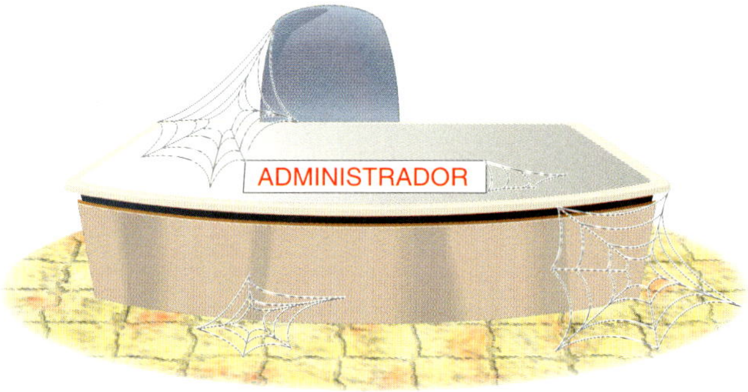

ADMINISTRACIÓN

Debido a que las computadoras en una red peer-to-peer están configuradas para compartir y acceder información individualmente, los usuarios tendrán que aprender cómo administrar sus propias computadoras. Generalmente no hay un administrador del sistema dedicado para una red de este tipo.

SEGURIDAD

Debido a que los usuarios de una red peer-to-peer almacenan archivos e información en sus propias computadoras, cualquier persona puede ser capaz de acceder a la información de otro usuario utilizando esa máquina. Esto hace que la información en una red de ese tipo sea menos segura que otra donde los datos sean almacenados en una ubicación central.

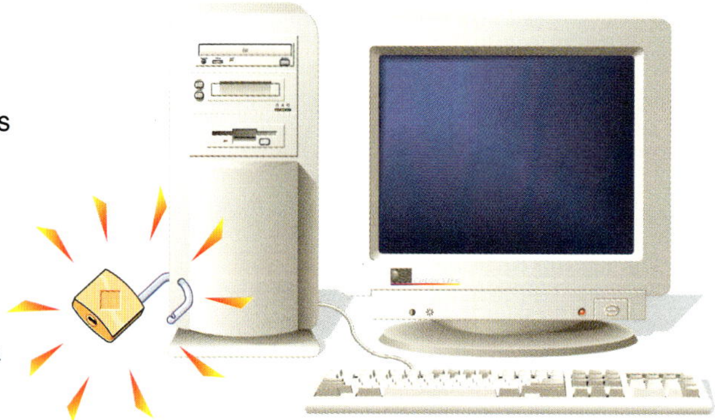

COSTO

El costo de una red peer-to-peer es generalmente más bajo que el de otras, donde sólo unas cuantas computadoras están conectadas.

Conforme la red peer-to-peer crece, el sistema se vuelve más caro que el de los otros tipos de redes.

DISPOSITIVOS AVANZADOS

Las redes peer-to-peer son a menudo utilizadas para permitirle a la gente compartir información y recursos, tales como impresoras y fax módems.

Las redes peer-to-peer casi no ofrecen dispositivos encontrados en otras más avanzadas, como el office e-mail y acceso remoto.

EXPANSIÓN

Las redes peer-to-peer deberán emplearse únicamente en situaciones donde no se espera que la red crezca. Muchas redes de este tipo deben ser remplazadas cuando crecen para incluir otras computadoras.

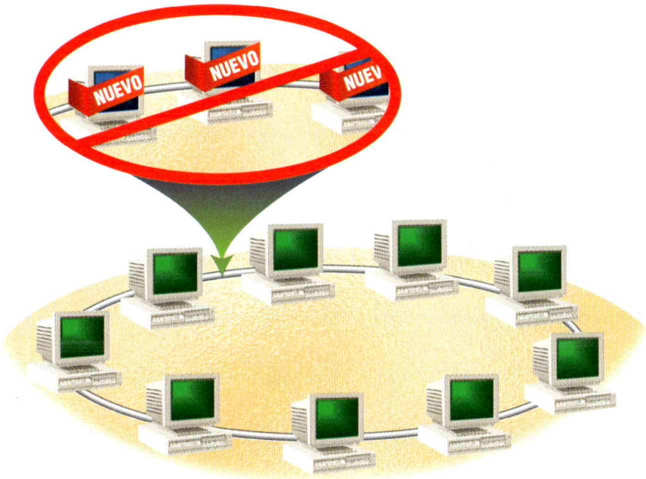

REDES CLIENTE-SERVIDOR

Las redes cliente-servidor son creadas utilizando una computadora central que brinda información a otras máquinas. Una red de este tipo es a menudo la manera más eficiente de conectar 10 ó más computadoras.

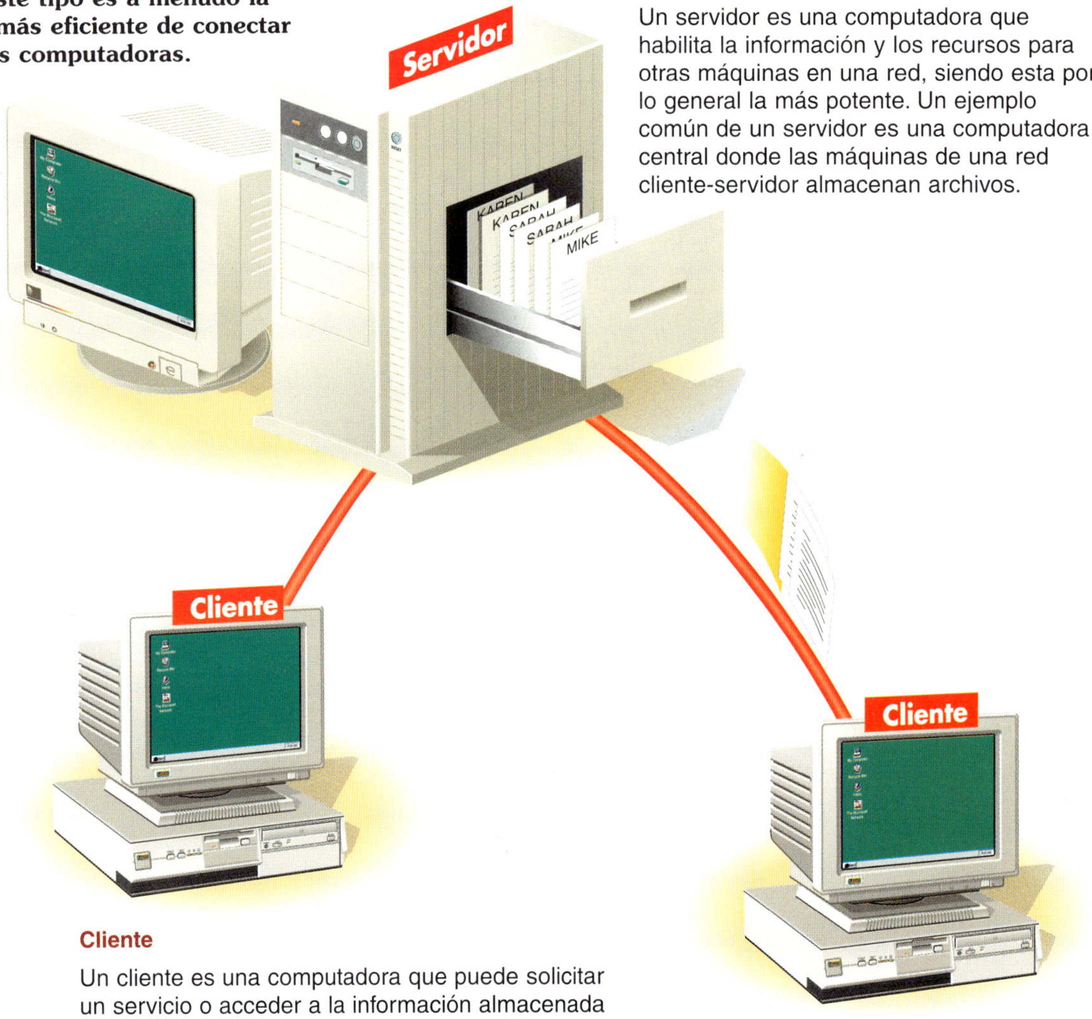

Servidor

Un servidor es una computadora que habilita la información y los recursos para otras máquinas en una red, siendo esta por lo general la más potente. Un ejemplo común de un servidor es una computadora central donde las máquinas de una red cliente-servidor almacenan archivos.

Cliente

Un cliente es una computadora que puede solicitar un servicio o acceder a la información almacenada en un servidor. Estas computadoras se utilizan para introducir y desplegar información procesada por un servidor en la red. Cada persona en una red tiene generalmente su propio cliente.

EFICIENCIA

En una red cliente-servidor, los servidores realizan la mayoría de las tareas intensivas de procesamiento de recursos. Los servidores son computadoras potentes que están mejor equipadas para realizar tareas complejas.

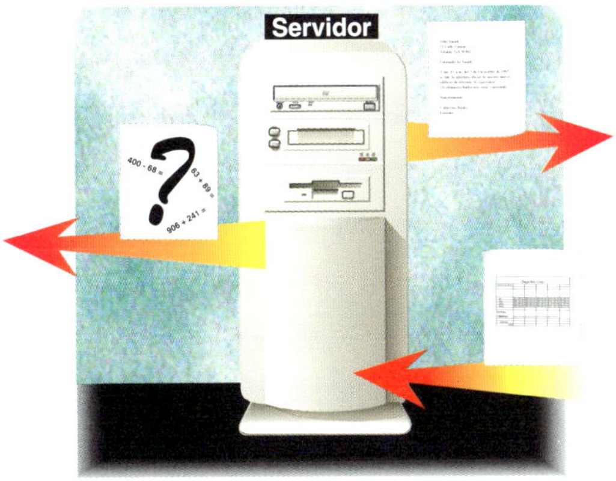

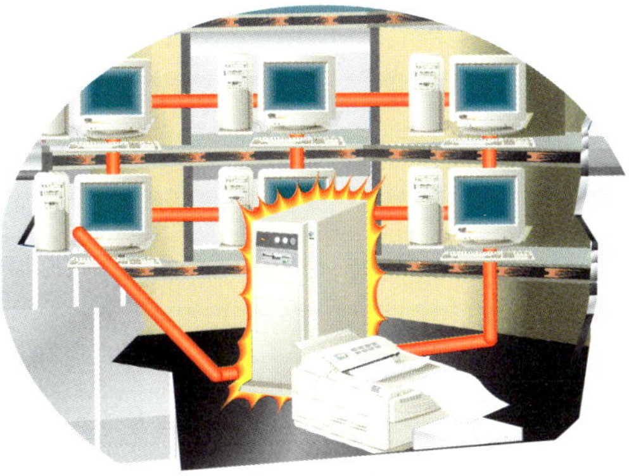

SERVICIOS

Por lo general, un servidor se dedica a suministrar un servicio específico para clientes en una red. Por ejemplo, un servidor de archivo almacena y administra todos los archivos. Un servidor de impresora controla la impresión para todos los clientes. Un servidor de base de datos almacena y organiza grandes cantidades de información.

PROGRAMAS

Uno de los usos más populares de la red cliente-servidor es almacenar programas en un servidor que otras computadoras puedan emplear; por ejemplo, una copia de un programa de ilustración. Cuando los usuarios deseen correrlo, podrán hacerlo desde el servidor.

REDES CLIENTE-SERVIDOR

TAMAÑO

Las redes cliente-servidor pueden usarse en cualquier tamaño de red, pero son especialmente aptas para las grandes. Este tipo de red es fácil de instalar y puede configurarse para satisfacer la mayoría de los requerimientos de una empresa grande.

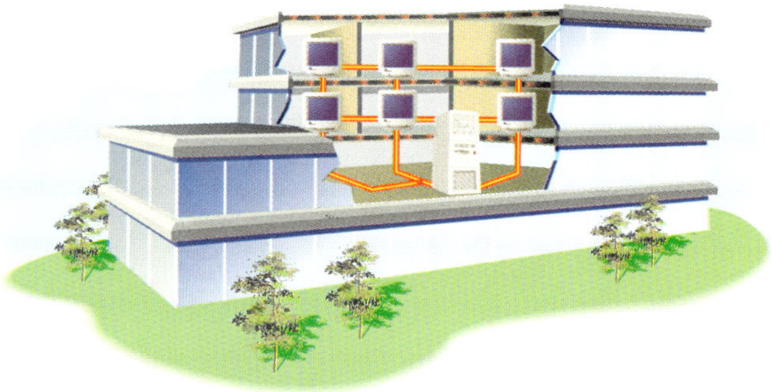

ADMINISTRACIÓN

Las redes necesitan realizar ciertas tareas diariamente, tales como respaldos y monitoreo de seguridad. La mayoría de las redes cliente-servidor tienen un administrador que se ocupa diariamente de las tareas administrativas.

Las redes cliente-servidor son relativamente fáciles de mantener y administrar porque los servidores están ubicados en un área central.

SEGURIDAD

La mayoría de los servidores en una red cliente-servidor están siempre encendidos y deben ser protegidos de interferencia, como alguien que cambia la instalación del servidor. La mayoría de las compañías mantienen los servidores de la red en un cuarto que puede ser cerrado con llave.

EXPANSIÓN

Un servidor utiliza en una red la mayoría del software y hardware complicados. Agregar computadoras clientes a una red es fácil porque no necesitan hardware o software complejos.

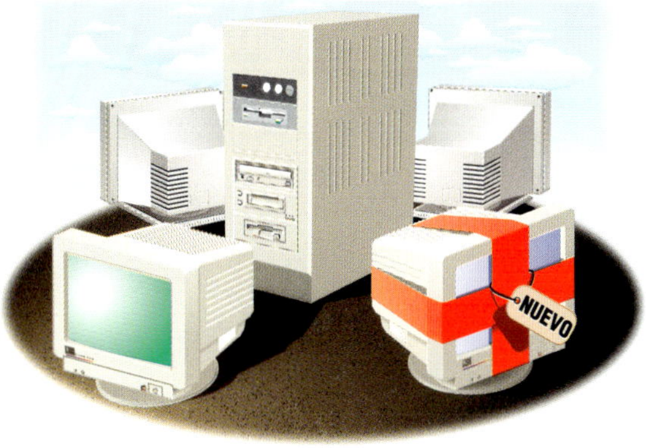

REPARACIONES

Por lo general, es sencillo encontrar la fuente de un problema en una red cliente-servidor. Si muchas computadoras de este tipo están teniendo problemas, la causa es a menudo el servidor.

Si sólo una computadora cliente tiene un problema, esta puede ser fácilmente remplazada por otra.

COSTO

Las redes cliente-servidor ahorran dinero al utilizar computadoras en las tareas para las cuales son más aptas. Las más potentes se utilizan como servidores, y las menos caras y potentes como computadoras cliente.

BENEFICIOS DE LAS REDES

Muchas compañías han descubierto que existen varios beneficios al conectar las computadoras entre sí. Las redes pueden mejorar la forma en que estas empresas operan, al incrementar su productividad, bajar los costos y muchas cosas más.

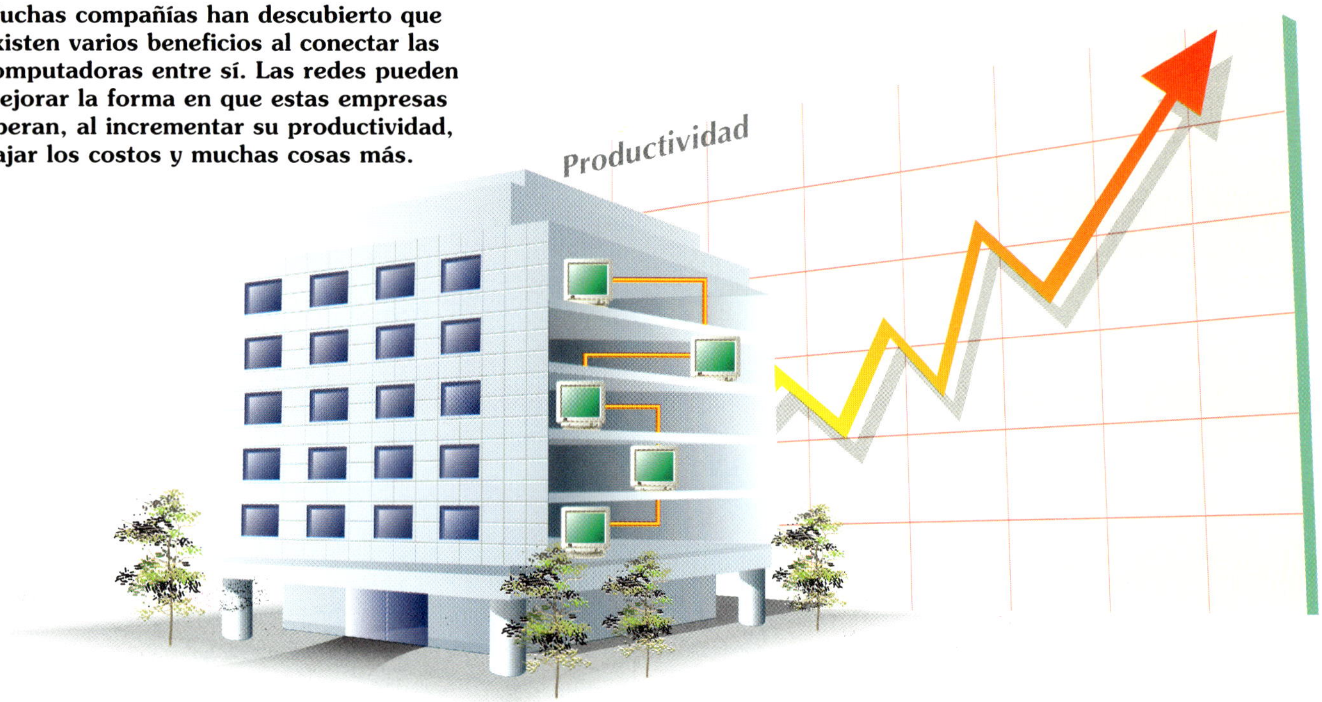

FACILIDAD DE ACCESO

Muchas redes almacenan la mayoría de la información en una computadora central. De esta forma se le facilita a las personas trabajar y administrar sus archivos.

Una red también le permite a la gente acceder a su información desde otra computadora.

TRABAJAR DESDE LA CASA

Muchas redes tienen computadoras especializadas que permiten conectarse a la red de la compañía utilizando un módem y otra computadora fuera de la red.

Una vez que los usuarios están conectados, pueden trabajar cualquier información almacenada en la red. Las redes facilitan el acceso a información de la oficina desde el hogar.

PRODUCTIVIDAD

Utilizar computadoras conectadas a una red permite intercambiar información. Cuando los empleados pueden acceder e intercambiar información fácilmente, trabajar más eficientemente. Por ejemplo, las redes permiten que las personas en diferentes oficinas trabajen en un proyecto en conjunto.

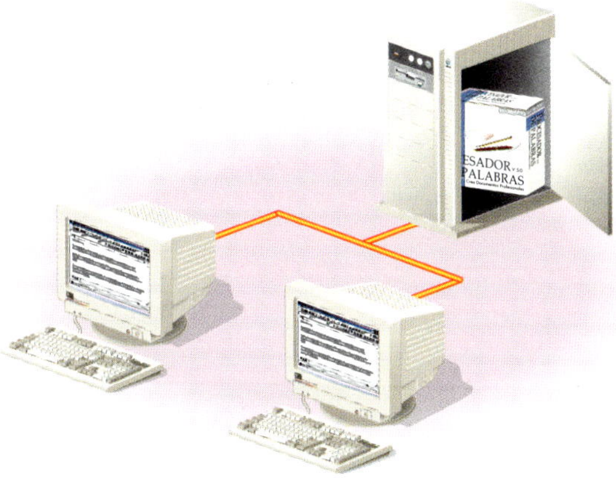

PROGRAMAS

La mayoría de las personas conectadas a una red utilizan una computadora central para trabajar con programas, como procesadores de palabras y hojas electrónicas. Las redes hacen de la instalación de programas algo simple, porque únicamente debe instalarse una copia del programa en la computadora central.

COSTO

Antes de que surgieran las redes, generalmente se agregaba una impresora a cada computadora en una oficina. Las redes permiten compartir muchos recursos, incluyendo impresoras y discos duros, lo que reduce el costo de comprar hardware.

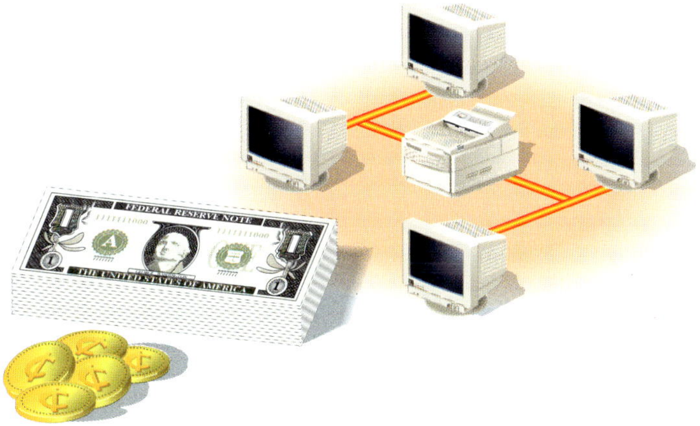

ADMINISTRACIÓN

Las redes facilitan el monitoreo y control de quien emplea una computadora en una empresa. Muchas compañías tienen un administrador de la red, que vela por ella.

Antes de que los usuarios puedan acceder a información en una red, deben escribir un nombre de usuario y una contraseña. Esto asegura que sólo las personas autorizadas puedan hacer uso de la información almacenada. Los nombres de usuario y contraseñas permiten que el administrador de la red tenga un registro de todos los que utilizan las computadoras.

SEGURIDAD

La mayoría de las redes tienen problemas de seguridad integrados que pueden monitorear y reportar al administrador de la red sobre cualquier actividad anormal de alguna de sus computadoras.

Muchas redes pueden programarse para rechazar el acceso de cualquier persona que indique una contraseña incorrecta. Esto impide a los usuarios no autorizados acceder a la información en la red.

CONFIABILIDAD

La mayoría de las redes están diseñadas para ser durables y operar en forma ininterrumpida por largos períodos de tiempo. Una vez que la red está corriendo, se necesita poco trabajo para mantenerla en operación.

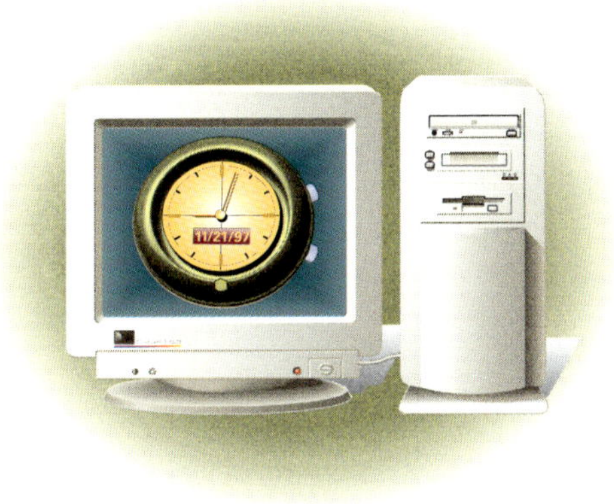

Algunas redes alertan al administrador si se presenta un problema.

RESPALDO

Muchas compañías utilizan redes para respaldar la información de los empleados. Ellos pueden salvarla en una computadora central utilizada únicamente para guardar datos.

Cuando se realiza un respaldo, solamente se necesita hacerlo con la información en el servidor. Respaldar información de una ubicación central en una red es más confiable y seguro que llevarlo a cabo en cada una de las computadoras de los usuarios.

PROTECCIÓN DE LA INFORMACIÓN

Por lo general, solamente unas cuantas computadoras son utilizadas para almacenar la mayoría de los archivos en una red, las cuales pueden mantenerse en un lugar seguro, como un cuarto cerrado con llave.

Proteger estas computadoras y la información que almacenan hace más fácil que una compañía se recupere de los desastres como incendios o robo.

CONSIDERACIONES ACERCA DE LAS REDES

Antes de que una compañía instale una nueva red o actualice una existente, debe considerar varios factores.

PLANIFICAR

Al planificar la instalación de una nueva red o actualizar una existente, es importante evaluar cada tipo de red leyendo las publicaciones al respecto y conversando con gente que las haya instalado y utilizado.

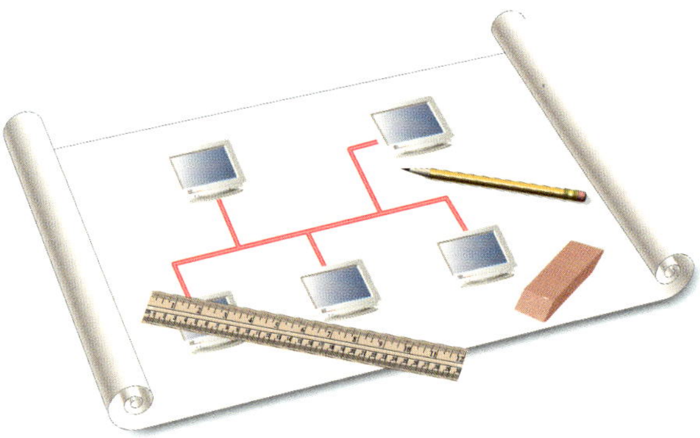

APTITUD PARA REALIZAR TAREAS

Diferentes tipos de redes son más aptas para diferentes tareas. Antes de instalar o actualizar una red, la compañía deberá determinar qué clase de tareas realizarán.

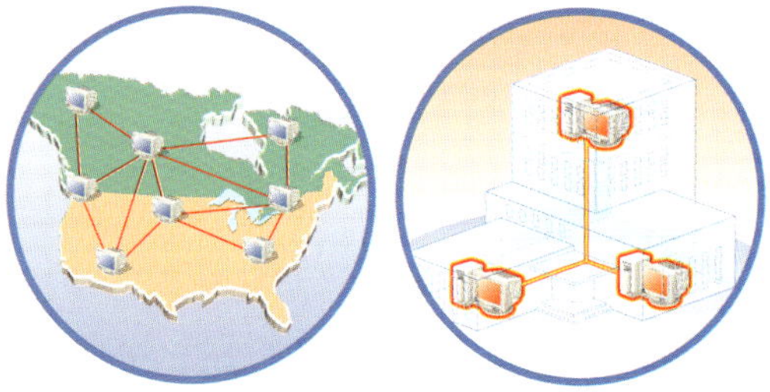

Por ejemplo, una compañía que está expandiéndose rápidamente y necesita intercambiar archivos con una sucursal al otro lado del país, requerirá un tipo diferente de red que una compañía pequeña que intercambia archivos entre unas cuantas computadoras.

FACILIDAD DE USO

Las redes pueden ser muy complicadas y requerir que el usuario digite grandes cantidades de información antes de accederla. Su sistema operativo debe facilitar su usar. Como máximo, un usuario deberá únicamente digitar un nombre de usuario y una contraseña para ingresar.

ADMINISTRACIÓN

La mayoría de las redes requieren administración y mantenimiento regulares. Si la red es difícil de utilizar y mantener, se necesitará una persona altamente calificada para administrarla. Si es fácil de utilizar, el mantenimiento puede realizarlo cualquier usuario o empleado.

SEGURIDAD

Una vez que la computadora esté conectada a la red, la máquina puede accederse por cualquier dispositivo u otra computadora conectada a ésta.

Una buena red tendrá dispositivos de seguridad integrados que impidan el acceso a una computadora o a un dispositivo, sin la autorización adecuada.

CONSIDERACIONES ACERCA DE LAS REDES

COSTO

Una consideración importante al instalar o actualizar una red es el costo. Una red deberá ahorrar dinero a la compañía haciendo mejor uso de los recursos existentes, tales como impresoras y discos duros. También deberá aumentar la productividad de los empleados, al suministrar mejor acceso a la información de la empresa.

INSTALACIÓN

Muchas redes pueden ser muy complejas de instalar y configurar. Una grande puede tomar semanas para estar instalada, mientras que una pequeña tan sólo unas cuantas horas. Esta tarea debe realizarse por técnicos calificados.

SERVICIO

A menudo pueden ocurrir errores mecánicos y del sistema de redes. Una vez instalada, la red deberá tener un buen mantenimiento. La mayoría de las empresas y organizaciones tienen empleados dedicados a brindarles servicio. Algunas empresas contratan compañías de terceros para obtenerlo.

FLEXIBILIDAD

Una red debe ser capaz de crecer y cambiar junto con la empresa u organización que la utiliza. Algunas redes tienen un límite para el número de computadoras que se le pueden conectar. Una empresa que planea crecer no debería utilizar una red limitada.

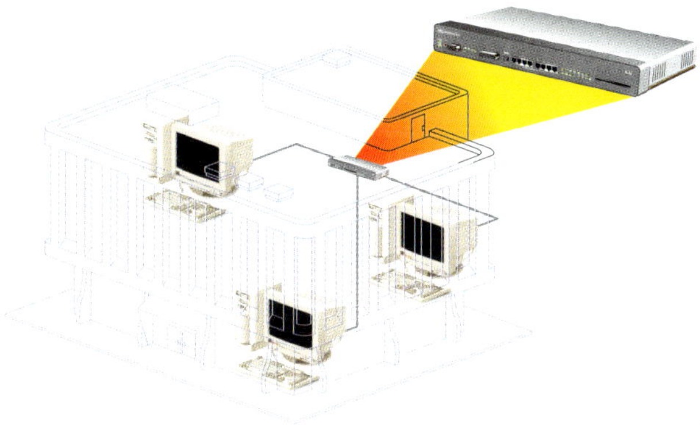

COMPATIBILIDAD

Las redes a menudo crecen hasta el punto de estar conectadas a otra red, como la Internet, o a otras redes dentro de la misma empresa.

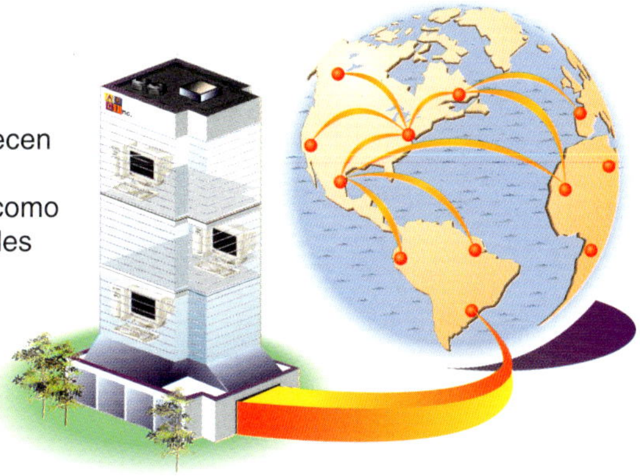

Una red bien planificada será fácil de conectar e intercambiará información con otro tipo de redes.

DISPOSITIVOS DE EXPANSIÓN

Muchas redes permiten comprar y agregar diferentes dispositivos. Algunas empresas podrían considerar la posibilidad de dispositivos de expansión si anticipan un crecimiento futuro. Algunos de estos dispositivos comunes incluyen paquetes de administración de la red, servidores para una máquina de fax y servidores de CD-ROM.

ÍNDICE ALFABÉTICO

Aprenda Internet y la World Wide Web VISUALMENTE

Publicado por ST Editorial, Inc.
Edificio Swiss Tower, 1er. piso, Calle 53 Este
Urbanización Obarrio, Panamá
República de Panamá
Apdo. Postal 0832-0233 WTC
Fax (507) 264 0685

Declaración de Marcas Registradas

Permisos de capturas de pantallas

Captura de pantalla Eudora Light usada con autorización. Eudora ® es una marca registrada por QUALCOMM Incorporada.
Flower Stop, pantalla reimpresa con autorización.
Lycos. Copyright © 1996 Lycos, Inc. Todos los derechos reservados. The Lycos™ "Catalog of the Internet" copyright © 1994, 1995, 1996 Carnegie Melon University. Todos los derechos reservados. Usada con autorización.
Microsoft Windows 95, Microsoft Excel para Windows 95, MSN™, The Microsoft Network, Microsoft Internet Explorer, Microsoft Telnet y MS-2 capturas de pantalla reimpresa con autorización de Microsoft Corporation. Microsoft y Windows son marcas registradas y MSN es una marca registrada de Microsoft Corporation.
Pantalla de Netscape usada con autorización. Netscape y Netscape Navigator son marcas registradas de Netscape Communications Corp.
Capítulo 1. AIDS Memorial Quilt captura de pantalla usada con autorización.
Texas Toy Store. Copyright © 1996 Pribitt Enterprises.
USA TODAY, captura de pantalla usada con autorización. Copyright © 1996 USA TODAY Online.
Capítulo 2. America Online reimpresa con autorización. Copyright © 1996-1997 America Online, Inc.
Todos los derechos reservados.
CompuServe captura de pantalla usada con autorización de CompuServe Incorporated (Columbus, Ohio).
Capítulo 3. PointCast captura de pantalla usada con autorización de PointCast, Inc.
Capítulo 4. Caligari Pioneer captura de pantalla usada con autorización.
Obras completas de William Shakespeare (The) captura de pantalla con autorización de Jeremy Hylton.
Cyber Patrol captura de pantalla reimpresa con autorización de Microsystems Software, Inc. Copyright 1995-1997 Microsystems Software, Inc. Cyber Patrol, el logo Cyber Patrol, Cyber Central, "To Surf and Protect", ChatGard son marcas registradas, Cyber Patrol Proxy, The Cyber Patrol Proxy, logo Cyber Patrol Corporated, the Cyber Patrol Corporated logo, CyberNOT, CyberNOT list, CyberYES, CyberYES list, The Microsystems logo son marcas registradas de Microsystems Software, Inc. Otros productos tienen la marca registrada de sus propietarios.
Imágenes de Cybertown poseen copyright de © Cybertown1996.
Pantalla Empire Mall reimpresa con autorización.
Captura de pantalla de Le Grand Louvre reimpresa con autorización.
Captura de pantalla de SkiSoft reimpresa con autorización. Copyright © 1995, 1996 por SkiSoft, Inc. Todos los derechos reservados. SURFERmag.com captura de pantalla usada con autorización. Todas las fotos de SURFERmag.com Web site son Copyright y pueden no ser usados en otros sitios de la Web u otros media sin el consentimiento estricto de SURFER Publications o de los propios fotógrafos.
Ultimate Soccer, pantalla usada con autorización. Crédito a Kristan Beardwood.
Capítulo 5. AltaVista. Reproducida con permiso de Digital Equipment Corporation. AltaVista AV, el logo de AltaVista y el logo de Digital son marcas registradas de Digital Equipment Corporation.
Excite, captura de pantalla usada con autorización de Excite, Inc.
Singapore Government Internet Web site, captura de pantalla usada con autorización.
Teleport Pro, captura de pantalla usada con autorización. Copyright © 1996-1997.
Tennyson Maxwell LLC. Todos los derechos reservados.
WebFerret, captura de pantalla usada con autorización.
WebSeeker, captura de pantalla usada con autorización.
Yahoo!, capturas de pantalla usadas con autorización.
Texto y artes Copyright © 1996 de YAHOO!, INC. Todos los derechos reservados. YAHOO! y el logo de YAHOO! son marcas registradas de YAHOO!, INC.
Capítulo 6. Best Western International. Copyright © 1995-1996, Best Western International, Inc. Todos los derechos reservados.
Campbell South Company, captura de pantalla usada con autorización.
CNET, captura de pantalla reimpresa con autorización de CNET: The Computer Network, copyright © 1995-1997. www.cnet.com.
CNN Interactive, captura de pantalla usada con autorización, © 1996 Cable News Network, Inc. Todos los derechos reservados.
Cosumer Direct Wharehouse, captura de pantalla usada con autorización.
CyberDance, captura de pantalla usada con autorización.
Discovery Channel Online, captura de pantalla usada con autorización.
ESPNET SportsZone, captura de pantalla usada con autorización. Copyright © 1997.
Starwave Corporation y ESPN.
Georgia Institute of Technology Statistics usada con permiso. Copyright © 1994-1995,1996 Georgia Tech Research Corporation. Todos los derechos reservados. Fuente: GVU's WWW User Survey
www.cc.gatech.edu/gvu/user_surveys.golf.com, captura de pantalla usada con autorización.
Hotels & Travel on the Net, captura de pantalla usada con autorización.
Internet Mall™ (The) es marca registrada de The Internet Mall, Inc., y de web site es © Copyright 1997, The Internet Mall, Inc.
JewelryNet, captura de pantalla usada con autorización.
MovieWeb, captura de pantalla usada con autorización.
National Zoo, captura de pantalla usada con autorización. © 1997 National Zoo–Smithsonian Institution.
Pathfinder, captura de pantalla usada con autorización.
© 1997 Time, Inc. New Media. Todos los derechos reservados. Prohibida la reproducción parcial o completa. Pathfinder es una marca registrada de Time, Inc. New Media.
PC Flowers and Gifts, captura de pantalla usada con autorización.
Perrier, captura de pantalla usada con autorización.
Smithsonian Institution, captura de pantalla usada con autorización. Copyright © 1996 por Smithsonian Institution.
Spiegel. Copyright Spiegel, Inc, usada con autorización.
Submit it!, captura de pantalla usada con autorización.
Copyright 1995-1996 Submit it! Inc. Todos los derechos resevados.
USA TODAY, captura de pantalla con autorización. Copyright 1996 USA TODAY Online.
The Veggies Unite!, captura de pantalla usada con autorización.
WebStep Top 100, captura de pantalla usada con autorización.
Capítulo 9. Deja News, capturas de pantalla usadas con autorización de Deja News, Inc.
Free Agent y Agent son marcas registradas de Forte Advanced Management Software, Inc. Capturas de pantalla de Free Agent y Agent reimpresas con autorización de Forte Advanced Management Software, Inc. Copyright © 1995, 1996 Forte Management Software, Inc. Todos los derechos reservados.
Gravity, captura de pantalla usada con autorización de Anawave Software, Inc.
InterNews, captura de pantalla usada con autorización de Moonrise Software.
Capítulo 10. Ichat, captura de pantalla usada con autorización.
mIRC's homepage reimpresa con autorización de Tjerk Vonck.
Official Ircle Homepage (The) pantalla reimpresa con autorización de Onno Tijdgat.
PIRCH, captura de pantalla usada con autorización de Norbert G. Weisse.
WebChat Broadcasting System, captura de pantalla usada con autorización de Bayard Winthrop.
Capítulo 11. InterSoft International, Inc., captura de pantalla usada con autorización.
NCSA Telnet, captura de pantalla usada con autorización.
Rutgers University, captura de pantalla usada con autorización.
Capítulo 12. ArchiePlexForm, usada con autorización de Nexor.
CuteFTP, captura de pantalla usada con autorización.
Fetch, captura de pantalla usada con autorización de Dartmouth Software Development.
Library of Congress, pantalla (from their FTP site) usada con autorización.
Shareware.com, capturas de pantalla reimpresas con autorización de CNET: The Computer Network, copyright 1995-1997. www.cnet.com
WS_FTP, captura de pantalla usada con autorización de Ipswitch, Inc.
Capítulo 13. Sound Spectrum, captura de pantalla usada con autorización.
TurboGopher, captura de pantalla usada con autorización. Copyright 1997 por the Regents of the University of Minnesota.
WSGopher, captura de pantalla usada con autorización.

Créditos

Autores: Kelleigh Wing, Paul Whitehead, Ruth Maran
Editor de Textos: Roxanne Van Damme
Directores de Artes Finales: Kelleigh Wing
Directora del Proyecto: Judy Maran
Edición y Captura de Pantallas: Raquel Scott, Janice Boyer, Michelle Kirchner, James Menzies, Stacey Morrison
Diagramadora e Ilustradora: Treena Lees
Ilustradores: Russ Marini, Jamie Bell, Peter Grecco, Sean Johannesen, Steven Schaerer
Ilustraciones y Pantallas: Jimmy Tam
Coordinador de Permisos: Jenn Hillman
Índices: Raquel Scott
Post Producción: Robert Maran
Asistentes Editoriales: Barry Pruett, Martine Edwards

Edición del español

Director del Proyecto: Joaquín Trejos
Edición y Corrección: Karina S. Moya
Edición Gráfica y Diagramación: Alexander Ulloa

Reconocimientos

Gracias al dedicado personal de maranGraphics, incluyendo a Jaime Bell,Cathy Benn, Janice Boyer, Peter Grecco, Jenn Hillman, Sean Johannesen, Michelle Kirchner, Wanda Lawrie, Frances Lea, Treena Lees, Jill Maran, Judy Maran, Robert Maran, Sherry Maran, Russ Marini, James Menzies, Stacey Morrison, Steven Schaerer, Raquel Scott, Jimmy Tam, Roxanne Van Damme, Paul Whitehead y Kelleigh Wing.
Por último, a Richard Maran que concibió el formato gráfico fácil de usar de esta guía. Gracias por su inspiración y orientación.
Para la edición en español agradecemos a todo el equipo de ST Editorial, Inc. y a las traductoras Ana Ligia Echeverría y Ana Cristina Fonseca.